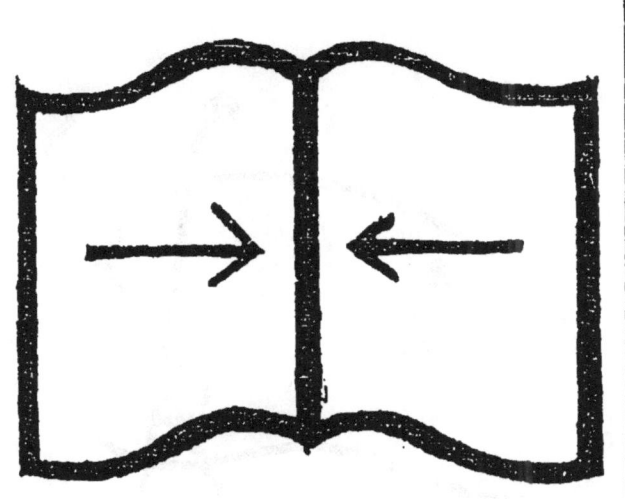

RELIURE SERREE
Absence de marges
intérieures

VALABLE POUR TOUT OU PARTIE
DU DOCUMENT REPRODUIT

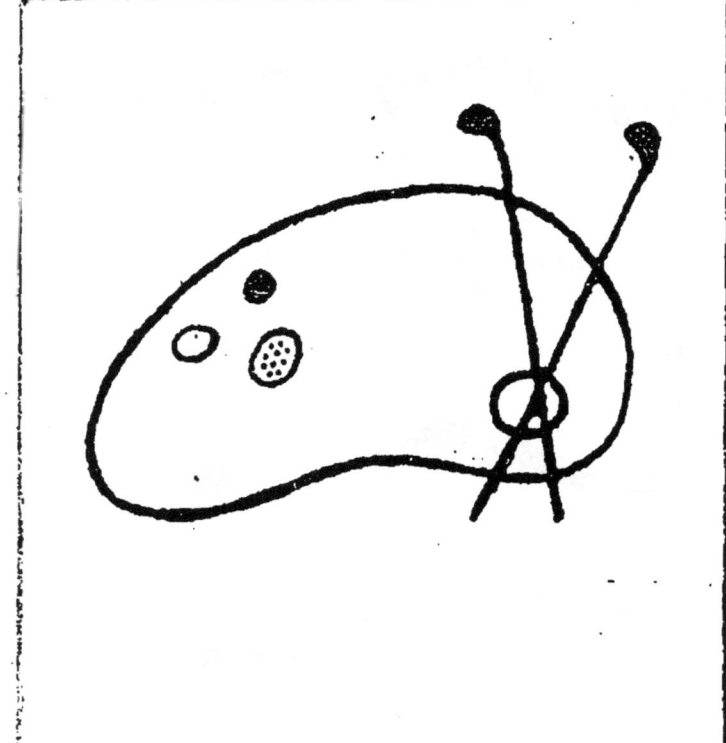

Fin d'une série de documents en couleur

L'ESPION ANGLOIS,

OU

CORRESPONDANCE SECRETE

ENTRE

MILORD ALL'EYE

ET

MILORD ALL'EAR. 1677

Singula quæque notando. HOR.

Nouvelle Edition, revue, corrigée & considérablement augmentée.

TOME DIXIEME.

A LONDRES,
Chez JOHN ADAMSON.
MDCCLXXXIV.

LETTRES

Contenues dans ce dixieme Volume.

LETTRE I. *Sur les foires; sur les spectacles forains. Anecdote curieuse & plaisante.* P. 1

LETTRE II. *Différentes lettres de M. le comte de Genlis, de M. de la Motte-Piquet, de M. le vicomte de Laval, concernant la conduite du duc de Chartres avant, pendant & après le combat d'Oueſſant. Problême à réſoudre.* 38

LETTRE III. *Sur la rentrée de l'armée navale & la levée des camps; sur la prise de la Dominique; sur celle des iſles de Saint-Pierre & de Miquelon; sur les préparatifs de la campagne prochaine; sur les diſpoſitions peu amicales & même hoſtiles de la cour d'Eſpagne.* 48

LETTRE IV. *Fête funéraire en l'honneur de Voltaire.* 84

LETTRE V. *Sur le projet du rappel des proteſtans; sur deux nouveaux écrits & sur le mouvement du parlement à ce ſujet.* 91

LETTRE VI. *Suite du même ſujet.* 111

LETTRE VII. *Sur la réception de M. Gérard à Philadelphie; ſur les diſpoſitions des Américains envers les François. Détails ultérieurs de la campagne de M. le comte d'Eſtaing depuis qu'il s'eſt préſenté devant New-York juſqu'à ſon départ de Boſton pour les Antilles.* 120

LETTRE VIII. *Suite du même ſujet.* 147

LETTRE IX. *Confeſſion d'une jeune fille.* 179

Tome X.

TABLE.

Apologie de la secte Anandryne, ou Exhortation à une jeune tribade par Mlle de Raucourt, prononcée le 28 mars 1778. 208

LETTRE X. *Sur l'Eglise de Saint-Sulpice; sur la restauration de la chapelle de la vierge; sur le peintre Greuse & sur quelques-uns de ses ouvrages.* 229

LETTRE XI. *Suite de la confession d'une jeune fille.* 248

LETTRE XII. *Sur la paix de l'Allemagne; sur les dispositions des Hollandois & de l'Espagne; sur le comte Olavides & son supplice.* 276

LETTRE XIII. *Sur les alarmes de Rochefort; sur le départ de M. Dorvès, du marquis de Vaudreuil, du comte de Grasse; sur les dispositions de la campagne prochaine; sur les constructions; sur le comte d'Orvilliers.* 289

LETTRE XIV. *Suite & fin de la confession d'une jeune fille.* 309

LETTRE XV. *Sur l'accouchement de la reine, sur la naissance de Madame, fille du roi; mariages, fêtes, réjouissances & spectacles à ce sujet.* 328

Fin de la Table.

L'ESPION ANGLOIS.

LETTRE I.

Sur les foires ; sur les spectacles forains. Anecdote curieuse & plaisante.

LE rétablissement de la faire Saint-Laurent, fermée depuis plus de vingt ans & qui vient de se rouvrir durant l'été (1), me fournit occasion, Milord, de vous parler de cette nature de spectacles & des amusemens qu'on y rencontre. *Panem & circenses*, étoit la devise du peuple romain lorsqu'il commença à déchoir de sa premiere vertu, à s'amollir & à se corrompre ; elle est aussi celle du peuple de Paris dont la dépravation est portée à son comble : comme il n'a plus rien à perdre du côté des mœurs, il s'agit seulement d'arrêter les suites funestes de ce débordement général, & d'empêcher qu'il n'en résulte au moins de plus grands maux, des crimes, des forfaits &

---

(1) Le 17 août dernier.

surtout des désordres politiques. Ce n'est donc pas une petite occupation du magistrat chargé de la police de cette immense capitale, de veiller aux plaisirs du peuple, de les varier sans cesse, &, le promenant toute l'année dans un cercle d'amusemens, de l'étourdir sur ses maux, & de lui faire ronger son frein avec docilité. Telle a été vraisemblablement l'origne des spectacles forains, tirant leur nom des lieux où ils ont pris naissance, les foires St. Germain & St. Laurent.

Ces deux principales foires de Paris ont varié souvent, soit pour le lieu, le tems, ou la durée; elles n'ont été constantes qu'en un point, c'est que la premiere se tenoit l'hiver & la seconde l'été (1), ce qui forme encore leur partage actuel. J'ai interrogé beaucoup de savans membres de l'accadémie des inscriptions & belles lettres, qui n'ont pu m'assigner l'origine de ces foires; tout ce qu'on sait, c'est qu'elles sont fort anciennes & que pendant deux ou trois cens ans, elles furent des lieux privilégiés de commerce,

___

(1) Du reste, la foire St. Germain a d'abord été instinuée au mois d'octobre, & elle ne duroit que huit jours. On la remit au mois de mars, ensuite au mois de mai; on la prolongeoit quelquefois de quinze jours, de trois semaines, d'un mois; enfin elle a été fixée au mois de de février, & elle dure ordinairement deux mois entiers, & quelquefois plus. La foire St. Laurent, après plusieurs vicissitudes semblables, après avoir changé souvent de place, quoique toujours dans le faubourg St. Martin, a été fixée au mois d'août, & dure à peu près autant que l'autre.

où le concours immense des vendeurs & des acheteurs en formoit tout le spectacle. Il n'y a guere qu'un siecle qu'on commença à y dresser des théâtres (1) : ce sont les marionnettes qui ont le droit d'aînesse; & le nom de *Brioché*, leur premier instituteur, sera mémorable à jamais en ce genre. Ensuite parurent les animaux sauvages. Les lions, les tigres, les ours, les léopards apprivoisés par de modernes Orphées, fournirent aux naturalistes dans différentes loges où ils étoient renfermés, de quoi examiner de plus près, leur structure, leurs allures, leur génie, leurs mœurs; les géans, les nains, les hermaphrodites succéderent, & les hommes briguerent l'avantage de figurer à leur tour en pareils lieux. Après eux vinrent les animaux familiers, comme les chiens, les chats, les singes exercés à différens tours d'adresse, pour tirer l'argent du peuple plus flatté de ces spectacles sensibles. La cupidité fit s'évertuer une infinité de talens; elle attira même ceux des pays étrangers; de là les joueurs de gobelets, les sauteurs & danseurs de corde; les derniers enfin formés en troupes (2), jouerent des pieces &

---

(1) On y représenta pour la premiere fois en 1678. La plus ancienne piece foraine que l'on connoisse, est intitulée : *Les forces de l'amour & de la magie*. C'est un divertissement comique en trois intermedes, ou plutôt un mélange assez bizarre de sauts, de récits, de machines & de danses.

(2) La premiere de ces troupes fut celle du Sieur *Allard*, qui commença en 1677; celles de *Maurice*, de

profitèrent de la suppression de l'ancienne troupe des comédiens italiens (1) pour s'emparer de leur héritage, c'est-à-dire de leur répertoire. On sait qu'il ne consistoit qu'en cannevas qu'ils ajustèrent aux circonstances. Le public, qui regrettoit les italiens, se porta en foule à la foire St. Laurent, où l'on commença cet essai. Les comédiens françois, dont la jalousie avoit fait expulser les maîtres, eurent beaucoup de peine à faire fermer la bouche à ces subalternes (2); enfin, les acteurs forains, réduits à ne représenter que des scènes muettes, se retournèrent du côté des chefs de l'académie royale de musique (3) pour obtenir la permission d'exécuter de petits drames en vaudevilles mêlés de prose & accompagnés de danses & de ballets. Telle fut l'origine de l'opéra comique, devenu depuis si célebre, si essentiel à

Bertrand, de Selle, de Dominique, d'Octave, de Francisque, d'Honoré, de Pontau, de Restier, & aujourd'hui celle de Nicolet lui ont succédé.

(1) En 1697.

(2) Ils obtinrent d'abord une ordonnance du lieutenant de police, qui défendit aux farceurs forains de représenter aucune comédie. Mais ceux-ci appelerent au parlement de cette sentence: cette cour ne leur fut pas plus favorable. Ils eurent recours alors à mille artifices, pour se mettre à l'abri des poursuites des comédiens. Ils obtinrent du grand conseil un arrêt en leur faveur; mais cet arrêt fut annullé par le conseil privé du roi, où l'affaire avoit été portée.

(3) Elle étoit alors dirigée par des sindics & directeurs.

l'amusement des Parisiens, si fécond en saillies vives & piquantes, qu'on l'appeloit plaisamment le grenier à sel. Au reste, il eut pour pere un des premiers hommes de la littérature françoise, ce LE SAGE, dont les romans plus utiles que les plus beaux traités de morale, après avoir fait les délices de ses contemporains, ne plairont pas moins à la postérité, & offriront sans cesse un tableau aussi fidele que varié, aussi gai que piquant, des mœurs de son siecle. On sent que les moindres bagatelles d'un pareil homme devoient être pleines de critique & d'enjouement.

Dans le même tems on imagina les représentations par écriteaux. On suppléoit ainsi à la parole & même à la pantomime de mille scenes qui ne pouvoient s'exprimer par gestes. Chaque acteur avoit un nombre de cartons roulés (1) suffisant pour décrire successivement tout son rôle, & on parvenoit avec ce secours à rendre une action entiere.

Cette formule dramatique trop grossiere ne dura pas longtems; des couplets sur des airs connus furent substitués à la prose des rouleaux, & en rendant la même idée y jetoient un agrément & une gaîté dont l'autre genre n'étoit pas susceptible; pour faciliter la lecture de ces vaudevilles

---

(1) Chaque acteur portoit ses cartons dans la poche droite; il les tiroit à mesure, les faisoit lire au public & les passoit dans sa poche gauche.

malins, l'orchestre en jouoit l'air, & des gens gagés par la troupe, placés au parquet & à l'amphithéâtre, les chantoient, mettoient en train leurs voisins qui les imitoient, & les spectateurs y prirent un tel goût, que ce devint un *chorus général*.

Voilà comme on amusoit à peu près le peuple durant les foires de St. Germain & de St. Laurent jusqu'au rétablissement de la nouvelle troupe italienne, (1) qui à son retour, trouvant le public plus difficile, se transporta pendant plusieurs années à ces foires. C'étoit l'opera-comique qui avoit la grande vogue, & si grande que les autres spectacles employerent leur crédit à le faire supprimer plusieurs fois, jusqu'à la réunion absolue à l'un des leurs (2). Au moyen de cet annoblissement, il ne figure plus aux foires, & est devenu réservé aux plaisirs de la cour, des grands, des gens riches, & au moins de la bonne bourgeoisie.

Depuis cette époque les spectacles forains se sont trouvés réduits à deux principaux, ceux de Nicolet & d'Audinot. Le premier, comme le plus ancien en titre, s'appelle la *Troupe des grands danseurs de corde & sauteurs du roi* (3); la seconde

___

(1) En 1716.
(2) L'opera comique a été réuni à la comédie italienne en 1762.
(3) Cette troupe a eu la permission de se dire appartenir au roi depuis qu'elle a joué devant Louis XV dans le tems

se nomme *l'Ambigu comique*. Aucun des deux n'a la permission de chanter; mais ils jouent des pieces régulieres, des pantomimes, & il y a toujours un concours de monde prodigieux & souvent la meilleure compagnie, quand quelqu'une de ces farces acquiert plus de vogue que les autres, soit par mode, soit par l'à-propos, soit par un mérite réel.

En effet, quoique la comédie françoise ait le droit de lire les pieces foraines, avant qu'elles soient jouées, de les retenir & exécuter elle-même, si elle les juge assez bonnes pour cela, ou par un privilege plus bizarre & plus absurde, afin d'ôter à ces théâtre tout air de rivalité; quoiqu'elle puisse en mutiler, en dégrader les nouveautés & obliger l'auteur de ne les laisser représenter que dans cet état de castration, il en échappe de tems en tems au scalpel des histrions. Tel est *l'Amour quêteur* (1), ingénieuse & piquante

___

de la comtesse Dubarri. Elle a aussi joué devant Louis XVI. Voyez ma lettre du 22 juin 1778.

(1) Piece en deux actes d'un abbé Robinet, jouée pour la premiere fois chez Nicolet, le jeudi 16 Octobre 1777.

A cette occasion, Milord, il faut vous apprendre une anecdote fort singuliere. C'est qu'*Alain & Rosette* ou la *Bergere ingénue*, pastorale dont je vous ai parlé l'an passé dans ma lettre du 29 janvier 1777, jouée à l'opéra, avoit été représentée longtems auparavant chez Nicolet, & ce misérable spectacle a la gloire de fournir une piece de son répertoire au premier théâtre de France.

bagatelle, digne d'un autre lieu, & qu'on croiroit de l'Abbé Voisenon, s'il ne fût mort longtems avant.

Cet étrange privilege est fondé sur ce que je vous ai dit, Milord, que ces spectacles sont ceux de la canaille, & ne sont point censés destinés à des spectateurs plus relevés ; c'est ce que le gouvernement lui-même a déclaré dans une ordonnance de police (1), où, par la raison que ces divertissemens étant faits pour délasser le peuple & empêcher les suites funestes de l'oisiveté, il est nécessaire de les mettre à un taux qui n'excede pas sa portée, on a réduit les prix des places que les directeurs avoient rehaussé considérablement (2).

Cependant, par une inconséquence fort ordinaire & bien contradictoire avec cette assertion, l'été, outre la représentation de l'après-dînée, ces spectacles en donnent une seconde la nuit, & l'on

_____

(1) Rendue le 14 avril 1763 & publiée le 20 du même mois à son de trompe, concernant les *bateleurs*, *farceurs*, *danseurs de cordes*, & *autres spectacles des foires & boulevards*.

(2) Le Sieur Nicolet avoit porté les premieres places de son spectacle à 6 liv. il lui étoit défendu par l'ordonnance en question de les mettre à plus de 3 liv. les secondes étoient fixées à 24 sols, les troisiemes à 12 & les quatriemes à six sols.

Depuis, toutes les premieres places ont été réduites à trente sols, les secondes à dix-huit, & les troisiemes douze & point d'autres.

l'on juge qu'elle ne peut être que pour les amateurs d'un certain ton: ils ont aussi la liberté de faire construire de petites loges qu'on loue d'avance, occupées ordinairement par des gens de la plus haute qualité.

Un privilége de ces spectacles plus spécial & plus révoltant pour les dévots, c'est qu'ils sont prolongés après les grands (1), & durent une semaine entiere au-delà de la cessation de ceux-ci ; toujours par ce principe politique, qu'il faut distraire & amuser le peuple le plus longtems qu'il est possible : & il est si vrai que c'est lui qu'on redoute le plus, que l'opéra comique, dès qu'il a été réuni aux italiens, a perdu cet avantage, & ceux-ci ont en vain sollicité d'en jouir.

Ces faveurs devoient naturellement rallumer la jalousie des grands spectacles : un acte de rigueur même, en apparence exercé envers ces nouveaux émules, n'a contribué qu'à l'accroître, parce que les premiers y ont vu un projet formé de les consolider ; c'est le quart des pauvres (2) dont

---

(1) Les grands spectacles sont fermés dès le dimanche de la passion ; ceux des boulevards & des foires ne le sont que le dimanche des rameaux, & tous rouvrent le lendemain du dimanche de quasimodo.

(2) On prélevoit sur toute la recette des grands spectacles un quart au profit des hôpitaux ; c'est ce qui fit mettre autrefois à 20 sols les places du parterre de la comédie françoise, qui n'étoient qu'à quinze, ainsi qu'on l'apprend par ces vers de Boileau.

Un clerc pour quinze sols, sans craindre le hola,
Peut aller au parterre attaquer Attila, &c.

on a grévé les spectacles forains qui en avoient été exempts depuis leur origine; ensorte que les prêtres qui ont l'ordonnance de ces deniers, se trouvent aujourd'hui intéressés à leur conservation.

L'Ambigu comique avoit surtout excité les plaintes de l'archevêque, en ce que, composé dans le principe de petits enfans, il le regardoit avec raison comme un berceau de libertinage, & que les formant dès leurs premiers ans à l'exercice de ces jeux scandaleux, on les rendoit désormais incapables de toute autre profession honnête. On laissa le prélat murmurer; il avoit aussi trouvé mauvais que ce spectacle dans une pantomime très-courue (1) parodiât les cérémonies & les habillemens de l'église (2): on n'y eut pas plus d'égard; mais on lui ferma la bouche de la maniere ci-dessus, c'est-à-dire en rendant *l'Ambigu comique* son tributaire ainsi que les danseurs de corde, & suivant un principe sacré qu'il ne pouvoit recuser, on couvrit ainsi leurs iniquités par des aumônes. *Eleemosinis redime peccata.*

D'après un tel principe, les directeurs de ces spectacles forains peuvent commettre impunément

---

Depuis, les comédiens se sont abonnés & ont donné une somme fixe.

(1) *Alceste, ou la force de l'amour & de l'amitié*, en deux actes: par M. Arnauld, musique de M. Pupavoine.

(2) Il y avoit une procession, un enterrement, & les habits des pontifes ressembloient beaucoup aux chappes des prêtres.

tous les péchés qu'ils voudront; car ils ont de quoi les racheter en abondance: ils gagnent infiniment d'argent, & le Sieur Nicolet surtout, qui a plus d'arrangement que son confrere (1). On assimille sa fortune à celle de nos financiers du second ordre; sa femme à un char brillant & le mari acquiert des terres de tous côtés. Cette perspective a excité l'émulation des spéculateurs du même genre; une troisieme troupe vient déjà d'éclore à la foire Saint-Laurent & une autre se monte sur les boulevards avec un luxe dont il n'y avoit pas encore d'exemple. Je pourrai vous en rendre compte à son ouverture, si l'exécution répond à la grandeur de l'entreprise (2). Je reviens à la nouvelle troupe & à la foire St. Laurent.

Le terrein de celle-ci est beau, vaste, bien aéré; par une bisarrerie remarquable, c'est un terrein sacré; il appartient, ainsi que celui de la foire

---

(1) Le directeur de l'*Ambigu comique* se nomme *Audinot*. Il avoit passé à la comédie italienne, lorsque l'opéra comique y fut incorporé; ses camarades regarderent cela comme une tache: ils l'expulserent, quoiqu'il eût plus de vrai talent que la plupart d'entre eux, & il ne doit pas s'en repentir, car ils lui ont par là procuré sa fortune.

(2) La troupe dont il s'agit s'intitulera: *les Eleves de la danse pour l'opéra*. Elle sera composée de jeunes sujets destinés à ce spectacle & en sera la pépiniere. La salle construite, avec beaucoup de magnificence, les décorations, les habits proportionnés exigent une mise dehors de plus de 600,000 liv.

Saint-Germain, à l'église. Les lazaristes (1) sont propriétaires du premier & les benédictins du second. Tout l'inconvénient de la foire Saint-Laurent, c'est qu'elle est presque hors de Paris; mais comme elle se tient dans la belle saison, il est beaucoup moindre, & le peuple dès cette année s'y est porté avec affluence. M. le Noir avoit à cœur d'illustrer son administration par le rétablissement de cette foire. Regardant toujours en grand les différens détails dont il est chargé, il sent qu'on ne sçauroit trop multiplier ces vastes réservoirs du peuple, ces filets publics en quelque sorte, où viennent se prendre tous les fainéans, tous les libertins, tous les mauvais sujets de la capitale, qui se trouvent ainsi continuellement sous les yeux & dans les mains de la police.

Le nouveau spectacle dont il s'agit s'est intitulé *les Variétés amusantes*. Il est fondé par un ancien acteur de l'opéra comique très-renommé, le Sieur Lécluse, dont le dérangement a toujours absorbé les gains considérables, & qui, pour se réparer & surtout pour payer ses créanciers, a excité la commisération du lieutenant de police. Il est d'usage que ce magistrat fasse en personne l'ouverture des foires avec grand apparat; il étoit naturel que celle-ci surtout, son ouvrage, attirât particulièrement son attention. Il n'a pu se refuser à

---

(1) Espece de prêtres séculiers rassemblés en communauté & destinés aux missions, au soin des hôpitaux, & fondés par St. Vincent de Paule, il y a environ 150 ans.

jeter un coup d'œil sur le théâtre né sous ses auspices, & il a été obligé d'entendre patiemment d'assez plats couplets dans lesquels on l'a célébré.

Les *Variétés amusantes*, comme se l'imaginent aisément tous ceux qui connoissent la légereté de la nation françoise, son attrait pour la mode & les nouveautés, sont devenues le spectacle du jour, & quoiqu'elles n'aient joué jusqu'à présent que des piéces assez médiocres, la foule n'y a pas discontinué. Cela m'a fourni l'occasion de voir cette nature de facéties, que je ne connoissois pas : j'y ai été un jour qu'on jouoit *le Cocu vengé* ; jamais je ne me suis tant ennuyé de ma vie, j'y bâillois à toute outrance, & j'enrageois d'autant plus que je voyois de fort honnêtes gens applaudir & rire de tout leur cœur : j'observois qu'on regardoit souvent une loge où étoit un jeune robin, petit-maître qui avoit l'air assez fat, & cependant très-décontenancé en ce moment, très-embarrassé de sa personne. Mes voisins n'ayant pu satisfaire ma curiosité, mon premier soin, après le spectacle, fut de chercher quelqu'un en état de m'expliquer l'énigme. Je fus sur le théâtre & y trouvai M. Dorat que j'interrogeai. Comment, me dit-il, vous êtes à sçavoir l'avanture de M. Caze avec Dugazon. J'avouai humblement mon ignorance, afin d'en sortir ; & il alloit me la raconter lorsqu'un nouvel incident troubla notre conversation.

Ce M. Caze en question, maître des requêtes,

étoit aussi sur le théâtre ; il déclamoit contre *le Cocu vengé*, & trouvoit cette piece très-vilaine, lorsque le Sieur Dugazon, qui avoit une petite houssine à la main, épiant le moment où son ennemi se transportoit avec le plus de fureur & gesticuloit fortement, lui donne par derriere & sur le dos un léger coup de sa baguette. M. Caze se retourne, aperçoit le Sieur Dugazon qui s'étoit vîte remis dans sa posture : il l'apostrophe durement ; mais sans articuler le sujet de ses reproches : le comédien s'excuse, le presse de s'expliquer ; ce que ne veut pas faire le magistrat qui reprend sa conversation. Le Sieur Dugazon alors recommence à faire jouer sa baguette sur ses épaules, & M. Caze outré le menace d'un châtiment exemplaire. Le coupable, sans se déconcerter, lui dit qu'il ne connoît rien à cette querelle, lui demande si c'est une petite parade qu'il veut encore jouer avec lui ; le maître des requêtes perdant la tête de rage, appelle la garde & veut le faire arrêter comme assassin, comme étant venu par derriere lui donner des coups de canne. „Apparemment", répond l'acteur, qui produit la sienne comme la seule arme qu'il eût ; qui le persifle, prétend impossible qu'un histrion comme lui eût l'effronterie d'attaquer ainsi en public un membre du conseil. Bref, on interroge les spectateurs, & aucun ne voulant déposer du fait, cela n'a pas d'autres suites. Le Sieur Dugazon se retire en disant à son adversaire : „Monsieur,

„ quoique comédien, j'ai l'honneur d'être gentil-
„ homme, & je suis à vos ordres dès que cela
„ vous conviendra.

Le Sieur Dugazon parti, nous reprîmes notre conversation que je supprime pour éviter les repétitions, elle n'étoit que l'esquisse de la *nouvelle* ci-jointe. M. Dorat m'avoua qu'il avoit trouvé l'avanture si plaisante, qu'il avoit imaginé de la raconter par écrit & de l'insérer dans son *Journal des Dames*. (1). Il se flattoit qu'elle le rendroit piquant; mais envain en a-t-il déguisé les noms pour la faire passer, le censeur inflexible s'y est opposé; il est obligé d'en conserver le manuscrit dans son porte-feuille & comme par l'amour propre ordinaire à un auteur, il desireroit qu'elle fût connue, il ne demande pas mieux que de la communiquer & la faire circuler. Elle vous amusera; je vous ai restitué les noms en notes, & j'y en ai joint quelques-unes recueillies dans le courant de mon entrevue avec ce poëte aimable, qui jettent plus de clarté & d'intérêt dans l'ensemble.

―――――――――――

(1) Journal dont l'objet, qui est d'amuser le beau sexe & surtout de l'encourager par le spectacle des héroïnes littéraires, se désigne assez par son titre; mais journal qui, par cette raison même, s'est trouvé circonscrit dans un cercle de fadeurs & d'inepties qui l'ont toujours fait tomber, & M. Dorat, malgré tout son talent, ne pourra le soutenir.

NOUVELLE.

L'époque la plus critique de la vie d'un jeune homme est sans doute celle de la sortie du college, où le germe des passions commence à se développer chez lui, où l'amour fermentant dans son sein l'enchante de ses illusions, le rend épris de chaque personne du sexe qui se présente & transforme souvent à ses yeux en Vénus un objet qui dans une autre circonstance mériteroit tous ses mépris. C'est pour prévenir les suites funestes d'un début dangereux que les meres philosophes de Paris, au dessus des préjugés, ont singulierement perfectionné cette partie d'éducation d'un fils chéri. Il n'en est aucune qui parmi ses femmes n'en ait choisi exprès une jolie, dégourdie, capable de s'en emparer en cet instant, de lui donner les premieres leçons du plaisir, de le dégrossir au moins sur les instructions nécessaires, afin qu'il prévienne le danger qu'il ne connoîtroit pas : elles cherchent même à prolonger le plus qu'elles peuvent ces intimités domestiques ; & substituent souvent aux chambrieres quelque femme honnête qui veuille bien se charger du soin de l'introduire, ce qu'on appelle, dans le monde. Cette femme honnête est communément une douairiere qui, désormais abandonnée des amans, est obligée d'en enlacer ainsi par ruse, & se trouve dédommagée de ce que perd son amour-propre, par ce qu'elle gagne du côté de la jouissance. Le jeune Zeac (1), fils d'un fermier général, maître des requêtes depuis peu, avoit passé par la premiere épreuve; il en étoit à la seconde & se trouvoit sous la direction de Madame de Luchat (2), épouse d'un confrere du pere de son éleve. Le poëte Martelmon (3), renommé pour ses vigoureux talens dans la carriere amoureuse, devenu sexagénaire, foiblissoit considérablement, & nécessité à se pourvoir lui-même de quelque jeune Sunamite, comme David, qui le regaillardît, venoit de la quitter & de se marier à une Demoiselle charmante (4). La vieille Ariadne, furieuse, s'étoit d'abord portée à des excès de rage la plus effrénée: revenue à elle, son propre intérêt l'avoit déterminée à ne se pas décrier elle-même par un éclat scandaleux, & à se réduire à un rôle que l'âge nécessitoit. C'étoit une grosse brune, réparant avec le secours de l'art les outrages du tems, encore appétissante pour quiconque n'y regarde pas de si près, d'un tempérament fougueux, lubrique d'ailleurs &

───────────────

(1) Zéac est l'anagramme de Caze, vrai nom du fermier général. Son pere l'étoit avant lui, ce qui le mettoit déjà à la tête d'une grande fortune. Les Cazes sont, dit-on, bien nés, & fort bons gentilshommes du Languedoc.
(2) Anagramme de Chalut, nom du fermier général mari de cette Dame.
(3) Anagramme de Marmontel.
(4) Elle se nomme Morellet, & est niece d'un abbé Morellet, homme de lettres, renommé par ses mémoires qui ont provoqué la destruction de la compagnie des Indes, & par ses querelles avec M. Linguet.

très-propre à encourager merveilleusement la timidité d'un novice. Elle étoit trop contente de celui qui lui tomboit en partage pour ne pas s'efforcer de maintenir son erreur & de le conserver ; mais le moyen dans cette capitale, dans un tourbillon de plaisirs, où l'état de son esclave, sa fortune & son âge l'entraînoient ! Il ne tarda pas à lui échapper. Ce fut à la comédie italienne où il reçut la premiere atteinte de l'amour, c'est-à-dire de cette passion inquiete, active, qui vous reproduisant sans cesse l'objet desiré, vous rend tous les autres objets insipides, & suspend en quelque sorte vos facultés, n'ayant plus d'énergie pour toute beauté que celle-là. La demoiselle le Fevre, nouvelle actrice de ce spectacle, avoit tellement frappé Zeac, qu'il n'aimoit, ne voyoit, n'entendoit plus qu'elle. Ce qui rendit sa passion plus violente, ce furent les difficultés qu'il éprouva pour la faire connoître à celle qui la causoit : il apprit que mariée depuis peu au Sieur Dugazon, acteur de la comédie françoise, ce dernier en étoit jaloux à l'excès. Cette découverte ne permettoit plus de parvenir à elle aussi librement que de coutume. L'amour donne de l'esprit aux plus sots. Quoique le magistrat enfant fût de ce nombre, & ne réparât pas même ce défaut par l'expérience qui y supplée en pareil cas, il eut recours à un stratagême adroit & dont le succès devoit être infaillible.

La fureur de jouer la comédie bourgeoise,

introduite dans prefque tous les ordres de l'état, fait prefque de ce talent une partie néceffaire de l'éducation de nos petits-maîtres, de nos agréables, de cette jeuneffe folle & licencieufe dont il femble qu'on veuille hâter la corruption de toutes les manieres. Quand on ne peut pas avoir un théâtre en regle, on y fupplée par des fpectacles plus faciles ; on joue des proverbes, des parades. Le Sieur Dugazon eft furtout renommé dans ce dernier genre : il eft extrêmement gai, poliffon, ordurier : en conféquence on le recherche dans les meilleures fociétés. Le jeune Zeac, qui connoiffoit le goût de fes parens (1) pour cet amufement, imagina d'affecter un defir extrême de s'exercer fur une fcène privée : ceux-ci, plus empreffés de voir leur fils homme aimable que grand juge (2), font enchantés de fon goût

---

(1) M. Caze eft extrêmement faftueux ; il s'eft ruiné par fes prodigalités exceffives. Il avoit une terre nommée Forcy à quelques lieues de Paris fur la Marne, où il avoit fait des dépenfes énormes, on en vantoit furtout les potagers, qui lui avoient coûté des fommes confidérables. Il a fallu vendre tout cela.

La chambre à coucher des deux époux étoit finguliere : les deux lits fe raprochoient quand ils vouloient, au moyen de refforts arrangés exprès ; fe boudoient-ils, il s'élevoit une féparation entre les deux lits qui s'éloignoient.

(1) La femme furtout eft une des plus frivoles & des plus ridicules de France. Elle fe nommoit Lefcarmontier, étant fille, & l'on la couroit à Paris pour fa beauté. M. Caze en devint amoureux & l'époufa fans fortune. C'eft

Il a recours au Sieur Dugazon; il le prie de vouloir bien lui donner des leçons, qu'il paye très-cher, & quand il est assez exercé, il l'engage à venir chez ses pere & mere, à faire de petites farces avec lui. Après les premiers essais on se plaint qu'il manque une actrice pour les étendre davantage, & les rendre plus variées & plus intéressantes. Il prétexte que sa mere est fort difficile pour l'introduction de pareilles femmes: elle ne veut rien que d'honnête, & Madame Dugazon seule (Mlle le Fevre) peut être admise. Tout cela s'amenoit par degrés & naturellement: le mari est pris pour dupe, & sa femme se trouve

───────────────────────────

elle qui avoit donné l'ordre à son portier de ne point laisser entrer chez elle des hommes qui n'auroient pas de manchettes à dentelles. Un plaisant mit un jour une manchette à dentelles & une brodée; en arrivant il ne laissa voir que la premiere & cacha l'autre sous sa veste, en sorte qu'il passa sans difficulté. Quand il se présenta devant la maitresse de la maison, il changea sa contenance: il déroba à ses regards la manchette à dentelles & ne montra que la seconde. Madame Caze furieuse de ce manque d'étiquette, n'y peut tenir, elle fait appeler son portier & le gronde secretement. Le facétieux se doute de ce qui arrive: il entre en explication avec Mad. Caze, & lui fait voir sa bêtise: effectivement celle-ci égaloit sa beauté.

Mad. Caze avoit aussi la manie de faire des visites à onze heures du soir, à minuit, de veiller beaucoup; elle a fait périr à ce métier plusieurs jeunes femmes qui n'avoient pas sa vigoureuse santé. Quelquefois on les trouvoit s'ennuyant, dormant au coin du feu; mais elles ne vouloient pas déroger à l'étiquette de ne se coucher que le matin.

avec Zéac. A son âge, quand on est riche & bien de figure, on fait rapidement des progrès dans un cœur déjà ouvert de toutes parts. Celui de Madame Dugazon étoit sans défense contre les attaques du nouvel amant, & la jalousie de son mari ne pouvoit qu'ajouter un plaisir plus vif à celui de le tromper.

La grosse Luchat ne tarda pas à s'appercevoir de l'intrigue; il y avoit de bonnes raisons pour cela. La tendresse de son pupille ne se manifestoit plus que très-rarement, & elle ne pouvoit douter qu'il n'allât porter ailleurs ses hommages. Son premier mouvement auroit été terrible, si le perfide se fût présenté en cet instant à ses regards: la réflexion la calma bientôt. Elle comprit que cette démarche ne serviroit qu'à la compromettre sans ramener le coupable & sans le punir. Elle conçoit une vengeance plus rafinée; elle se propose d'armer la jalousie de son mari & de satisfaire la sienne par le trouble qu'elle va mettre dans ces trois cœurs, & peut-être par les excès auxquels va se porter la fureur du premier.

Un soir, où tête à tête avec le jeune Zéac, celui-ci, par désœuvrement ou pour cacher sa défection, sembloit vouloir se livrer à des transports feints, elle repousse ses embrassemens avec indignation: ,, Il n'est pas surprenant, lui dit-
,, elle, que mes foibles attraits perdent leur
,, empire sur vous; que dans la jeunesse brillan-
,, te où vous êtes, vous soyez léger & volage;
,, mais qu'à l'inconstance vous joigniez une

„ diffimulation profonde, une trahifon réfléchie;
„ qu'à regret arraché des bras d'une courtifanne,
„ vous veniez vous précipiter dans les miens &
„ me faire peut-être recueillir les fruits empoi-
„ fonnés de fes careffes, ce n'eft que d'un li-
„ bertin confommé, d'un fcélérat prématuré :
„ c'eft fous l'enjouement & les graces de l'in-
„ nocence & de la candeur recéler l'ame d'un
„ monftre horrible. Oui, je fçais tout, com-
„ me fi j'avois tout entendu & tout vu. Vous
„ êtes épris de Madame Dugazon; vous trom-
„ pez fon mari, & fi elle ne vous trompe pas
„ encore, cela ne tardera pas ; mais le tems
„ feul peut vous faire revenir d'un tel égarement.
„ Ce que j'exige à préfent de vous, c'eft que
„ vous me faffiez un aveu, qui ne m'apprendra
„ rien, mais feul capable de vous faire mériter
„ votre grace auprès de moi. Si je dois renon-
„ cer au titre de votre amante, je veux au
„ moins refter votre amie, vous aider de mes
„ confeils, guider votre inexpérience & vous
„ épargner fans doute bien des fautes & des
„ malheurs."

Madame de Luchat avoit fait un effort fur
elle en prononçant ces dernieres phrafes; elle y
avoit mis une onftion qui fit prefque repentir le
pauvre Zeac de l'avoir abandonnée, & qui l'auroit ramené à elle s'il n'eût été dans le délire le
plus violent de fa paffion; mais elle obtint ce
qu'elle defiroit : étourdi, confondu de fon début,
de l'affurance dont elle lui parloit, il ne peut

conserver son secret funeste; il se jette à ses genoux; il a recours à des excuses si cruelles pour une femme délaissée, & qu'un jeune homme croit fort tendres & fort touchantes; il se répand en grands sentimens de reconnoissance; il jure qu'aux termes où va se réduire leur commerce, il aura pour elle une fidélité à toute épreuve, l'attachement le plus inviolable. Ces protestations étoient autant d'impertinences dont il ne s'appercevoit pas, ou plutôt autant de coups de poignard dans le cœur de Madame de Luchat. Elle se fait violence pour se posséder & montrer à l'extérieur le plus beau sang-froid. Elle profite de ces épanchemens, afin d'apprendre les divers détails de l'intrigue; elle est étonnée de la dextérité du novice pour se mettre à l'abri de tout soupçon du comédien & perpétuer sa confiance. Quand elle est parfaitement instruite de ce qu'elle veut sçavoir, elle le congédie & prépare sa vengeance. Elle écrit une lettre anonime au Sieur Dugazon, où on l'informe de la perfidie de sa femme & de son déshonneur. Afin qu'il ne puisse pas douter du fait, on lui en rapporte les particularités les plus secretes; on lui fournit en même tems les moyens de vérifier par lui-même ce qu'on lui découvre. Une des principales ruses dont se servoient ces deux amans pour s'expliquer, s'écrire & se donner leur rendez-vous, consistoit dans ces billets, ressource si fréquente des auteurs entre leurs personnages; on l'assure que s'il peut en intercepter un, il verra que ce n'est pas un jeu de théâtre, & aura bientôt la clef du mistere des perfides.

Il n'en falloit pas tant pour troubler le malheureux mari, pour exciter ses recherches & le porter à s'assurer de son malheur. Il profite du premier proverbe qu'on exécute chez Madame Zeac, où le jeu de la scene amenoit un de ces billets fatals que recevoit sa femme. Il ne la perd pas de vue: après le spectacle, il se hâte de la ramener, & quand elle est parfaitement endormie, il se leve à la sourdine; à la lueur d'une lampe de nuit, il fouille dans ses poches & trouve l'écrit funeste ; où entre autres choses son amoureux la remercioit de son portrait qu'elle venoit de lui donner, s'exprimoit en termes brûlans sur cette copie qu'il embrasseroit au défaut de l'original, qu'il couvriroit de ses baisers enflammés. Le jaloux ne se connoît plus; il court au lit, réveille sa femme en sursaut, l'en arrache, l'accable de reproches, d'injures & de coups, la veut forcer à s'avouer coupable. Mais, ô constance admirable du sexe! elle a le courage de tout nier, & veut que ce chiffon ne soit réellement qu'une supposition. Par un caractere singulier de la jalousie, cette passion semblant toujours faire douter de son malheur celui qui en est atteint, ne lui laisse en même tems point de relâche, qu'il n'en ait acquis toutes les preuves: en desirant rester dans une erreur qui nous est chere, nous nous tourmentons continuellement pour en sortir. Le Sieur Dugazon de devoit aller le lendemain matin faire la répédition d'une parade chez M. Zeac; il prend une résolution violente, & attend avec impatience l'aurore pour l'exécuter. Il se rend en diligence à l'hôtel du magistrat: il monte dans sa chambre, il le trouve au lit, & lui fait écarter son laquais sous prétexte d'une commission éloignée. Resté seul avec le maître, il va fermer la porte, puis furieux, égaré, il revient sur lui un pistolet à la main: ,, Cruel, s'écrie-t-il, tu me rends le plus ,, malheureux des hommes, tu me ravis le cœur ,, d'une femme qui faisoit ma félicité; je ne veux ,, pas du moins que tu conserves aucun monu- ,, ment de ma honte; il faut me remettre à ,, l'instant son portrait & ses lettres, ou je te ,, brûle la cervelle."

Le Robin qui n'avoit pas eu le tems de proférer une parole, qui ne s'attendoit pas à voir substituer une tragédie à une parade, se leve, & toujours docile au pistolet se rend à son secrétaire: il en tire les lettres & le portrait. Dugazon s'en empare & les met d'une main dans sa poche, tandis que de l'autre tenant toujours en arrêt son ravisseur, il l'oblige de s'agenouiller comme il faisoit naguere devant le correcteur, & de recevoir sur le derriere quelques coups d'une boussine légere qu'il tenoit en entrant par contenance, en ajoutant: ,, Voilà le châtiment qui convient à un écolier, mais pour que vous ne puissiez pas en disconvenir, j'exige que vous

Tome X. B

m'en donniez un certificat." Il lui fait en même tems écrire ces mots,

„ Je me repens d'avoir cherché à déshonorer
„ la couche de M. Dugazon; je me suis soumis
„ à la pénitence que je méritois, & pour té-
„ moignage de ma résipiscence, j'ai signé le pré-
„ sent de ma main."

Alors le reconduisant de nouveau avec le pistolet, il le fait se recoucher; il gagne la porte à reculons; il la ferme à double tour & s'en va.

Le petit robin libre, se précipite de son lit, & par la porte d'un escalier dérobé gagne une fenêtre & crie *au voleur! à l'assassin! Jasmin, l'Epine, la Fleur, arrêtez ce coquin de Dugazon, ce traître qui vient de me mettre le pistolet sur la gorge; qu'on le conduise en prison; qu'il soit roué...* L'histrion étoit déjà dans la cour lorsqu'il l'entend. Il ne perd point la tête; il se retourne vers lui & répond: „ A merveille! Monsieur Zeac,
„ à merveille! Bien joué! la fureur est dans vos
„ yeux, la rage dans votre bouche, vous ren-
„ dez la passion divinement. Quelle vérité; quel
„ naturel! Vos domestiques, s'il n'étoient ac-
„ coutumés à nous voir jouer nos petites farces,
„ y seroient pris: mais en voilà assez, vous êtes
„ en chemise, vous vous enrhumeriez, rentrez;
„ comptez que tout ira bien." Il sort en même tems, & laisse l'autre s'enrouer à crier de nouveau, qu'on coure après lui; c'est un scélérat; il a voulu me tuer.... Les spectateurs étourdis,

confondus; ne ſçachant que penſer des cris for-
cenés de l'un, de l'aiſance & de la tranquilité de
l'autre, reſtent longtems incertains, & ne croient
la choſe ſérieuſe que trop tard. Dugazon étoit
déjà bien loin, graces à ſon cruel & adroit per-
ſiflage. Pour ſurcroît de malheur, le laquais de
Madame de Luchat, venu en commiſſion dans la
maiſon, avoit été témoin de toute la ſcene; &
court en hâte en inſtruire ſa maitreſſe. Celle-ci,
enchantée, s'empreſſe d'arriver, de plaindre ſon
pupille, & ſous cette pitié feinte elle ſe fait
conter dix fois comment l'aventure s'étoit paſſée.
Quand elle a réuni toutes les circonſtances:
„ Au reſte, dit-elle, à quelque choſe malheur
„ eſt bon; voilà une leçon qui vous tiendra
„ lieu de toutes les miennes; elle vous vaudra
„ une expérience de dix ans." Elle le quitte à
ces mots, & pour que l'anecdote ſoit plutôt publique, la va conter dans vingt maiſons. Le far-
ceur au ſurplus ne la nie pas; il ſupprime ſeule-
ment le geſte du piſtolet & inſulte encore au
pauvre Zeac. Il ne le rencontre plus de fois qu'il
ne lui demande s'il veut jouer une petite parade
avec lui? C'eſt peut-être la premiere fois qu'un
cocu a les rieurs de ſon coté.

LETTRE II.

Différentes lettres de M. le comte de Genlis, de M. de la Motte-Piquet, de M. le vicomte de Laval, concernant la conduite du duc de Chartres, avant, pendant & après le combat d'Ouessant. Problême à résoudre.

Depuis la rentrée de l'armée navale françoise (1), qui n'a rien fait & rejette son inaction sur l'amiral Keppel l'évitant avec soin, Milord, le retour du duc de Chartres (2) fixe de nouveau sur ce prince les yeux du public; les propos recommencent contre lui plus que jamais, & l'on est aussi ardent à le décrier qu'on l'étoit naguere à l'exalter. Ce n'est pas qu'il n'ait encore des partisans, même des admirateurs jusque dans le port de Brest (3): vous en jugerez par des

---

(1) Extrait d'une lettre de Brest du 18 septembre à 3 heures après midi... Notre armée navale entre, & partie est déjà mouillée : ses ordres portoient de ne point essuyer le coup de vent de l'équinoxe à la mer, du moins c'est l'excuse que donnent nos marins. Au reste, ils sont un peu honteux d'avoir encore moins fait qu'à la premiere sortie....

(2) Le duc de Chartres est arrivé le 21 septembre a matin à Paris.

(3) Extrait d'une lettre de Brest du 30 septembre... Il y a dans ce port une grande fermentation relativement au duc de Chartres. C'est mal à propos qu'on a prétendu

lettres (1) qui m'ont tombé dans les mains, qui font toujours manuscrites, quoique destinées à l'impression, & très-rares, quoique faites en apparence pour acquérir la plus grande publicité. Elles sont si importantes, que je vous les envoie en nature avec le commentaire à côté, ce qui vous facilitera mieux d'asseoir un jugement sur ces différentes pieces, & dirigera par suite votre façon de penser sur le duc de Chartres & sur ceux qui l'entourent.

---

qu'il nous avoit extrêmement embarrassé & empêché le succès du combat d'Ouessant. Il a au contraire beaucoup animé par sa présence & son courage. Les meilleurs serviteurs du roi du département rendent cette justice à son altesse, & souhaitent sincerement qu'elle ait la place d'amiral dont elle s'est montrée digne. Il paroît, au surplus, qu'elle se propose d'éclairer le public sur sa conduite & de faire réformer une phrase équivoque insérée dans la gazette de France.

(1) La premiere de ces lettres, datée de Paris le 22 septembre 1778, est du comte de Genlis, dont il a été fait mention précédemment, à M. de la Motte-Piquet.

La seconde, datée du 27 septembre, est la réponse de M. de la Motte-Piquet à M. le comte de Genlis.

La troisieme, datée aussi de Paris le 22 septembre, est du comte de Genlis, adressée à M. le vicomte de Laval, colonel du régiment d'Auvergne, embarqué sur le *St. Esprit* avec le duc de Chartres.

La quatrieme & derniere, datée de Brest le 27 septembre, est la réponse du vicomte.

COPIE de la lettre de M. le comte de Genlis à M. de la Motte-Piquet, chef d'escadre des armées navales.

Observations.

Malgré l'estime & l'amitié que j'ai pour vous, mon cher général, à mon arrivée à Paris, je me suis encore trouvé brouillé plus que jamais, & nos divisions font le sujet des conversations. J'espérois qu'on avoit cessé de le croire dans le petit voyage que j'ai fait ici entre les deux croisieres, & j'avois eu chez M. de Sartines une explication publique dans laquelle je lui avois parlé du peu de fondement de tous ces propos.

Si M. le comte de Genlis a eu chez M. de Sartines une explication publique sur sa brouillerie avec M. de la Motte-Piquet, le ministre en étoit donc instruit; il y avoit des griefs articulés que M. de Sartines avoit jugés dignes d'être discutés. Ce n'étoit donc pas simplement des bruits vagues, des pots-pourris de société : comment donc se fait-il que M. de Genlis, ainsi qu'il va le dire, ignorât absolument les motifs de cette querelle, & ne les eût appris qu'à son retour?

J'ignorois à cette époque les raisons que l'on prétend nous avoir désunis, & à mon arri-

On ne sait si M. de la Motte-Piquet a véritablement annoncé à M. le duc de Chartres la

vée, je viens d'en être instruit. J'imagine que vous serez aussi surpris que moi de l'atrocité qu'on débite. On prétend que dans l'action vous fûtes trouver M. le duc de Chartres, & que vous lui dîtes: *Ah! mon prince, voilà le plus beau moment de votre vie: vous allez couper cinq vaisseaux anglois; il faut arriver sur eux.*

Qu'à cette proposition de votre part, j'avois répondu: *Ah! Monsieur, prenez garde d'engager Monseigneur; souvenez-vous que sa personne vous est confiée, & que vous en répondez sur votre tête.*

possibilité de couper quelques vaisseaux de l'arriere garde angloise; mais M. d'Orvilliers dans sa relation adoptée par la gazette de France du 3 août, déclare qu'il avoit fait au duc de Chartres le signal d'arriver, & dans un détail plus circonstancié du combat qu'a ensuite rapporté la même gazette du 14, on ajoute en propres termes: *que l'effet de ce signal d'arriver étoit de couper l'arriere-garde ennemie.* Or, il y a eu quelqu'un qui a empêché le prince d'obéir à ce signal.

Par ce qui a été dit précédemment & avoué de M. de Genlis même, si ce n'est M. de la Motte-Piquet, quelqu'un au moins avoit écrit au ministre contre M. de Genlis, & quelqu'un digne de confiance, puisque le ministre en avoit parlé, avoit exigé une sorte

B 4

Que fur ce propos vous vous étiez emporté contre moi, & qu'enfin j'étois la caufe que nous n'avions pas coupé cinq vaiffeaux anglois. L'on débite auffi que vous avez écrit à M. de Sartines, & que vous lui aviez mandé que vous ne voulez plus commander un vaiffeau où je me trouverois, & qu'obligé de faire la feconde fortie, vous ne m'aviez parlé de la campagne.

Voilà, mon cher général, les calomnies auxquelles l'on eft expofé, lorfque par hazard on fait quelque chofe de plus que les autres.

Je ne dois pas m'affliger de l'injuftice du public, puifqu'elle n'en exempte pas même l'augufte prince, l'objet de notre admiration & de celui de toute la marine.

Si ce même public avoit daigné réfléchir de juftification de l'accufé.

Ce n'eft pas quelque chofe de plus ; mais au contraire quelque chofe de moins qu'on reproche à M. de Genlis d'avoir fait.

M. de Genlis fe feroit fans doute déshonoré dans l'efprit du prince, s'il n'y avoit pas eu une collufion-fecrete entre eux ; mais s'il a ouvert un pareil avis, c'eft qu'il étoit bien fûr de ne pas déplaire à fon alteffe.

un moment, il auroit jugé 1°. que si j'avois tenu ce propos, je me serois déshonoré dans l'esprit du prince dont je desirois le suffrage, & qu'il ne m'auroit pas fait l'honneur de me permettre de le suivre à la seconde sortie.

2°. Monseigneur, qui la veille avoit conseillé ainsi que vous d'attaquer les ennemis, lorsque M. d'Orvilliers lui envoya demander son avis, se seroit opposé à l'exécution d'une manœuvre timide.

Tous les jours on brave de loin le danger, qu'on redoute en le voyant de plus près.

3°. Que si je vous avois fait ces représentations, vous n'en auriez tenu aucun compte.

Toujours dans la supposition que ce prince n'eût pas été de moitié avec son confident.

Dans ce pays-ci, on aime infiniment mieux dire du mal de quelqu'un que de se donner la peine de réfléchir un moment. Les plaisanteries que nous faisions sur le banc de quart avec Monsei-

Qui prouve trop ne prouve rien: les plaisanteries sont déplacées pendant un combat; l'esprit doit être tout entier aux objets importans qui doivent l'occuper alors, & le cœur ému de sensi-

B 5

gneur pendant l'action du 27, ne ressemblent guere à la querelle indécente que l'on suppose.

Je vous avoue que je ne m'afflige nullement d'une atrocité si facile à démentir.

Je vous prie de me répondre, mon cher général, d'une maniere positive sur ces différens objets, comme votre cœur, l'honneur & la probité l'exigent.

Il sera, je crois, fort difficile de découvrir

bilité pour les malheureux qui vont être les victimes de cette fatale journée.

Pas tant, puisqu'elle subsiste encore dans son entier.

Ou, *comme c'est convenu entre nous* ; car comment s'imaginer que M. le comte de Genlis & M. de la Motte-Piquet venant de se quitter à Brest, lieu d'où venoient les propos & les écrits, ne sçussent rien de tout cela, & qu'arrivé à Paris seulement le 21 septembre au matin, M. de Genlis dès le 22, c'est-à-dire dès le lendemain, fût déjà assez instruit de la nature & des détails de l'accusation pour en écrire sur le champ à M. de Motte-Piquet ? cela n'est pas trop vraisemblable.

Cela ne doit pas être difficile, puisque le mid'où peut fortir ce dédale de menfonges & d'abfurdités débitées; mais le public finit toujours par être jufte, & je crois que nous avons égal intérêt d'anéantir des propos auffi dénués de tout fondement: notre malheur fera de ne pas voir rougir de honte & de remords ceux qui les ont inventés.

Quoiqu'on veuille abfolument que nous foyons brouillés, je vous prie, mon cher général, d'être perfuadé des fentimens avec lefquels j'ai l'honneur d'être &c.

niftre de la marine, fuivant le commencement de la lettre de M. de Genlis, en étoit inftruit. Quoi qu'il en foit, malgré l'égal intérêt que M. de Genlis & M. de la Motte-Piquet ont à anéantir ces propos; ils fubfiftent, fe perpétuent & s'accroiffent au contraire.

P. S. Je vous envoie ma lettre par un courier exprès, afin qu'elle vous arrive plus furement, & que votre réponfe me parvienne de même. Gardez, je vous prie, copie de ma lettre; j'ofe croire que la marine fera un peu étonnée de l'abfurdité & de la fauffeté de tous ces propos.

(36)

Copie de la réponse de M. de la Motte-Piquet.	Observations.
Si le public, mon cher Genlis, veut absolument que nous soyons brouillés ensemble, qu'y faire ? J'ai mandé au ministre, à MM. de Mondragon, (1) Bory, (2) le comte de Durfort (3), de la Bellangerays (4), le duc de Liancourt (5), & j'ai dit à tout le monde que le prince & tous ceux qui l'accompagnoient m'avoient toujours comblé de marques de bonté & d'amitié.	Qui prouve trop ne prouve rien encore. La qualité de prince du sang en cette occasion ne donnoit pas plus de droit d'attaquer sans ordre au duc de Chartres qu'à tout autre ; & il n'en seroit que doublement coupable ; d'abord, d'avoir combattu mal à propos, ensuite, de n'avoir pas combattu lorsqu'il le falloit.

A l'égard de la bravoure, quel autre qu'un prince du sang aussi courageux eût pris sur lui d'arriver & de commencer le combat sans qu'il y en eût ordre ? Mardi en dînant chez M. de la

---

(1) Premier maître d'hôtel du roi.
(2) Ancien chef d'escadre retiré.
(3) Capitaine de vaisseau chargé alors de l'inspection des gardes-côtes.
(4) L'oncle de M. de la Motte-Piquet.
(5) Grand-maître de la garde-robe en survivance du duc d'Ellisac.

Prévalaye (1), il en fut question en présence de MM. du Pavillon (2) & de Sillans (3) : tous les capitaines qui commandoient dans l'escadre dirent qu'ils n'auroient pas osé le faire.

C'est cependant cette manœuvre qui a empêché notre arriere-garde d'être écrasée, & a été cause de tout le brillant de la journée : voilà le vrai.	Cette assertion est bien opposée à celle de M. d'Orvilliers, qui, dans sa relation, dit que c'est par sa manœuvre hardie de faire revirer toute l'armée ensemble sur l'ordre de bataille renversé, c'est-à-dire en rendant avant-garde l'escadre bleue qui faisoit l'arriere-garde &c. qui a déconcerté le projet de l'amiral Keppel. Il ajoute que lorsque la tête de l'armée ennemie se présenta pour combattre par derriere l'escadre bleue, elle la trouva à l'autre bord de bataille,

---

(1) Chef d'escadre de 1776, commandant la marine à Brest dans l'intérim du généralat du comte d'Orvilliers.
(2) Capitaine de Vaisseau, renommé dans l'art des signaux.
(3) Un des capitaines de l'armée navale, qui commandoit le *Réfléchi* de 64 de la division du comte d'Orvilliers.

D'ailleurs, on n'avoit pas, suivant l'apparence, deſſein de combattre ce jour, puiſque pluſieurs vaiſſeaux n'avoient pas leur branle-bas fait. Je doute même que nous euſſions tiré du canon, ſi la veille le prince n'avoit pas marqué à M. d'Orvilliers que ſon avis & le mien étoient d'attaquer.

Quant aux cinq vaiſſeaux que nous pouvions couper, comme je n'ai rien vu d'approchant, nous ne pouvons à ce ſujet avoir eu de propos enſemble ; & comment comme en réſerve pour le moment. On dit enfin dans le ſupplément du 14 août, que la direction oblique des vaiſſeaux de la tête de la ligne angloiſe mit une partie de l'eſcadre bleue hors de poſition de pouvoir combattre l'armée ennemie. Accordez-vous Meſſieurs.

Ceci donneroit gain de cauſe à l'amiral Keppel, qui s'attribue l'honneur d'avoir provoqué le combat & forcé la circonſpection du général françois à entrer dans un engagement régulier avec lui. Voilà un des chefs de ſon armée au moins qui en convient.

M. de la Motte-Piquet aſſure que le St. Eſprit ne pouvoit plus arriver, & le comte d'Orvilliers dit que cette diviſion étoit comme en réſerve, & le ſupplément veut que

étoit-il possible que le St. Esprit arrivât davantage, puisque nous avons laissé fort un vent à nous les vaisseaux de la tête.

Au surplus, mon cher Genlis, je ne me sens point fait pour une guerre de plume, j'abandonnerois tout plutôt que de la soutenir. Vous & moi nous nous sommes trouvés à d'autres actions qu'à celle du 27 juillet; mais nous ne devons pas être surpris de nous voir calomniés, puisqu'on ose attaquer la bravoure même dans la personne d'un prince qui a sacrifié son rang, ses plaisirs, sa santé, même sa vie pour nous donner le plus bel exemple. Voulez-vous bien lui présenter mon hommage & mon respect; je n'oublierai jamais l'air de tranquillité & d'assurance qu'il a eu pendant tout le combat, & com par sa position elle ne pût presque pas donner, & le comte d'Orvilliers l'accuse de nouveau de n'avoir pas obéi au signal d'arriver. Accordez-vous, Messieurs, encore un coup.

Voilà qui est positif. Cette ardeur n'étoit pas forte cependant, à n'en juger que par les effets: quant à la vérité, bien loin de se découvrir, on voit qu'elle devient plus que jamais difficile à trouver, surtout favorable au duc de Chartres.

bien il nous inspiroit d'ardeur & à l'équipage; enfin la vérité se decouvrira, & le public est juste.

Adieu, mon cher camarade; comptez sur tous les sentimens que je vous ai voués pour la vie, & avec lesquels j'ai l'honneur d'être &c.

P. S. On vient de me dire que la gazette de France marquoit que M. le duc de Chartres n'avoit pas obéi au signal d'arriver que lui avoit fait M. d'Orvilliers ; comme il n'y a rien de plus faux, il sera facile d'en faire dédire le gazetier. C'est le Saint Esprit qui a le premier fait le signal.

Comment se fait-il que la gazette de France du 3 août n'eût pas encore été lue le 27 septembre par M. de la Motte-Piquet, cette gazette de France qui contenoit la relation d'un combat dont il avoit été acteur, qui n'étoit pas ignorée du dernier matelot de l'armée navale sachant lire ? Voilà une ignorance bien crasse, bien volontaire.

D'ailleurs, M. de la Motte-Piquet pose comme une chose facile de faire dédire le gazetier, & cependant le gazetier ne s'est pas encore dédit.

Enfin, ce n'est pas ici le gazetier qui a parlé à tort & à travers comme un journaliste étranger; c'est une relation envoyée par le général, approuvée du ministre de la marine, & qui a passé, suivant l'usage, entre les mains de tous les autres avant d'être rendue publique.

Copie *de la lettre de M. le comte de Genlis à M. le vicomte de Laval, colonel du régiment d'Auvergne.*

„ Mon cher vicomte, allez voir M. de la Motte-Piquet, & priez-le de ma part, de vous montrer la lettre que je lui écris. Vous y verrez un détail d'atrocités auxquelles je ne devois pas m'attendre. Qui plus que vous, mon cher vicomte, est en état d'en juger ? Vous avez partagé les hazards de cette journée avec nous, & vous savez si aux plaisanteries & à la gaîté qu'il y avoit sur le vaisseau de M. le duc de Chartres, il s'y est joint des conseils timides de ma part. Répondez-moi par mon courier. Je fais trop de cas de votre estime, pour ne pas m'en appuyer dans cette circonstance, qui n'est point affligeante pour moi, parce qu'elle peut être facilement démentie; mais qui est désagréable à l'homme d'honneur soupçonné.

J'ai l'honneur d'être &c.

Réponse de M. le vicomte de Laval.

„ J'ai lu, cher Genlis, la lettre que vous avez écrite à M. de la Motte-Piquet. Le détail d'atrocités qu'elle contient est inimaginable ; mais permettez-moi de vous dire que ces calomnies ne devroient pas du tout vous affecter : les personnes qui les ont inventées, ont voulu vous faire tort; mais elle ne sçavent pas s'y prendre; car, pour persuader, il faut dire des choses vraisemblables, & il y a longtems que vous avez prouvé que vous n'étiez pas porté pour les *conseils timides*. Tout ce que je souhaite, c'est qu'à la premiere affaire où je me trouverai, il y ait autant de gaîté qu'à bord du St. Esprit, le jour du combat. J'étois bien attaché à M. le duc de Chartres; mais je le lui suis bien davantage depuis ce moment-là. C'est un jour, qui ne s'effacera jamais de ma mémoire.

Je vous prie de dire à M. le duc de Chartres que j'attends de ses nouvelles avec la plus vive impatience.

Mon régiment part le 3 du mois prochain pour se rendre à Lille; je compte marcher avec lui jusqu'à nouvel ordre.

Adieu, mon cher Genlis, soyez persuadé de la plus tendre amitié que j'aurai toute ma vie pour vous. Je vous embrasse *de tout* mon cœur."

Par ce que je vous ai déjà dit, Milord, précédemment & par la lecture de ces lettres, vous voyez que le reproche fait au duc de Chartres est, sous prétexte qu'il n'entendoit pas bien un signal, d'avoir passé à poupe du général pour se le faire expliquer.

Vous voyez qu'on a dit dans le monde que ce prince ne s'étoit porté à cette fausse démarche que sur une discussion élevée à son bord entre le comte de Genlis, seigneur de sa suite, n'ayant aucun rang ni qualité dans le vaisseau, & M. de la Motte-Piquet, capitaine de pavillon de son altesse sérénissime.

Vous voyez qu'on est parti de là pour répandre les bruits les plus offensans contre le duc de Chartres, qui, à en croire ses détracteurs, par cette fausse manœuvre en rompant la ligne & en faisant perdre beaucoup de tems à la marche de l'armée, avoit été cause que les François n'avoient pas profité de leur avantage sur les Anglois en les battant complettement, & en prenant plusieurs de leurs vaisseaux.

Ces imputations ayant acquis beaucoup de consistance à son retour, les gens intéressés à sa gloire n'ont pu les lui cacher, lui ont fait sentir qu'il étoit obligé de s'en laver & de prouver la mauvaise foi du comte d'Orvilliers.

En conséquence, les lettres ci-dessus ont été écrites. Les serviteurs du prince, ses commensaux, ses défenseurs, ont assuré qu'on ramassoit les différentes pieces nécessaires à l'éclaircissement de sa conduite, & à la justification de ses manœuvres, & qu'on devoit faire imprimer le tout.

La premiere piece, suivant eux, & le fondement de toutes les autres, étoit le journal de M. de la Motte-Piquet, très-détaillé, d'où il résultoit qu'on avoit interverti l'ordre du moment où le *Saint-Esprit* avoit passé à poupe du général pour lui demander ses intentions, que ce vaisseau s'étoit conformé exactement aux signaux, qu'il n'y avoit eu à bord aucune difficulté sur leur signification; que ce n'étoit qu'à huit heures du soir, le jour du combat, c'est-à-dire plusieurs heures après, que le duc de Chartres avoit desiré s'aboucher avec le général; & pourquoi? C'étoit pour témoigner à M. d'Orvilliers son étonnement de son signal de retraite sur Oueffant. Voilà le vrai signal qui déplaisoit à l'ardeur de son alteffe, qui la révoltoit, qu'elle ne comprenoit pas, & qu'elle auroit voulu faire changer.

Ces Meffieurs ajoutoient qu'au journal de M. de la Motte-Piquet, on avoit réuni les dépofitions des capitaines de l'escadre au nombre de vingt-huit (1), dont les journaux étoient absolument conformes au fien, & que du tout il résultoit une masse de réclamations bien propre à balancer, à détruire le fait fauffement énoncé dans la gazette de France.

Tout cela devoit être imprimé & acquérir la plus grande publicité. On étoit dans l'attente de la discussion de ce grand procès; mais comme le comte d'Orvilliers s'y trouvoit compromis, ou plutôt étoit la partie adverse du prince du sang, il falloit l'écouter, & il étoit mandé à cet effet.

Point du tout, Milord, aujourd'hui toutes ces menaces s'en vont en fumée; le roi ne veut pas qu'il paroiffe rien d'imprimé concernant le combat d'Oueffant, & le ministre qui craint des éclairciffemens capables de faire tomber l'illusion

---

(1) Les capitaines des deux vaiffeaux abfens du combat n'avoient pu dépofer d'un fait dont ils n'avoient aucune connoiffance.

du public sur cette brillante journée d'Oueſſant, retient le général françois à Breſt.

Enfin, pour éviter les ſuites fâcheuſes d'une querelle ſcandaleuſe qui pourroit porter le trouble dans la marine durant toute la guerre, on a fait ſuggérer adroitement au duc de Chartres par les jeunes ſeigneurs, ſes confidens, d'accepter comme une marque de ſatisfaction du roi, une place créée exprès pour lui, de *colonel général des huſ-ſards* (1), ayant le travail direct avec S. M.

Bien loin que cette faveur produiſe un bon effet dans le public, on regarde comme une lâcheté de la part de ce prince de l'avoir acceptée; en ce que la place en quelque ſorte eſt au deſſous de lui; en ce que c'eſt un démembrement de celle de colonel général de la cavalerie légere occupée par le marquis de Bethune; en ce que c'eſt une excluſion marquée de la charge d'amiral, l'objet de ſes deſirs & de ſes démarches; en ce qu'enfin on la regarde comme une tournure viſible pour ne plus laiſſer ſervir dans la marine ce prince, lorſqu'il auroit le plus grand intérêt de s'y diſtinguer & d'effacer les impreſſions flétriſſantes répandues ſur ſon compte.

D'ailleurs, c'eſt une eſpece d'engagement que prend le duc de Chartres de ſe contenter d'une pareille ſatisfaction & de ne pas donner ſuite aux éclairciſſemens que ſon honneur ſembloit

_____

(1) M. le duc de Chartres avoit été fait lieutenant général des armées le 27 juillet dernier.

exiger aux yeux de toute la nation & de l'Europe entière imbue de son avanture.

Les gens véritablement attachés à ce prince, & convaincus de son innocence, gémissent de sa conduite en cette occasion ; ils l'attribuent à la mauvaise société dont il est entouré ; à cette troupe de roués, de débauchés qui le plongent dans les voluptés les plus sales, loin de lui élever l'ame, & de l'exciter à montrer dans cette circonstance délicate, la noblesse & l'énergie qu'il devroit avoir. Quant aux spectateurs impartiaux qui, d'abord touchés du zele que le duc de Chartres avoit annoncé pour se justifier aux yeux de la nation & gagner sa confiance, desiroient qu'il triomphât & fît éclater la vérité, ils commencent à se refroidir en voyant languir cette affaire; ils ne peuvent se persuader qu'un prince du sang, outragé par la calomnie, s'il n'étoit véritablement coupable & très-coupable, eût assez peu de soin de sa gloire pour laisser dans l'oubli son apologie, quelque défense qu'il eût reçue de la publier. Ils ne pensent pas qu'aucune autorité sur la terre dût & pût lui fermer la bouche.

Cette mollesse de sa part, Milord, est très-fâcheuse pour nous, en ce qu'il ne servira plus & ne nous sera désormais d'aucune utilité. Quoi qu'il en soit, voilà du moins une campagne de finie en Europe, sans qu'il nous soit arrivé grand mal 1), & même avec un avantage décidé du

___

(1) Sauf la perte de la *Dominique*, dont la nouvelle se répand ici depuis quelques jours.

côté du commerce, puisque le nôtre n'a éprouvé aucun échec, & que celui de nos ennemis essuie journellement de nouvelles pertes (1); mais nous ne sommes pas au bout, & la campagne prochaine pourroit être plus pénible, si les Espagnols se joignent aux François, ainsi que c'est bien à craindre.

Paris ce 2 novembre 1778.

---

(1) Extrait d'une lettre de Bordeaux du 19 septembre... La frégate du roi *le Triton* a fait à St. Domingue ce que M. Dampierre a fait à la Martinique; elle a retenu des navires qui se seroient rendus ici avant le tems où les Anglois ont commencé à arrêter les nôtres. Son objet étoit de les débouquer des parages de l'Amérique où il ne se commettoit encore aucune hostilité. Treize navires sont sortis sous son escorte; cette frégate s'est perdue sur les Caïques, & a fait perdre avec elle *la Bonne Nourrice* de ce port & *le Favori* de Nantes. Du reste, il en est arrivé un ici; l'on ignore le sort des autres; on est dans la plus vive inquiétude, & les assureurs qui ont offert jusqu'à 52 pour cent sur les risques qu'ils courent, ne trouvent point de gens assez hardis pour les couvrir. Les négocians sont si effrayés, qu'il ne se fait plus d'assurance, & que si l'on n'accorde pas des convois, quelques-uns qui ont des navires chargés pour l'Amérique, vont les faire décharger.

Un de nos négocians a fait sortir un navire de ce port le 23 du mois passé; il le sçait déjà en Angleterre.

Extrait d'une lettre de Bordeaux du 5 Octobre... Il semble que la mer engloutisse tout, & nous le croirions si les lettres de l'Angleterre ne nous apprenoient par chaque courier, l'arrivée dans ses ports des navires que nous attendions. Il ne nous en vient aucun ni de nos colonies, ni de l'Amérique septentrionale.

LETTRE III.

Sur la rentrée de l'armée navale & la levée des camps; sur la prise de la Dominique; sur celle des isles de St. Pierre & Miquelon; sur les préparatifs de la campagne prochaine; sur les dispositions peu amicales & même hostiles de la cour d'Espagne.

Nos nouvellistes, Milord, que la saison de la campagne avoit dispersés, se sont réunis depuis peu, ils sont aujourd'hui tous rassemblés, & voici la récapitulation des faits qu'ils ont passés en revue avec les anecdotes, les gaîtés & les traits caustiques dont quelques-uns les ont assaisonnés. Ce sont les mêmes interlocuteurs du dernier dialogue.

LE COMTE DE NOLIVOS.

Il s'est passé bien des choses, Messieurs, depuis notre séparation, & quoique nous les sçachions en gros, il est mille détails que ne nous apprennent point les papiers publics, ni même les lettres particulieres, souvent trop circonspectes, sur lesquels on s'ouvre dans la conversation. & qu'il seroit bon de reprendre.

LE COMTE DE CATUELAN.

Si vous en savez, comte, aprenez-nous-les;

pour moi, je trouve que tout cela se reduit à peu de chose. 1º. Le comte d'Orvilliers avec son armée navale, après s'être promené pendant 33 jours sur l'Océan & à l'entrée de la Manche, est rentré si adroitement, qu'il n'a pas même vu l'armée navale angloise. 2º. M. le maréchal de Broglio, après avoir tenu environ pendant un mois le camp de Bayeux, y avoir fait faire très-bonne chere aux officiers, & pensé faire mourir de faim les soldats, l'a levé sans avoir même attaqué les isles de Jersey & de Guernesey, dont la prise sembloit ne devoir souffrir aucune difficulté, & de plus y a laissé beaucoup de malades. 3º. M. de Fabry, après s'être caché dans différentes anses de la méditerranée, ayant peur de son ombre, est rentré au bout de trois mois, précisément dans le tems où les corsaires de Gibraltar & de Mahon commençoient à infester cette mer. Voilà pour l'Europe. 4º. Vous avez pris la Dominique aux Antilles, qui ne peut vous servir de rien, & qui tomboit d'elle-même par sa position. 5º. Vous avez perdu dans le nord les isles de St. Pierre & de Miquelon & avec elle le commerce de la pêche de la morue, le plus important pour vous, parce qu'outre le bénéfice dont il prive vos concurrens, c'est la pépiniere & l'école de vos matelots. 6º. Le comte d'Estaing, après avoir couru, sans dessein fixe, d'une côté à l'autre, & du midi au nord dans l'Amérique septentrionale; après avoir formé dix projets différens, sans en exécuter aucun, après s'être brouil-

Tome X.   C

lé avec les infurgens, va paffer vraifemblablement à la Martinique, où il ne fera pas davantage.

M. D'ECLIEU.

Voilà, fans doute, un précis de la campagne affez vrai au fond; mais vous omettez des faits particuliers, ou qui juftifient la conduite des généraux, ou qui rectifient l'idée défavorable que vous voudriez donner de leur capacité, ou qui du moins font honneur aux agens fubalternes qu'ils ont employés.

M. d'Orvilliers, preffé de fortir de nouveau à deffein de favorifer la rentrée des navires du commerce attendus des Indes & des Antilles, n'étoit pas en ce moment affez fort (1) pour ofer provoquer l'ennemi & ne pas fe tenir fur la réferve. Il étoit obligé de contenir l'ardeur belliqueufe de fes officiers jufqu'à ce qu'il eût le nombre compétant de vaiffeaux, afin de fe préfenter avec confiance devant l'ennemi.

LE COMTE DE CATUELAN.

Je vous arrête là, Monfieur, & vous prends

---

(1) Extrait d'une lettre de Breft du 19 août... On a nouvelle que trois de nos vaiffeaux de l'Inde font enfin arrivés; on en attend encore quatre, indépendamment des huit de la Chine, ce qui ne nous laiffera pas tranquiles jufqu'au tems de leur rentrée effectuée. Heureufement notre armée navale, fortie le 17, comme on l'avoit annoncé, va favorifer leur paffage. M. d'Orvilliers n'a encore que 25 vaiffeaux de ligne, les feuls qui fe foient trouvés en état de le fuivre; mais le furplus ne tardera pas à le joindre.

par vos propres paroles. Comment après cette victoire fameuse d'Ouessant, après avoir si fort maltraité les Anglois, au bout de trois semaines, vous n'êtes pas encore réparé complettement, & vous n'osez reparoître devant eux.

M. LAMBERT.

Ma foi, Monsieur le chevalier, vous voilà pris sur le tems, l'argument est pressant.

M. GIRARD.

Des faits, Messieurs, des faits, nous ne finirons pas, si nous nous engageons dans des disputes idéales.

LE COMTE DE NOLIVOS.

Je m'en vais lui fermer la bouche.

(Il parle à l'oreille du comte de Catuelan.)

Ne voyez-vous pas que M. d'Orvilliers avoit avec lui le duc de Chartres, & que la présence de ce prince l'affoiblissoit de cinq ou six vaisseaux ?

M. D'ECLIEU.

Et quand le général françois s'est trouvé en mesure (1), l'Amiral Keppel n'a pas jugé à

_____

(1) Sauf la *Ville de Paris*, dans laquelle, à mesure qu'on travailloit, on découvroit de si grands défauts, qu'on fut obligé d'y renoncer pour la campagne & de la remplacer par le *Neptune* de 74, nouveau vaisseau lancé à l'eau en 1803.

propos de compromettre une seconde fois les forces navales de l'Angleterre (1). Au reste, si l'escadre n'a rien fait en général, il y a eu des actions particulières qui font honneur à la marine françoise.

L'*Iphigénie* a fait plusieurs prises qui enrichiroient M. de Kersain, son capitaine, si, faisant partie de l'armée navale, toutes n'étoient communes.

M. PILOT.

Ce lieutenant de vaisseau est bon musicien & grand gluckiste, & il doit son commandement à ce goût pour le chevalier Gluck. L'anecdote est plaisante. Quand M. de Sartines, qui connoissoit la passion de cet officier, fit, au commencement de l'année, la destination des frégates & qu'il en fut à *l'Iphigénie*, *eh pour celle-là*, dit il, *elle va par sympathie à M. de Kersain, grand amateur de l'Opéra de ce nom*. Vous voyez que, malgré sa gravité espagnole, ce ministre sait rire comme un autre, & faire un calembour.

_____

(1) Extrait d'une lettre de Brest du 8 septembre.... Aucune nouvelle de notre armée navale depuis le 26, ce qui confirme de plus en plus dans l'idée qu'elle ne se battra pas. On prétend que c'est Keppel qui élude le combat & fuit bien ; mais si M. le comte d'Orvilliers étoit un homme moins timide, s'il étoit audacieux & plein de nerf comme le comte d'Estaing, il l'y forceroit malgré lui, ou feroit un coup de main sur quelque port d'Angleterre : ses partisans l'excusent à raison du duc de Chartres dont la personne l'embarrasse fort, & dont il craint l'inexpérience & l'étourderie.

Le Roland, *la Sensible*, *le Zéphire*, *la Renommée* & tous les bâtimens envoyés en course avant & depuis la rentrée de l'escadre, ont aussi fait des prises, principalement de corsaires: on ne finiroit pas d'entrer dans ces détails.

M. D'ÉCLIEU.

Mais le combat de *la Junon* contre *le Fox* (1) est surtout très-glorieux.

LE COMTE DE CATUELAN.

Très-glorieux! Vous pourriez supprimer le superlatif. Une frégate de 36 canons d'un calibre supérieur contre une de 28, & tout au plus de 200 hommes d'équipage contre trois cents; vous voyez qu'il n'y a pas de quoi tant se récrier.

M. D'ÉCLIEU.

Vous ne pouvez au moins contester la belle manœuvre, le sang froid, la précision du commandement de M. de Beaumont, son capitaine. Il avoit recommandé à ses canoniers de ne point tirer sans avoir pris tout le tems nécessaire pour bien ajuster leurs coups. Aussi n'y en eut-il presque aucun qui ne portât, & la frégate angloise se trouve enfin démâtée de tous ses mâts.

___

(1) Nouvelle frégate de 36 canons, construite, je crois, à Rochefort: le combat s'est fait le 8 Septembre, & le 11 *la Junon* a amené *le Fox* à Brest à la remorque.

(54)

Moi, qui ne me décide point par le succès, j'admire encore plus le capitaine Windsor, qui pendant trois heures & demie, malgré l'infériorité du nombre de ses gens employés à la manœuvre, a éludé avec succès tous les efforts de M. de Beaumont cherchant à prendre une position avantageuse contre lui, tantôt à lui passer au vent, tantôt à l'enfiler par la hanche; qui blessé dès le commencement du combat, n'est pas moins resté sur le pont à donner ses ordres jusqu'à la fin, & n'a amené qu'après avoir eu sa frégate rase comme un ponton, & un quart de son équipage tué ou blessé (1).

LE BARON DE KNIPAUSEN, *avec fureur.*

En verité, Monsieur, il faut être anglois jusque dans l'ame pour oser nous tenir de pareils propos: si le capitaine Windsor a sçu mettre en défaut la capacité de M. de Beaumont, s'il a eu sa frégate si maltraitée, s'il a perdu tant de monde, tout cela releve la victoire du capitaine françois; il a donc déployé de grands talens; il a donc fait jouer son artillerie avec intelligence; il a donc battu vigoureusement son ennemi.

M. D'ECLUSE.

N'est-ce pas fort adroit d'avoir sçu conserver

―――――――――
(1) Nouvelle frégate de 36 canons, construite, je crois, n'avoit que 29 hommes tués & 38 blessés suivant le relevé fait à Brest.

les siens avec tant de soin qu'il n'ait eu que quatre hommes tués & quinze blessés.

M. GIRARD.

Malheureusement dans le nombre des morts est ce brave M. Disle de la Mothe, son capitaine en second.

M. DE LA BALUE.

Messieurs, il faut rendre justice aux officiers auxiliaires, à MM. *Duclos, Bourster, Montgon*, qui n'ont pas peu contribué à la bonne manœuvre.

M. D'ECLIEU.

Oui, comme les matelots, mais MM. de Chavagnac & de Roquefeuil ont fait servir les batteries, & ont secondé la tête du général pour modérer à propos l'ardeur des canoniers.

M. PILOT.

On dit que l'équipage étoit d'une gaîté charmante, qu'il alloit là comme à la noce, tant il attendoit avec impatience l'occasion d'un combat.

LE COMTE DE CATUELAN.

Oui, c'est la gazette de France qui nous apprend cela.

M. BOYER.

Eh bien! la gazette de France ne ment jamais.

LE COMTE DE CATUELAN.

Malgré fon autorité irréfragable, je crois que les équipages du *Vengeur* & de la *Belle-Poule* étoient plus gaillards que celui de la *Junon*, quand ils ont repris le navire *l'Aquilon* (1) revenant de l'Inde: l'efpoir de beaucoup d'argent gagné fans rifque, rend infiniment plus joyeux que lorfqu'il n'y a que des coups à attraper.

M. DE LA BALUE.

Cet argent n'eft pas encore dans leur poche; ils pourroient bien n'en pas tâter. Vous fçavez que la capture a fait la matiere d'un procès, qu'ils ont gagné, il eft vrai, au confeil des prifes; mais les armateurs de *l'Aquilon* ont préfenté leur requête d'appel au confeil royal des finances, & ils viennent d'obtenir arrêt conforme (2).

M.

---

(1) Le 28 feptembre *l'Aquilon*, commandé par le capitaine la Vigne-Buiffon, fut attaqué par un corfaire anglois qui fe difpofoit à l'amariner, lorfque le *Vengeur* & la *Belle-Poule*, attirés par le bruit du combat, parurent avant le jour, & prirent le corfaire eftimé environ 300,000 livres: ils convoyerent *l'Aquilon* jufqu'à l'ifle de Grouais, où il entra le 5 octobre.

(2) Le 8 novembre. Il paroît que les propriétaires du navire *l'Aquilon* font d'autant mieux fondés dans leur appel, que la marine même croyoit M. d'Amblimont dans fon tort, fuivant ce qu'on écrivoit ci-joint.

Extrait d'une lettre de Breft du 7 octobre.... *L'Aquilon*, vaiffeau revenant de Chine, commandé par M. de la Vigne-Buiffon avec un chargement de trois millions, avoit été

LE COMTE DE CATUELAN.

Je voudrois bien que le comte d'Amblimont perdît ; c'est fort vilain. Sa cupidité basse & injuste ternit sa bonne action & s'accorde à merveille avec sa sordide passion du gain, qui est un des principaux défauts du corps de la marine.

M. GIRARD.

Messieurs, je n'entends point la chicane en général, encore moins la chicane maritime : expliquez-moi, je vous prie, la nature de ce procès.

M. DE LA BALUE.

Lorsqu'un navire-françois pris par l'ennemi étoit repris par un bâtiment de sa nation au moins 24 heures après, il devoit autrefois à celui-ci le droit de recousse, c'est-à-dire le tiers de sa valeur & de celle de sa cargaison. Les propriétaires de *l'Aquilon* prétendent aujourd'hui que Louis XIV & Louis XV avoient renoncé à ce droit, non-seulement par le silence de leurs ordonnances, mais encore par des dispositions solemnelles, & que Louis XV a affecté de ne pas le rappeler

---

pris par un corsaire anglois : dans la nuit M. d'Amblimont, commandant le vaisseau le *Vengeur* de 64, a dirigé sa route vers l'endroit où il avoit entendu le bruit des coups de canon, & au lever du jour a repris le vaisseau françois, &, comme il n'y avoit pas 24 heures que *l'Aquilon* étoit amariné, les propriétaires du navire recevront la restitution du tout suivant la loi des prises.

dans ses nouvelles loix sur la marine. Ils ajoutent que même en admettant l'existence du droit, ils ne seroient pas encore obligés de le payer, faute du délai nécessaire écoulé entre la capture & la reprise.

LE COMTE DE CATUELAN.

Il y auroit de quoi décourager le commerce, si à la crainte de l'ennemi, il devoit joindre celle de ses propres concitoyens; si la marine royale, faite pour le protéger, se réunissoit aux Anglois pour l'écraser, & lui faisoit payer ses services aussi cher qu'elle le prétend.

M. D'ECLIEU.

Il faut cependant que le prêtre vive de l'autel; il faut donner un objet d'émulation, je ne dis pas aux officiers; ils sont faits pour être guidés par l'honneur seul, mais aux équipages; ils s'embarrasseront peu de reprendre un bâtiment national, s'il ne leur en revient aucun profit.

M. GIRARD.

Il y a du pour & du contre : Messieurs, cette dissertation nous meneroit loin & ne nous aprendroit rien. Parlons plutôt du combat du *Triton*, de celui de *la Dédaigneuse*.

M. D'ECLIEU.

Ligondez s'est très-bien conduit dans le premier; il a été parfaitement remplacé par son second (1) lorsque, après avoir été bleſſé en deux endroits, il a été obligé de ſe retirer du pont, ſes forces ne répondant pas à ſon courage; je crains bien même qu'il n'en périſſe, car les nouvelles que j'en ai de Breſt (2) ſont très-mauvaiſes.

LE BARON DE KNIPAUSEN, *au comte de Catuelan.*

M. l'Anglomane, nous direz-vous encore que les François étoient ſupérieurs en cette occaſion. Outre que M. de Ligondez avoit affaire à un vaiſſeau de ſa force, vous ne pouvez ignorer qu'il y avoit auſſi une frégate ennemie qui l'incommodoit beaucoup dans les différentes poſitions qu'il vouloit prendre; cependant *le Triton* a obligé l'une & l'autre de profiter de l'obſcurité de la nuit pour fuir & ſe dérober à ſes coups.

M. LE COMTE DE CATUELAN.

Moi, baron, je ne dis rien, je me tais & j'admire.

M. LAMBERT.

Meſſieurs, foin de l'honneur ſans profit. Vive M. de Keroulas de Cohars qui vous a pris une bonne frégate angloiſe de 28 canons (3). Vive

---

(1) M. Roquart, lieutenant de Vaiſſeau.
(2) Le combat a eu lieu le 20 octobre, & *le Triton* n'eſt rentré à Breſt que le 16 novembre.
(3) C'eſt au mois de ſeptembre dernier, ſur le môle St. Nicolas, que cette priſe eut lieu par *la Dédaigneuſe* &c.

surtout le capitaine Mandavit du corsaire *la Ven-geance* de Bordeaux de 24 canons, qui après un combat des plus vifs contre la frégate du roi d'Angleterre *le Pélikan* de 38 canons & de 200 hommes d'équipage, après en être venu jusqu'à trois fois à l'abordage, s'en est rendu maître, & l'a conduite à Lisbonne.

M. PILOT.

Voilà quatre ou cinq frégates qu'a perdu contre nous l'Angleterre depuis les hostilités commencées.

M. BOYER.

Au 15 octobre dernier, suivant le relevé que j'ai eu d'un greffier du conseil des prises, de celles faites sur les Anglois dans les mers d'Europe par la marine du roi, outre trois frégates, l'on comptoit trois cutters ou corvettes de S. M. Britannique, quinze corsaires, & trente deux navires marchands. Par les corsaires & armateurs particuliers, un corsaire & quarante-neuf navires du commerce, dont plusieurs de ces derniers rançonnés, ce qui donne un résultat de cent trois bâtimens de toute espece.

---

retour à Brest le 14 novembre. Le capitaine anglois se nommoit William Williams.

Avant, M. de Tilly, capitaine de *la Concorde*, croisant à l'atterrage du cap, y avoit pris *la Minerve*.

M. DE LA BALUE.

Il faut convenir que tout cela ne vaut pas les quatre seuls vaisseaux de l'Inde (1) que vous avez perdus.

M. LAMBERT.

Au commencement du mois d'octobre, les pertes du seul port de Bordeaux étoient évaluées de 7 a 8 millions (2).

M. DE LA BALUE.

Et à la fin de ce même mois, celles du commerce de France en général montoient à près de 50 millions (3).

M. LAMBERT.

Et aujourd'hui à soixante au moins.

M. GIRARD.

Il est certain que le commerce crie comme le diable ; il demande des convois à toute force (4).

---

(1) *Le Modeste, le Ferme, le Gaston, & le Carnatte* : la cargaison de celui-ci seul étoit estimée plus de 4 millions.

(2) Dix-neuf navires estimés 400,000 livres l'un dans l'autre.

(3) Cent quinze bâtimens à la même estime de 400,000 livres l'un portant l'autre, font déjà 48 millions ; ajoutez-y la valeur beaucoup plus considérable des navires de l'Inde.

(4) Extrait d'une lettre de Bordeaux du 10 octobre. Jeudi il entra dans notre rivière *le Pactole*, navire de ce

LE CHEVALIER D'ECLIEU.

Il faut aller au plus pressé, Messieurs; voulez-vous perdre en détail votre marine à peine naissante.

M. LE COMTE DE CATUELAN.

Mais pourquoi, je vous prie, M. d'Orvilliers est-il rentré au bout d'un mois & a-t-il laissé après lui à la mer l'amiral Keppel dont l'armée navale si bien battue n'a pourtant pas craint comme vous le coup de vent de l'équinoxe & est restée un mois après lui exposée à la fureur des élémens.

LE COMTE DE NOLIVOS, *lui parlant à l'oreille.*

Je vais vous répondre : parce que le comte d'Orvilliers avoit toujours le duc de Chartres

———————————

port; il est parti le 10 août du port au Prince avec 26 bâtimens de transport du sud de St. Domingue, qu'une frégate a débouqués, après les avoir retenus pour la plupart pendant près de deux mois : c'est le seul dont nous sachions encore l'atterrage. Le capitaine dit n'avoir rien rencontré sur nos côtes ; mais la pleine mer lui a paru être une rade, tant il y a vu de bâtimens. Il a passé au milieu d'eux sans être atteint d'aucun, à la faveur du gros tems qu'il faisoit & de sa marche supérieure; d'ailleurs, il n'étoit pas chargé.

Le ministre a répondu à notre chambre du commerce : qu'il ne pouvoit faire convoyer les navires, mais qu'il feroit croiser. Cela n'encourage pas les armateurs qui ne cessent de demander des convois & qui lui adressent aujourd'hui un mémoire.

qui pefoit fur fes épaules, & qu'il étoit preffé de s'en débarraffer.

M. D'ECLIEU.

Vous voyez qu'au défaut de convois le miniftre fait croifer, & même avec fuccès, par toutes les prifes qui ont été faites.

LE COMTE DE CATUELAN.

Je perds l'océan de vue pour un moment & je vois dans la méditerranée M. de Fabri rentré à Toulon à la fin d'octobre contre le vœu du commerce, qui regardoit une escadre françoife croifant au détroit comme de la plus grande utilité.

M. DE LA BALUE.

Il eft certain que la ville de Marfeille qui étoit alors fur le point de faire partir un convoi de bâtimens marchands pour l'Amérique, en a été confternée, & qu'il y a actuellement ici deux négocians députés de ce port pour faire des représentations au miniftre à ce fujet.

LE COMTE DE CATUELAN.

C'eft que le bruit couroit que l'amiral Rodney alloit venir dans la méditerranée avec une escadre qu'on armoit, & M. de Fabri n'aime point du tout les Anglois.

M. D'ECLIEU.

Point de mauvaifes plaifanteries, comte: M. de Fabri eft malade; voilà le vrai.

M. DE NOLIVOS.

A l'égard des convois, mes correspondans m'écrivent que le ministre lassé, ou persuadé, a enfin promis d'en donner pour aller aux isles & en revenir.

LE COMTE DE CATUELAN.

Soit; mais cela ne répare pas le mal déjà fait; cela n'empêche pas que 32 navires (1), qui devoient partir du cap deux jours après la frégate *l'Inconstante*, arrivée à Brest au commencement d'octobre (2), & qui auroit dû les escorter, ne deviennent comme tous ceux de nos isles, depuis le malheureux convoi de M. d'Ampierre, la proie des corsaires anglois. Cela ne fait pas, il s'en faut de beaucoup, que la confiance renaisse: des succès réitérés pourroient seuls relever le courage abattu. La terreur s'est si promptement communiquée aux matelots, que, si j'en crois mes correspondans aussi, quelque haute paie qu'on leur offre, ils refusent de s'embarquer sur les navires marchands, tant ils ont peur d'être pris.

---

(1) Ce sont les mêmes, sans doute, que ceux dont il est fait mention dans la lettre de Bordeaux, qui ne porte le convoi qu'à 26 bâtimens.

(2) Extrait d'une lettre de Brest du 7 octobre... La frégate *l'Inconstante* commandée par M. de Cuverville, lieutenant de Vaisseau, est arrivée hier de St. Domingue.

M. DE LA BALUE.

On m'écrit de St. Malo que les isles de Jersey & de Guernesey regorgent de marchandises de nos colonies par les captures que leurs corsaires en ont faites, au point que les magasins ne pouvant y suffire, ils ont été obligés de construire des hangards pour les placer. C'est là où les commerçans de nos ports vont en interlope se pourvoir des denrées de nos colonies, dont nous manquerions, s'ils ne venoient nous les revendre.

M. LAMBERT.

A propos de ces isles, voilà donc le camp levé sans qu'on ait fait la plus légere tentative pour s'en emparer, malgré toute la mine qu'on en faisoit (1).

―――――――――――――――

(1) Extrait d'une lettre de St. Brieux du 27 août... Nous partons samedi pour nous trouver lundi au camp désigné près de St. Malo. On parle d'une descente dans les isles de Jersey & de Guernesey : ce sont deux petites isles, bien fortifiées aujourd'hui, pourvues d'artillerie & d'une garnison nombreuse ; elles pourront nous coûter du monde ; mais ne peuvent tenir longtems, si, comme l'on dit, notre escadre bloque l'armée angloise, & si rien ne nous trouble dans notre opération. Il y a à St. Malo 47 bâtimens de transport destinés pour cette expédition, & ce sera le marquis de Castries qui commandera la descente de Jersey comme la plus voisine de cette province. Les troupes de Normandie doivent attaquer Guernesey sous les ordres du comte de Vaux ; mais cette spéculation n'est pas encore sûre. Ce qu'il y a de plus certain, c'est que ce camp-ci & celui de Normandie coûteront beaucoup d'argent.

M. LE COMTE DE CATUELAN.

Mais cela n'est pas si facile qu'on le croiroit bien: le maréchal de Broglio a estimé qu'il faudroit quinze mille hommes pour réussir dans cette expédition. Quinze mille hommes ne se mettent pas dans un canot; il faut des bâtimens de transport; il faut une escorte; il faut de l'artillerie, des vivres; il eût fallu que le comte d'Orvilliers se fût *emmanché* pour empêcher l'amiral Keppel de faire intercepter ce convoi, ou de jeter du secours dans ces isles; & le comte d'Orvilliers n'aime point la Manche.

Au reste, le véritable objet des deux camps (1) étoit de recorder les troupes & même les Officiers sur l'exercice & les évolutions. Tant de changemens arrivés successivement sous divers ministres, faisoient qu'il n'y avoit plus d'uniformité, ni d'ensemble dans les manœuvres. Il y résultoit un mélange monstrueux de toutes ces diverses *cuisines* (2). On a jugé essentiel de prévenir la confusion & le désordre auxquels tant de variations eussent donné lieu s'il fût survenu une guerre de terre.

Extrait d'un lettre de Brest du 28 août. On parle toujours ici d'une descente dans les isles de Jersey & de Guernesey, & l'on dit que la division du camp de St. Malo sera de 12000 hommes.

(1) L'un à Bayeux & l'autre à Saint Malo.
(2) C'est la propre expression du comte.

M. DE CATUELAN.

La leçon a été un peu chere. On prétend que les deux camps ont coûté vingt à vingt-cinq millions.

LE COMTE DE NOLIVOS.

Cela se peut : tout ce que je sçais, c'est que le maréchal de Broglio, engoué d'une tactique nouvelle dont l'auteur l'a séduit, a bouleversé tout ce qu'avoit réglé dernierement à cet égard le comte de St. Germain, & a prétendu donner encore du nouveau.

LE BARON DE KNIPAUSEN.

On dit que c'est le système de M. Dumesnil-Durand, gentilhomme de Normandie, ancien militaire, auteur d'un livre de tactique qu'il propose depuis plus de vingt ans, que le maréchal de Broglio a adopté & qu'il a voulu mettre en vogue au camp de Normandie.

M. DE NOLIVOS.

Oui : il s'agissoit d'établir la supériorité de l'ordre profond sur l'ordre mince ; c'est-à-dire des colonnes de troupes d'une grande profondeur sur des lignes très-étendues de quelques hommes de hauteur seulement ; & le maréchal, qui étoit pour l'ordre profond, a été bien bourré.

LE BARON DE KNIPAUSEN.

Cela devoit être. M. de Villepatour dit que

l'ordre profond est bon pour tout recevoir & ne rien rendre.

M. DE NOLIVOS.

Aucune des attaques que M. de Broglio a voulu faire faire & qu'il a faites lui-même, n'a réussi: les manœuvres contraires ont toujours triomphé des siennes, & cependant il y a mis un entêtement singulier.

M. DE CATUELAN.

On prétend que ses ennemis secrets étoient les premiers à louer son système, à l'exciter de l'établir, à lui faire faire beaucoup de sottises dont ils tenoient registre pour s'en prévaloir contre lui après la campagne & le décréditer auprès du roi. C'est là la raison pour laquelle le ministre de la guerre, forcé par le choix de S. M. à le nommer au généralat qu'il auroit desiré confier à quelqu'un de sa cabale, a surtout insisté pour que le maréchal n'eût pas auprès de lui le comte de Broglio, qui, ayant plus d'esprit & d'astuce, l'auroit empêché de donner dans les pieges qu'on se proposoit de lui tendre.

LE COMTE DE NOLIVOS.

Indépendamment du ridicule & des humiliations que son obstination lui a procurées, il s'est fait détester par sa hauteur, par sa dureté; il s'est élevé un cri général de mécontentement contre lui, & depuis son retour, il s'est tenu à la table même du prince de Montbarrey des propos injurieux dont il a été inſtruit : il a cherché à remonter à la ſource de ces propos, & ſollicité *ad hoc* un conſeil de guerre qui lui a été refuſé.

M. GIRARD.

Les deux camps de Bretagne & de Normandie ſe montoient, je crois, à 70,000 hommes; il y avoit bien de quoi faire trembler l'Angleterre. D'ailleurs, le luxe ordinaire de nos armées. Le maréchal de Broglio étoit dans le plus grand appareil du généralat; il avoit 40 gardes pour ſa perſonne, le reſte étoit a l'avenant. Mais, comme nous a obſervé M. le comte de Catuelan, les ordres pour l'aproviſionnement du camp de Bayeux étoient ſi mal donnés, les précautions ſi mal priſes, que le pain y a valu juſqu'à à dix ſols la livre.

M. BOYER.

C'eſt la ſécherefſe des rivieres rendues impropres à la navigation qui a mis en défaut les précautions des vivriers, & ſans doute auſſi c'eſt la négligence des inſpecteurs qui auroient dû y veiller de plus près.

M. DE CATUELAN.

Sûrement il y a de la faute de quelqu'un, conſéquemment quelqu'un auroit dû être puni; mais dans ce pays-ci on ne ſçait point ce que c'eſt que faire une exemple. Vous venez de voir tout récemment comment à fini le conſeil de guerre de Brest (1); le vicomte de Rochechouart n'en est-il pas sorti blanc comme neige?

M. D'ÉCLIEU.

Oui, mais M. de Trémignon a été admonété pour n'avoir pas été assez attentif à suivre les signaux des vaisseaux de l'arriere, à les répéter, ou à instruire son commandant qu'il commençoit à ne le pouvoir faire, s'en trouvant trop éloigné.

LE COMTE DE CATUELAN.

Voulez-vous que je vous dise pourquoi cette différence? C'est que le premier est un véritable enfant du corps, un talon rouge, d'ailleurs, un homme de cour; que le second, au contraire, est un intrus & conséquemment désagréable à MM. de la marine.

M. PILOT.

Consolons-nous de tout cela, Messieurs, par la prise de la Dominique.

LE COMTE DE NOLIVOS.

Le Marquis de Bouillé s'est, ma foi, bien conduit dans cette occasion, & la cour doit se féliciter d'avoir là un pareil homme. Dans une visite qu'il fit l'an passé au gouverneur de la Dominique, ayant eu occasion de prendre connoissance du local, il conçut soudain le projet de

_____

(1) Fini le 3 novembre.

s'emparer de cette colonie en cas de rupture, & en a envoyé le plan au miniſtre. A peine a-t-il reçu l'approbation de la cour, qu'il n'a pas perdu de tems & l'a exécuté avec la plus grande célérité.

LE BARON DE KNIPAUSEN.

On dit cela dans le monde; mais moi je ſçais que c'eſt M. de Mondenoix, le commiſſaire général, ordonnateur à la Martinique, qui eſt l'auteur du projet. Je tiens l'anecdote des bureaux même de la marine, & j'ai vu les copies des réponſes de M. de Sartines où il le félicite de ſon heureuſe idée.

M. BOYER.

Et moi, j'ai une note de la main du préſident Taſcher, l'intendant de la Martinique, pour être inſérée au *Courier de l'Europe*, où il voudroit bien faire entendre que la gloire de l'invention lui en eſt due, qu'il l'a ſuggérée à M. de Sartines dans les conférences qu'il a eues avec ce miniſtre depuis qu'il eſt ici.

LE COMTE DE CATUELAN.

En vérité, Meſſieurs, cela vaut-t-il la peine de ſe diſputer? Falloit-il de ſi ſçavantes & de ſi fines combinaiſons pour attaquer une iſle déjà entre deux feux, pour ainſi dire, où il y avoit tout au plus 500 hommes de garniſon, y compris les milices, & que vous avez nétoyée en moins de douze heures (1) sans la perte d'un seul homme & presque sans blessés (2).

LE COMTE DE NOLIVOS.

J'admire, comte, votre esprit de dénigrement, pour atténuer la gloire du marquis de Bouillé : vous objectez précisément ce qui doit le plus l'augmenter. Et effet, s'il n'avoit mis autant de rapidité dans sa marche, autant d'intelligence dans son débarquement, autant de justesse dans ses dispositions, autant d'ardeur dans ses attaques, auroit-il obtenu un succès aussi complet ? D'ailleurs, sans aucun vaisseau de ligne,

___

(1) Le marquis de Bouillé s'étoit embarqué le 6 septembre avec 1800 hommes des régimens d'Auxerrois, Viennois, du régiment colonial de la Martinique, des cadets de St. Pierre &c. sur 18 navires corsaires, ou autres bâtimens : il étoit escorté par les frégates du roi *la Tourterelle*, commandée par le chevalier de la Laurencie, *la Diligente*, par le vicomte Dachilleau, *l'Amphitrite* par M. de Jassaud, & la corvette *l'Etourdie* par le marquis de Montbas, tous quatre lieutenans de vaisseau.

Cette flotille n'avoit appareillé que le soir ; elle avoit été contrariée par les vents & n'étoit arrivée à la vue de la Dominique que le 7 au point du jour. Le débarquement n'avoit pu s'effectuer qu'à huit heures du matin, & le même jour à cinq heures du soir la capitulation fut signée.

Ces détails ont été apportés par *l'Amphitrite*, arrivée à Brest à la fin d'octobre.

(2) Il n'y a eu que deux officiers du régiment d'Auxerrois & quelques flibustiers blessés légèrement.

il falloit prévenir les secours de l'amiral Barington qui, mouillé dans le voisinage avec trois, & nombre de frégates, pouvoit aisément faire échouer l'entreprise ; & vous voyez que le marquis de Bouillé a mis en défaut la prévoyance & l'activité de l'Anglois.

LE COMTE DE CATUELAN.

Tout ce que je vois, c'est que nos rivaux se sont fort mal défendus. Je ne voudrois pas être à la place du gouverneur Stuard.

M. GIRARD.

Croyez-vous que les Anglois regrettent si fort la perte d'une aussi petite isle. (*)

LE BARON DE KNIPAUSEN.

Les Anglois n'aiment point à rien perdre. D'ailleurs, il y a dans cette isle quelques riches habitations ; mais ce qui la leur rendoit plus avantageuse, surtout en ce moment-ci, c'est, par sa position entre la Martinique & la Guadeloupe, la facilité qu'elle leur procuroit de gêner la communication des deux isles.

LE COMTE DE NOLIVOS.

Pour juger de l'accueil que doit recevoir en Angleterre le gouverneur de la Dominique, comparez sa conduite avec celle du baron de

---

(*) La *Dominique* a 13 lieues de long sur 5 de large & environ 35 de circonférence. (*Note des éditeurs.*)

l'Espérance, notre commandant aux isles de St. Pierre & Miquelon : vous voyez que, malgré l'état de foiblesse où il étoit, lui & sa garnison, puisqu'il a été obligé de se rendre (1) sans coup férir, il a obtenu les honneurs de la guerre.

M. LAMBERT.

Oui, l'on m'écrit de la Rochelle qu'ils viennent d'y arriver, le gouverneur, la garnison, les habitans, femmes & enfans, transportés par les Anglois.

M. GIRARD.

Toute cette population étoit d'environ deux mille ames. Du reste, on dit que les vainqueurs ont mis le feu à toutes les barques à pêcheur, pêcheries, magazins, habitations &c.

M. LE BARON DE KNIPAUSEN.

Il faut espérer qu'à la paix les François rentreront dans ces isles en meilleure posture.

M. PILOT.

Peut-être M. le comte d'Estaing les a-t-il reprises en ce moment.

M. D'ECLIEU.

Premierement, cette expédition ne serviroit de rien, puisque nos établissemens étant ruinés,

---

(1) La capitulation des isles de St. Pierre & Miquelon est du 15 septembre : elle est signée du commodore Evans, auteur de l'expédition.

il faudroit en former d'autres, & ce n'est pas pendant la guerre qu'on peut songer à cette opération. Secondement, le comte d'Estaing est fort embarrassé lui-même, & le silence que la cour garde à son égard est une preuve qu'il n'a pas de bonnes nouvelles à nous donner de lui.

LE BARON DE KNIPAUSEN.

En général, l'on sçait qu'il n'a pas été plus heureux devant New-York que dans la Delawarre ; qu'il s'est ensuite présenté devant Rhode-Island où il a été suivi par l'amiral Howe, ce qui a causé un combat bientôt suspendu par un coup de vent furieux qui a également maltraité les deux escadres. On sait que le comte d'Estaing, malgré son état de délabrement, s'est obstiné à retourner à Rhode-Island où, l'ennemi étant venu de nouveau à sa rencontre, il a été obligé de faire voile pour Boston, où il étoit occupé à se réparer, ce qui ne devoit pas prendre peu de tems, suivant la lettre que j'ai lue (1); où il étoit d'ailleurs fort mal avec les Américains, auxquels leur général Sullivan avoit fait entendre que c'étoit la faute de l'amiral françois, si l'entreprise contre New-Port (*), dont il formoit le siege par terre, avoit échoué.

―――――――――――――――――

(1) Cette lettre est datée de Salem, ville peu éloignée de Boston, & datée du 9 septembre.

(*) Capitale de la province de Rhode-Island (*Note des éditeurs.*)

M. PILOT.

Ainsi nous n'avons rien de bon à espérer pour cette campagne qui devoit être décisive, & en voilà déjà une de perdue. Au reste, il paroît qu'on veut que la prochaine devienne plus efficace, & l'on dit que les préparatifs sont immenses dans les ports.

M. D'ECLIEU.

Très-considérables. On veut attaquer les Anglois de toutes parts. M. d'Orves va commander dans l'Inde avec deux vaisseaux (1); de plus il y conduit le marquis de Vaudreuil avec deux autres: quoique sa mission soit très-secrete, il est, suivant toutes les apparences, destiné à ravager les établissemens ennemis à la côte de Guinée.

---

(1) Extrait d'une lettre de Brest du 9 novembre. Le vaisseau l'Orient de 47 est en rade d'hier, & le ministre annonce des instructions qui viendront par le premier courier. Quoiqu'on n'en dise pas la destination, on juge aisément que M. d'Orves, qui commande, va dans l'Inde. On croit que le Sévere de 64, armé à l'Orient, & que commande M. de la Pulliere, ancien capitaine de la compagnie, qui vient d'être fait capitaine des vaisseaux du roi du 25 octobre dernier à cet effet, aura la même destination, & sans doute cette petite escadre escortera un convoi de quelques bâtimens de transport.

Le Fendant de 74, commandé par le marquis de Vaudreuil, embarque 150 soldats de plus que les vaisseaux de son rang. Il doit porter en outre beaucoup de munitions de guerre & provisions: on ne dit pas non plus où il va; mais l'on juge que c'est à la côte de Guinée, ainsi que le Sphinx de 64, commandé par M. de Soulanges.

Outre la flotille déjà partie pour la Martinique (1), le plus heureusement du monde, suivant le journal du *Roland* (2), le comte de Graſſe

───────────────────────────

(1) Extrait d'une lettre de Breſt du 14 octobre.... Dimanche dernier le commandant de l'armée envoya chercher M. de l'Archantel, capitaine du *Roland*, & lui demanda s'il ſeroit prêt à partir le ſoir avec le vaiſſeau *le Fier* & la frégate *la Renommée* pour aller eſcorter 4 bâtimens marchands, une flûte & deux frégates deſtinées pour la Martinique, ce qu'il promit: en effet, il eſt parti lundi; il doit convoyer ces bâtimens juſqu'à cent lieues environ par-delà le cap Finiſtere. Le vaiſſeau *le Fier*, commandé par M. Turpin, & la frégate *la Renommée*, par M. de Verdun, reviendront avec *le Roland*. Voici la liſte des frégates & bâtimens qu'ils eſcortent.

Frégates	*Commandans*
La Boudeuſe de 30 can.	M. Grenier, lieut. de vaiſ.
Le Liveli	M. du Rumain, idem.

Flûtes
La Bricole, groſſe flûte du roi.
Le St. Honoré. ⎫
Le Dugué-Trouin. ⎬ 4 bâtimens marchands.
Le duc d'Angoulême. ⎪
La Fidélité. ⎭

Juſqu'à préſent cette flotille a eu un vent aſſez favorable.

(2) Extrait du journal du *Roland* en mer par la latitude de 47d. 21m. & la longitude 9d. 30m. méridien de Paris, le 31 octobre 1778.... Le 11 octobre M. l'Archantel, commandant *le Roland*, reçut ordre d'appareiller de la rade de Breſt, ayant ſous ſes ordres *le Fier* & *la Renommée*, pour eſcorter le convoi dont on a fait mention.

Le 20 octobre nous quittâmes le convoi que nous avions eſcorté juſqu'à 100 lieues dans l'oüeſt de Finiſtere. Nous

doit s'y rendre avec une escadre de quatre vaisseaux, dont la composition n'est pas encore assez fixe pour que je vous en donne la liste en ce moment; mais il est question de nouvelles troupes à envoyer aux Isles & d'un puissant convoi

gouvernâmes pour croiser à la côte d'Espagne; & le 21 nous nous livrâmes à chasser tous les bâtimens; nous ne l'avions fait jusque-là qu'à une distance de tranquilité pour la protection de notre convoi, l'objet intéressant de notre mission.

Le 21, ayant apperçu un petit bâtiment qui nous parut varier dans sa manœuvre, nous le chassâmes & nous en emparâmes: il se nomme le *Falkland*, capitaine Benjamin Clark; il alloit à la côte du Brézil faire la pêche de la baleine avec 14 hommes d'équipage: nous l'expédiâmes pour le premier port de France.

Le 22, *la Renommée* prit & amarina le corsaire anglois *l'Arlequin* portant 12 canons, 6 pierriers & deux obusiers, capitaine Ogilvie, ayant 58 hommes d'équipage. Le vent ayant été très-violent jusqu'au 26 & ce bâtiment étant pourri, nous avons été obligés, après avoir retiré les hommes sans avoir pu sauver les effets, de le laisser couler bas.

Le même jour nous avons fait route pour les côtes d'Espagne, que nous avons prolongées, afin d'y établir la croisière qui nous étoit ordonnée.

Le 30, nous nous sommes emparés du paquebot le *Dashwood* de 14 canons en batterie & de six sur les gaillards, commandé par M. Barnaby, officier de la marine angloise, qui avoit ordre d'aller à Lisbonne & Gibraltar. Cette dernière prise a été faite par la latitude de 46d. 9m. & la longitude de 9d. 32m. méridien de Paris.

Nous expédions cette prise pour se rendre à Brest & nous allons continuer notre croisière jusqu'au 10 ou 12 novembre.

On parle auffi d'une efcadre de M. de Ternay: du refte, à Toulon, à Rochefort, à l'Orient, à Breft les travaux fe foutiennent avec une activité incroyable, & nous aurons au moins huit ou neuf vaiffeaux neufs de plus pour notre état de marine de 1779.

M. PILOT.

Si l'Efpagne pouvoit fe réunir à nous, ce feroit bientôt une affaire faite.

M. GIRARD.

A propos de cette puiffance, où en font les négociations avec l'Angleterre?

M. LAMBERT.

Tous les jours on demande que fait l'Efpagne? & l'on répond, elle arme; elle fait filer des troupes; elle forme des camps; elle équipe des efcadres. Pourquoi? C'eft un problême à réfoudre prefque auffi incomprehenfible que la conduite des Anglois envers leurs colonies.

On ne peut croire cependant que la France fe foit décidée à lever ouvertement le mafque, avant de s'être affurée de cette alliée; on ne peut croire que la prudence de M. de Vergennes ait été en défaut à cet égard.

M. DE LA BALUE.

Pardonnez-moi, fans qu'il y ait de fa faute. Après la nouvelle de la défaite de Burgoyne,

M. Franklin preſſa tellement ce miniſtre de s'expliquer & promptement, qu'il ne put avant ſe concilier avec l'Eſpagne, comme il l'auroit deſiré, & que, craignant la lenteur de celle-ci, il crut devoir toujours s'aſſurer des Américains. [L'eſpagne a été piquée que l'on ait pris un parti auſſi extrême, ſans ſon acquieſcement ; ſa politique d'ailleurs ne s'accordoit pas avec le motif de cette guerre ; il lui en falloit un plus perſonnel & plus conforme au droit des gens : elle s'eſt portée pour médiatrice. Les Anglois, intéreſſés à la conſerver neutre le plus qu'ils pourront, ont paru accepter l'offre avec reconnoiſſance ; mais l'ambaſſadeur de S. M. Catholique a mis beaucoup d'aſtuce dans ſa négociation ; &, ſous une modération apparente, a pouſſé l'Angleterre de façon à la provoquer à un refus formel, ou à accorder d'avance le point capital. Elle propoſe une longue treve avec toutes les puiſſances, dans laquelle les Américains ſeront compris, chacune reſtant *in ſtatu quo*.] Vous ſentez qu'autant vaudroit reconnoître leur indépendance, & que ſi les Anglois renoncent à les ſoumettre dans ce moment-ci, ils doivent encore moins ſe flatter de réuſſir lorſqu'ils auront laiſſé à leurs ſujets révoltés le loiſir de reſpirer, de ſe fortifier, d'établir leur commerce, de former des alliances. Il y a donc tout à parier que cette propoſition de S. M. Catholique n'eſt qu'un piege tendu à la cour de Londres où elle refuſera de donner ; & la cour

de

de Madrid partira de là pour trouver son motif de rupture sur nombre de griefs que les souverains ont toujours prêts à volonté.

M. PILOT.

Ainsi l'histoire du confesseur de S. M. Catholique, soudoyé par l'Angleterre pour entretenir dans ses dispositions léthargiques son auguste pénitent, est donc un conte.

M. BOYER.

C'est M. Linguet qui l'a accréditée dans ses annales (1) & qui l'a rapportée, quoiqu'il n'y crût pas lui-même, pour faire deux ou trois belles phrases.

M. DE LA BALUE.

Mais il pouvoit y avoir un fondement à ce bruit, en ce que le roi d'Espagne est d'une conscience timorée. Il consulte son confesseur sur les matieres d'état où il la croit intéressée. Je ne doute pas qu'il n'ait proposé comme un cas de

_____

(1) On lit dans le N°. 29 des annales... „On a prétendu qu'un moine accrédité auprès du trône, un recollet, dit-on, s'étoit servi de son pouvoir sur la conscience du souverain pour enchaîner la nation; & que le cabinet de Londres s'étoit assuré des intentions de celui de Madrid, en subjuguant un certain confessional par des guinées. De pareils marchés sont possibles; mais ce qui ne l'est pas, c'est qu'ils soient connus, au moins si promptement. Il faut donc mettre ce bruit au rang des indiscrétions produites par l'oisiveté, par l'envie de tout expliquer.

conscience à ce directeur : *Si un monarque étranger pouvoit assister des sujets révoltés contre leur souverain légitime ?* Et ce directeur, qui savoit la façon de penser de S. M. Catholique sur ce point envisagé comme objet politique, non moins adroit courtisan que casuiste habile, l'aura décidé négativement ; & ce qui prouve que ce n'est par aucune influence du cabinet britannique, c'est la déclaration de ce souverain, qui vient de paroître (1) très-désagréable à l'Angleterre.

M. BOYER.

Oui, je le crois fort, d'après la lecture que j'en ai faite, & que m'a procuré M. Herreria, le secrétaire de l'ambassadeur d'Espagne.

M. GIRARD.

Eh bien ! que dit-elle ?

M. BOYER.

C'est une sorte d'approbation indirecte de notre traité de commerce avec les Etats-Unis ; elle tend à prendre les précautions nécessaires pour la facilité & sureté de cette correspondance, & en général des opérations diverses de nos négocians. Les ports d'Espagne doivent être

---

(1) En date du 2 octobre. Elle a été communiquée par M. de Muzquèz, ministre & secrétaire d'état, à la direction générale des fermes à Madrid le 12 octobre, & le 21 il a été ordonné par le corégidor de Bilbao qu'elle seroit imprimée.

sans cesse ouverts à nos bâtimens revenant de nos isles & des colonies de l'Amérique septentrionale, leur servir d'asile, recevoir leur cargaisons ; nous pourrons les verser dans des bâtimens espagnols, qui nous les apporteront impunément, ou les faire transporter de là par terre en France. Nos corsaires ne sont pas moins bien traités ; il pourront non-seulement décharger, mais vendre leurs prises, sauf les marchandises prohibées, qu'ils auront cependant la liberté d'emmagaziner ou de reverser également dans des bâtimens espagnols pour les soustraire à la reprise de l'ennemi & les déchanger partout où ils voudront, hors des états de S. M. Catholique.

Il faut tout dire : ces concessions ne doivent avoir lieu que le tems qu'il plaira à S. M. Catholique, sans qu'on puisse les réclamer en aucun tems, comme si elles résultoient de quelque traité ou convention ; d'où il suit que ce n'est point en vertu du pacte de famille, qui reste sans vigueur.

LE CHŒUR de nouvellistes.

C'est toujours excellent : *Amen, amen, amen.*

Ici l'on se sépara, Milord, & l'on resta sur cette mauvaise nouvelle pour nous. M. le comte de Catuelan ne l'ayant contrariée en rien, je n'en puis douter. Vous la sçavez vraisemblablement à Londres ; ainsi nous aurons bientôt de nouveaux ennemis sur les bras.

Paris ce 16 novembre 1778.

LETTRE IV.

Fête funéraire en l'honneur de Voltaire.

Depuis quelque tems, Milord, la franc-maçonnerie s'est régénérée en France, & y est devenue très à la mode, surtout depuis que l'on a imaginé le moyen de tempérer l'austérité des assemblées par un mélange de galanterie, & d'y associer les femmes en instituant des *loges d'adoption*. Cela ne contribue pas aux progrès des travaux; mais cette nation-ci ne cherche qu'à s'amuser & non à sonder les profondeurs d'un des plus beaux établissemens humains aux yeux de quiconque ne s'arrête point à une superficie frivole, & remonte à l'origine des choses. Vous voyez que je parle en franc-maçon anglois, qui connoît toute la noblesse, toute la dignité, toute l'utilité, tout le scientifique de son ordre: cela ne m'a pas empêché d'aller plusieurs fois en loge à Paris, comme en un lieu propre à y former des liaisons convenables à mes vues.

Vous avez vu, Milord, dans les anecdotes du dernier séjour de Voltaire à Paris, que les francs-maçons, jaloux de le posséder parmi eux, lui avoient adressé une députation à cet effet; que ce philosophe, âgé de 84 ans, flatté d'un pareil message, d'ailleurs toujours avide de connoître & d'apprendre, n'avoit pas dédaigné de redevenir enfant, & de se prêter aux jeux hiéroglyphiques de la société mystérieuse. La loge où il a été reçu, composée de tout ce qu'il y a de plus distingué en artistes, en savans, en gens de lettres, & désignée énergiquement sous le nom de la *loge des neuf sœurs*, devoit naturellement signaler ses regrets de la perte d'un tel frere: elle a saisi le premier moment d'indulgence ; & vous me sçauriez mauvais gré de ne pas vous faire part des détails d'un évenement aussi mémorable dans son genre. Il est fâcheux qu'il n'ait pas été accompagné de toutes les circonstances qui devoient le rendre plus imposant & plus auguste ; que la crainte de lui procurer une publicité prématurée ait empêché d'y appeler les virtuoses en femmes qui auroient desiré s'y trouver ; que Monsieur d'Alembert, qui devoit se faire recevoir franc-maçon ce jour-là, &, comme secrétaire de l'académie, y représenter son corps, en ait été détourné par une pusillanimité (1) honteuse.

C'est le 28 novembre qu'a eu lieu la cérémonie funéraire dont il s'agit ; &, ce qui n'est pas à oublier, c'est au noviciat des jésuites qu'elle s'est passée. C'est dans ce premier berceau de l'ordre qu'on a honoré du triomphe un de ses

―――――――――――

(1) On a fait craindre à M. d'Alembert que sa démarche n'indisposât le gouvernement, ne scandalisât les foibles, & surtout ne rallumât les fureurs du clergé.

plus ardens détracteurs. O bifarre deftinée, qui confond ainfi l'aftuce & la fuperbe!

Les freres invités s'étant réunis dans une falle d'affemblée, & revêtus de leurs écharpes diftinctives, on s'eft tranfporté dans une vafte enceinte en forme de temple, où la fête devoit fe célébrer. Le vénérable, le frere *la Lande*; les freres *Francklin* & comte *de Strogonoff*, fes affiftans, ainfi que tous fes grands officiers & freres de la loge, avoient pris place des premiers, afin d'en faire les honneurs. Le grand-maître des cérémonies a introduit alors les freres vifiteurs deux à deux, au nombre de plus de 150. Un orcheftre confidérable jouoit dans une tribune pendant cette marche lente, celle *d'Alcefte*. Il a rempli le refte du tems par différens morceaux de *Caftor & Pollux*, & autres opéra. Chacun étant affis, le frere abbé cordier de Saint-Firmin (1), agent général de la loge & l'inventeur de la fête, eft venu annoncer que Madame Denis & Madame la marquife de Villette defiroient recevoir la faveur de jouir du fpectacle (2). La permiffion accordée, ces deux Dames font entrées, l'une conduite par le marquis de Villette, & l'autre par le

_____

(1) Auteur d'un éloge imprimé de *Louis douze*.

(2) Tout cela étoit de convention. On ne pouvoit fe refufer à inviter la niece de Voltaire & fa pupile. Pour éviter cependant de bleffer la délicateffe des autres femmes, on avoit imaginé la tournure qu'elles viendroient comme par hafard.

marquis de Villevieille. Elles n'ont pu qu'être frappées du coup d'œil imposant du local, & de l'assemblée des freres décorés de leurs différens cordons bleus, rouges, noirs, blancs, jaunes, &c. suivant leurs grades.

Après avoir passé sous une voûte étroite, on trouvoit une salle immense tendue de noir dans son pourtour & dans son ciel, d'où descendoient seulement quelques lampes d'une clarté lugubre. Sur les côtés étoient des cartouches en transparens, où l'on lisoit des sentences en prose & en vers, toutes tirées des œuvres du frere défunt. Au fond s'élevoit le cénotaphe.

Quand les deux Dames & leurs écuyers ont été assis auprès du monument, les discours d'apparat ont commencé. Le vénérable a d'abord lu le sien, servant d'introduction seulement à ce qui s'alloit passer. Un membre de l'académie des sciences n'est pas obligé d'être éloquent, & il y a loin d'un astronome à un orateur (1). Celui de la loge des neuf sœurs (2), à qui sa dignité en fait un devoir plus essentiel, ne s'en est pas mieux ac-

___

(1) M. de la Lande a cependant des prétentions à la littérature & même à la critique. J'ai découvert qu'il étoit auteur d'une *correspondance litteraire & secrete* qui s'imprime deux fois par semaine à Dusseldorf & se répand de là chez l'étranger. Comme il y décharge assez volontiers sa bile, il garde *l'incognito*.

(2) Frere *Changeux*, auteur de quelques morceaux de poésie peu connus ; mais plus distingué par des morceaux de physique, & surtout par un *Traité des extrêmes*.

quité : une voix peu sonore, une bouche empâtée, n'ont contribué qu'à faire paroître plus médiocre sa harangue verbeuse & remplie de lieux communs. Au contraire, on a écouté avec le plus grand plaisir frere *Coron*, l'orateur de la loge de Thalie, affiliée à la premiere, ce qui lui donnoit le droit de parler. Il l'a fait de mémoire, & a mis autant de graces dans son débit que dans son discours, le plus court & le meilleur sans contredit.

Enfin, le frere *la Dixmerie* a commencé *l'éloge de Voltaire*. Il a suivi la méthode de l'académie françoise & a lu son cahier, ce qui refroidit également le panégiriste & l'auditeur. On y a observé quelques traits saillans, mais peu de faits & point d'anecdotes. Il s'est étendu trop amplement sur les œuvres de ce grand homme, qu'il a disséquées en détail, & n'a point assez parlé de sa personne. Nulles vues neuves, nulle digression vigoureuse, nul écart, nul élan : on jugeoit que l'auteur, continuellement dans les entraves, ne marchoit qu'avec une circonspection timide, qui l'obligeoit de faire de la *reticence* sa figure favorite. Le seul endroit où il se soit animé & ait mis un peu de chaleur, ç'a été dans son apostrophe aux ennemis fougueux de son héros, où, après avoir dit tout ce qui pouvoit les toucher, les attendrir..... ,, Si sa mort
,, enfin ne vous réduit pas au silence, a-t-il
,, ajouté, je ne vois plus que la foudre qui
,, puisse, en vous écrasant, vous y forcer.

A l'inſtant des coups redoublés de tonnerre d'opéra ſe ſont fait entendre, ont retenti de toutes parts; le cénotaphe a diſparu, & l'on n'a plus vu dans le fond qu'un grand tableau repréſentant l'apothéoſe de Voltaire. On eût deſiré qu'en même tems, par une heureuſe adreſſe, on eût fait ſuccéder à la triſte & ſombre décoration de la ſalle, une décoration brillante & triomphale.

Au reſte, s'étant permis ce jeu puéril d'un moderne *Salmonée*, ſans doute excellent dans une parade, mais peu convenable dans une ſéance auſſi grave, il falloit du moins que l'orateur briſât là & ſe tût. Point du tout: il a repris la continuation de ſon diſcours, déjà trop étendu & plus allongé encore par ſon articulation lente, par ſon débit monotone & faſtidieux. Les freres, malgré leur indulgence, commençoient à bâiller prodigieuſement, lorſque frere *Roucher* les a réveillés.

Ce poëte a terminé la fête, en déclamant un morceau du mois de janvier de ſon *Poëme des mois*. Cet ouvrage, quoiqu'il ne ſoit pas encore imprimé, prôné dans les ſociétés avec beaucoup d'emphaſe par le parti philoſophique, a cauſé les alarmes du clergé, & M. l'archevêque a engagé le garde des ſceaux d'ordonner au cenſeur (1) de l'examiner avec un ſoin particulier. Il lui a adreſſé un mémoire, où l'on marque tous les

_____

(1) M. Pidanſat de Mairobert.

endroits dangereux de ce poëme antichrétien. La persécution, excitée d'avance contre lui, a animé le zele de frere *Roucher* à combatre le fanatisme. Il lui a fait enfanter la tirade qu'il a choisie, relative à la mort de Voltaire & au refus de l'enterrer. Il a comparé cette injustice avec les honneurs accordés aux cendres d'un prélat hypocrite & d'un ministre concussionnaire. Dans ces deux portraits, il a désigné sensiblement le cardinal de la Roche-Aimon & l'abbé Terray, morts peu avant, & a fini par annoncer que la terre où feroit la cendre de Voltaire, feroit une terre sacrée :

Où repose un grand homme, un dieu doit habiter !

Un enthousiasme général a saisi les spectateurs transportés ; on a crié *bis*, & il a fallu qu'il recommençât. On ne savoit comment le clergé & le gouvernement prendroient cette incartade imprévue. Les amis du poëte craignoient qu'elle ne lui méritât l'animadversion de l'un & la vengeance implacable de l'autre. Qui pourroit prévoir ce que les prêtres lui réservent ? Mais le ministere n'a point sévi.

A cette fête magnifique a succédé, suivant l'usage, un *Agape* (1) modeste, auquel je suis

_____

(1) Sorte de festin que faisoient les premiers chrétiens dans les églises, auxquels je crois ne pouvoir mieux comparer les repas des francs-maçons.

resté, curieux de voir si M. Franklin y assisteroit. Ce sage politique, sçachant se faire tout à tout; & tirer parti des plus petits moyens, ne s'est défendu de s'y trouver sur aucune affaire, s'y est comporté avec une franchise, une bonhommie rare & a été infiniment aimable. O quel homme! qu'elle tête sous son apparente simplicité!

Adieu, Milord, je vous embrasse par trois fois trois.

Paris ce 30 novembre 1778.

LETTRE V.

Sur le projet du rappel des protestans, sur deux nouveaux écrits & sur les mouvemens du parlement à ce sujet.

Depuis longtems, Milord, les bons esprits en France avoient ouvert les yeux sur le tort de Louis XIV d'avoir forcé par la révocation de l'édit de Nantes les protestans de préférer à s'expatrier en grand nombre de son royaume, & à porter chez l'étranger leur population, leurs richesses, leurs arts & leur industrie, plutôt que de vivre sous un ciel d'airain & sous de loix tiranniques. Il y a plus de vingt ans qu'un magistrat célebre (1), le procureur général d'un parlement voisin de provinces où il y a beaucoup de religionaires, composa un mémoire (2) sur cette matiere, très-sage, très-bien écrit, & n'ayant d'autre défaut que d'être un peu long. Dès lors il fit faire de sérieuses réflexions au gouvernement; c'étoit au commencement de la guerre de 1756, époque où l'on sent plus que jamais le danger de recéler dans le sein du royaume environ trois millions de sujets soumis (3) & fideles en apparence, payant même les subsides avec plus de zele que les autres; mais qui continuellement sollicités à la défection par leurs freres chez l'étranger & par les offres avantageuses de l'ennemi, peuvent se révolter à chaque instant, &·dont tout au moins on conçoit que le vœu secret est nécessairement de sortir d'un joug rigoureux, d'une domination qu'ils doivent détester. Cependant les prêtres l'emporterent encore, & l'on se contenta d'ordonner tacitement les plus grands égards & la plus douce tolérance envers les proscrits. Depuis ce tems il a été tenté

―――――――――――――――

(1) M. de Monclar, procureur général du parlement d'Aix.

(2) Il avoit pour titre. *Mémoire théologique & politique sur les mariages des protestans*; il parut à la fin de 1755.

(3) Malgré la nombreuse émigration causée, sous le regne de Louis XIV, par l'Édit d'octobre 1685, les familles protestantes restées dans le royaume ont pullulé à ce point, & il est arrivé ce qui arrive toujours par la persécution, c'est que les réfractaires augmentent.

différens efforts qui n'ont pas eu un meilleur succès en général ; seulement & par dégrés ils ont procuré de nouveaux adoucissemens ; ensorte qu'aujourd'hui les loix contre les protestans sont presque toutes tombées en désuétude ; mais elles ne sont pas abrogées, elles subsistent toujours, & le fanatisme peut les réveiller d'un moment à l'autre & les remettre en vigueur.

Depuis le commencement de la guerre actuelle on a ramené cette matiere dans le conseil ; on a fait craindre que, tandis que la France cherchoit à diminuer la puissance de l'Angleterre par la scission de ses colonies septentrionales, elle ne se préparât elle-même une source de dépopulation par la facilité & les avantages que les protestans du royaume trouveroient de passer chez ces nouveaux alliés. Dans le cas où ces frayeurs seroient chimériques ou mal fondées, on a fait valoir l'importance dont il étoit de se ménager une aussi grande ressource & d'hommes & d'argent, ressource certaine si, profitant de la crise où se trouvoit la rivale de la France, crise bien propre à alarmer & décourager le commerce de ses sujets, on facilitoit à tant de François réfugiés chez elle une rentrée dont ils sont toujours jaloux, après laquelle ils soupirent encore, & qu'ils acheteroient de la plus grande partie de leurs richesses.

Je ne sçais, Milord, si l'espoir relevé de ces malheureux proscrits se réalisera ; mais si jamais il fut bien fondé, c'est aujourd'hui qu'ils voient à la tête des finances de leur ancienne patrie un protestant ayant la confiance du premier ministre & de son maître, exemple de faveur qui promet les suites les plus heureuses.

De son côté, vous vous doutez bien, Milord, que M. Necker n'est pas le moins ardent à solliciter le rappel de ses freres : & il le fait avec d'autant plus de zele, qu'il est appuyé par M. Franklin.

Celui-ci fait valoir des raisons de politique, la néceffité d'augmenter de plus en plus la communication qui va s'établir entre les sujets des Etats-Unis & ceux de la France, les liaisons qui vont se former entre eux, les alliances, les mariages, les mélanges de famille, les émigrations réciproques auxquelles la différence des religions mettroit un obstacle invincible, si la protestante n'éprouvoit en France la même tolérance que la catholique en Amérique. Ces insinuations de l'envoyé de nos colonies rebelles sont d'autant plus adroites, qu'elles ne peuvent que produire un bon effet pour la nouvelle république, soit en lui assurant la reconnoissance des sujets étrangers dont elle aura plaidé la cause efficacement, soit en leur faisant sentir avec quelle affection ils seront accueillis chez elle, si les sollicitations de son ministre ne réuffissent pas. Enfin, M. Franklin envisage encore la douceur de se venger de nous dans l'un ou l'autre cas; puisque dans le premier, il nous privera d'un portion de sujets plus précieuse que jamais en ce moment, retournés sous la domination de la France, & dans le second il nous en enlevera du moins plusieurs encore qui chercheront à se réunir à leurs anciens concitoyens établis en Amérique. Et voilà une nouvelle plaie que le lord North aura faite à l'Angleterre.

Quoi qu'il en soit, le gouvernement, ainsi excité au rappel des protestans par des vues de sagesse qui ont acquis un poids considérable, a soumis à l'examen du parlement cette grande question politique. Deux magistrats, l'un (1) orateur brillant, d'une éloquence fougueuse & abondante, l'autre (2) philosophe froid, plein de lumieres, de bon sens & de sagacité, y plaident en faveur des réformés contre l'ignorance & le fanatisme. Les vacances avoient suspendu les assemblées de cette compagnie; elles vont reprendre incessamment : les religionaires sont dans l'attente; ils savent qu'on a gagné plusieurs prélats; & ils esperent que ceux-ci suffiront pour étouffer les clameurs du clergé. Afin d'éclairer le public, & de disposer les esprits prévenus, on a répandu depuis peu une espece de catéchisme patriotique à ce sujet: il est intitulé *Dialogue sur l'état civil des protestans en France*. Il se passe entre un président du parlement, un conseiller d'état & le curé de St.... Par un arrangement

───────────────

(1) M. d'Eprémesnil conseiller.
(2) M. Dionis Dusejour, conseiller, membre de l'académie des sciences.

assez bisarre, c'est le curé qui prend la défense des religionaires, & soutient que leur réhabilitation, loin de préjudicier aux intérêts de l'église & de l'état, ne pourroit que contribuer à la gloire de l'une & au bien de l'autre. Le magistrat, au contraire, attaque ce paradoxe insoutenable, capable de révolter tout François qui sait l'histoire, & d'indigner tout catholique qui sait les élémens de sa doctrine; il prétend que l'assertion du pasteur est (surtout dans la bouche d'un prêtre) une erreur grossiere en fait de politique, & un blasphême en fait de religion; en ce que la paix du royaume ne pourroit subsister avec des protestans citoyens, & que le scandale seroit trop monstrueux de marier des hérétiques sans sacrement. Le membre du conseil joue son rôle, en pesant les raisons pour & contre & en les conciliant par une distinction; savoir, qu'il ne s'agit pas des protestans du quinzieme ou seizieme siecle, mais de ceux du dix-huitieme; il décide enfin que ce qui auroit été très-dangereux à l'égard des premiers, seroit très-salutaire à l'égard des seconds.

Cette brochure est fort rare & ne se répand que clandestinement comme un libelle, pour ne pas déplaire au clergé, qu'on ménage surtout en ce moment où il est question de lui demander un don gratuit extraordinaire à l'occasion de la guerre. Je n'ai pu encore qu'en avoir communication, & jusqu'à ce que je vous l'adresse, Milord, je la juge trop intéressante pour ne pas vous en faire l'extrait. „ Le

„ Le désir insensé de régner sur les opinions
„ par la force, & de maintenir par des suppli-
„ ces la pureté d'une religion de paix, a long-
„ tems couvert la France de sang & de bûchers.
„ Quel François peut arrêter sa vue sans hor-
„ reur sur ce siecle entier de combats, depuis le
„ tumulte d'Amboise jusqu'au siege de la Rochel-
„ le; sur cette suite non interrompue de carna-
„ ge, depuis le premier massacre de Mérindol,
„ le seul qui, graces à la justice & au courage
„ du parlement de Paris, ne soit pas resté im-
„ puni, jusqu'au massacre de la Saint-Barthelmi;
„ sur cette horrible liste de supplices cruels,
„ depuis la mort du conseiller Anne du Bourg,
„ jusqu'à celle du ministre Chamier; sur cette
„ foule de meurtres qui dans une seule pacifica-
„ tion obligerent le roi d'accorder à des assassins
„ quatre mille lettres de graces? Dans l'inter-
„ valle de vingt-ans, deux rois de France,
„ accusés de favoriser les protestans, tomberent
„ sous le poignard des fanatiques."
„ Henri quatre fut immolé au milieu d'un
„ peuple qu'il vouloit rendre heureux, & dont
„ il se préparoit à venger les injures. Il n'y a
„ point de ville dont les habitans ne puissent
„ montrer la place où l'on a élevé des bûchers,
„ les rues que les deux partis ont inondées de
„ sang; point de famille qui n'ait à déplorer les
„ meurtres, le supplice où les crimes de quel-
„ ques-uns de ses ancêtres. Ces scenes affreuses
„ ne se renouvelleront plus; &, graces aux lu-

„ mieres de ce siecle, nous ne reverrons plus
„ même les violences dont les jésuites ont souillé
„ le regne de Louis quatorze, ces cruautés
„ dont ils arracherent l'ordre à la conscience
„ trompée d'un roi naturellement humain.
„ Mais les protestans gémissent encore sous des
„ loix sévères, que les mêmes hommes ont
„ dictées à ce prince, qui étoit digne d'avoir
„ d'autres conseils; la prospérité de la nation
„ souffre encore de ces loix."

„ Les verrons-nous subsister encore, tandis
„ qu'une souveraine (l'impératrice-reine), qui
„ édifie sa cour par sa piété, nous donne
„ l'exemple d'une législation où les droits de la
„ religion & ceux de l'humanité sont également
„ respectés; tandis que nos magistrats, instruits
„ par l'expérience des funestes effets de ces loix,
„ gémissent au fond du cœur de la nécessité
„ cruelle où ils sont de les suivre; tandis
„ qu'une nation sensible, éclairée, pleure sur
„ les maux de ses concitoyens, les appelle au
„ partage de ses droits, & crie à ses princes
„ de daigner augmenter le nombre de leurs en-
„ fans? L'ombre des jésuites aura-t-elle donc
„ plus de crédit que la nation? Les protestans
„ ne pourront-ils être ni citoyens, ni maris,
„ ni peres, sous le regne de Louis XVI, parce
„ que le jésuite Layné a avancé au colloque de
„ Poissy, sous le regne de Charles neuf, qu'ils
„ étoient des renards & des loups; qu'on de-
„ voit en conséquence renvoyer au jugement

„ du concile ; & le mal que les jéfuites ont
„ fait à la France, dans le fiecle dernier,
„ fubfiftera-t-il lorfque les jéfuites ne font
„ plus ?"
„ Pour faire revenir les efprits qui feroient
„ encore fauffement prévenus dans ce fiecle
„ de lumiere & de tolérance, il fuffit d'ex-
„ pofer, en y joignant quelques réflexions, ces
„ loix malheureufement trop peu connues de
„ la foule aimable & frivole qui, goûtant au
„ fein de la capitale toutes les jouiffances du
„ luxe, ignore & oublie les maux qui affiegent
„ l'humanité."
„ La déclaration du roi du 14 mai 1742,
„ concernant la religion (car tel en eft le titre;)
„ forme la bafe de cette partie de notre juris-
„ prudence. Cette déclaration n'eft, pour ainfi
„ dire, qu'un recueil des principales difpofitions
„ contenues dans les loix de Louis XIV. Ainfi,
„ c'eft fur ce monarque, ou plutôt fur les jé-
„ fuites la Chaife & le Tellier, qu'en doit re-
„ tomber tout l'odieux."
„ L'article 1er. défend les affemblées des pro-
„ teftans, fous peine de galeres perpétuelles
„ pour les hommes, de prifon perpétuelle pour
„ les femmes, & même de mort pour ceux qui
„ feront trouvés avec des armes."
„ On voit dans le dialogue que Louis XIV
„ pouvoit avoir eu raifon de recourir à ces
„ moyens extrêmes, pour prévenir des révoltes,
„ qui, foutenues par les tréfors & les flotes de

E 2

„ l'Angleterre & de la Hollande, pouvoient de-
„ venir dangereuses."

„ Mais tout étoit changé en 1724, & il étoit
„ bien dur alors de condamner aux galeres des
„ concitoyens paisibles, des gentilshommes qui
„ avoient versé leur sang pour la patrie, parce
„ qu'ils auroient prié dieu en commun pour la
„ prospérité de l'état & du prince. Il seroit cruel
„ de laisser subsister ces condamnations, après que
„ soixante ans d'une soumission, qui n'a pas
„ même été troublée par un murmure, ont
„ prouvé que les protestans françois sont des
„ sujets obéissans & des citoyens fideles."

„ Le second article condamne à mort les
„ ministres, & défend sous peine des galeres
„ perpétuelles, de favoriser leur fuite, & de
„ leur donner retraite &c."

„ Il est impossible à tout catholique raisonna-
„ ble de regarder comme un scélérat un mini-
„ stre protestant, qui explique à ses freres les
„ dogmes de sa communion & la morale de
„ l'évangile. On regarderoit comme infâme tout
„ catholique qui refuseroit à un ministre fugitif
„ un asile & du pain; qui, en lui fermant la
„ porte de sa maison, l'exposeroit à tomber
„ entre les mains de ceux qui le poursuivent.
„ Osons même interroger les chefs du clergé
„ de France; demandons à ces descendans de
„ nos braves chevaliers, qui, en s'honorant
„ d'être les ministres de Jesus-Christ, n'ont
„ point dégénéré de la générosité de leurs an-

„ cêtres, demandons-leur s'ils ne mettroient pas
„ leur honneur à protéger un ministre protes-
„ tant qui auroit cherché un afile dans leur
„ palais? Difons plus: fi, lorfqu'il y avoit
„ des jéfuites, un ministre s'étoit jeté entre les
„ bras d'un recteur d'une de leurs maifons, n'y
„ eût-il pas été en sureté? Pourquoi donc con-
„ damner aux galeres de malheureux protestans
„ qui auront fait pour un homme qui s'expofe
„ à la mort pour les inftruire, ce que les plus
„ violens ennemis de la religion protestante
„ auroient fait comme eux? Pourquoi les for-
„ cer de choifir entre le supplice & l'infamie?
„ Pourquoi obliger les juges de dire à ceux
„ qu'ils condamnent: „ Nous vous déclarons
„ infames au nom de la loi; mais vous méritez
„ notre eftime, & vous feriez infames aux
„ yeux de l'honneur, fi vous n'aviez point bravé
„ l'ignominie du supplice." C'est un grand mal
„ dans une législation & un mal bien plus grand
„ qu'on ne penfe, que de conferver des loix,
„ telles qu'un homme puiffe mériter l'estime
„ publique en s'expofant aux galeres. D'autres
„ articles de l'édit de 1724, condamnent au
„ banniffement les protestans qui déclarent à la
„ mort qu'ils ont vécu & qu'ils veulent mourir
„ dans leur religion, en cas qu'ils reviennent
„ à la vie; s'ils meurent, on fait le procès à
„ leur mémoire."

„ Par d'autres loix, qui ne font pas abro-
„ gées, on doit mettre aux galeres les protestans

,, arrêtés en voulant paſſer les frontieres : ainſi
,, les proteſtans n'ont la liberté de ſortir du
,, royaume que quand ils en ſont bannis."

,, La condamnation de leur mémoire entraîne
,, la confiſcation de leurs biens, & les enfans
,, ſont punis de l'erreur de leurs peres. Nous
,, ne parlons point de l'infamie, qui eſt la ſuite
,, de cette condamnation; l'infamie légale n'a de
,, force que lorſque l'opinion publique la ra-
,, tifie."

,, Par les articles 5, 6 & 7, les proteſtans
,, ſont obligés d'envoyer leurs enfans aux éco-
,, les catholiques; ainſi la loi leur enleve le droit
,, qu'ont les peres de veiller à l'éducation de
,, leurs enfans, ce droit de la nature, antérieur
,, à toutes les loix. Ils craindront que le zele
,, immodéré des inſtituteurs catholiques n'ap-
,, prenne à leurs enfans à regarder leurs parens
,, comme des ennemis de l'être ſuprême : accou-
,, tumés par les préjugés mêmes de leur ſecte à
,, ſe défier de la pureté des mœurs de prêtres
,, voués au célibat, ils ſeront forcés de livrer
,, leurs filles aux inſtructions de ces prêtres; &
,, ſi ces miniſtres d'une religion ſainte ſont in-
,, dignes de leur caractere, comme il n'eſt arri-
,, vé que trop ſouvent; ſi un pere a pu conce-
,, voir d'affreux ſoupçons, il n'oſera arracher ſa
,, fille au danger, de peur que des ordres ri-
,, goureux ne la viennent enlever de ſes bras;
,, & s'il laiſſe échapper un cri d'indignation,
,, expoſé à la vengeance de l'hypocriſie & du

„ fanatifme, il fe verra entouré de délations
„ & de fupplices."

Paffons, Milord, à l'article qui occupe plus ſpécialement les magiſtrats aujourd'hui, & qui a provoqué la fermentation heureuſe d'où pourra naître une légiſlation nouvelle plus ſage & plus humaine.

„ Les proteſtans ne peuvent, d'après l'article
„ 15 de l'édit de 1724, contracter de mariage
„ que devant un prêtre catholique & en ſe con-
„ formant au rit de l'égliſe catholique; il faut
„ donc, ou qu'ils commettent ce qu'ils regar-
„ dent comme un ſacrilege, ou que leurs en-
„ fans ſoient bâtards. Tout proteſtant marié
„ peut violer impunément ſa foi, & la loi
„ déclarera concubine l'époufe qu'il aura trom-
„ pée; tout pere barbare peut ravir à ſes enfans
„ leur héritage & leur état. Nous avons vu, il
„ y a peu d'années, le parlement de Grenoble
„ forcé, par la loi, de condamner, en gémiſ-
„ ſant, une épouſe vertueuſe & des fils inno-
„ cens, & de couronner le parjure, la proſtitu-
„ tion & le ſcandale. Un collatéral avide peut
„ obliger les juges de lui donner le bien d'une
„ famille infortunée."

„ Cependant, à Rome, les enfans des juifs
„ ont droit à l'héritage de leurs peres; le mariage
„ des juifs y eſt protégé par la loi comme un
„ contrat civil. Dans les états proteſtans de
„ l'Europe, où l'exercice public de la religion
„ catholique eſt défendu, les mariages obtien-

E 4

,, nent la sanction civile du gouvernement; en
,, Turquie, les chrétiens de toutes les commu-
,, nions jouissent des droits d'époux & de
,, pere."

,, En France les mariages des luthériens &
,, des calvinistes d'Alsace n'ont-ils pas tous les
,, effets civils ? La conscience de nos rois
,, leur défendroit-elle de permettre en Languedoc
,, ce qu'ils permettent en Alsace, d'accorder
,, à leurs sujets chrétiens ce qu'ils permettent à
,, leurs sujets juifs ?"

,, Par l'édit de 1724, les protestans sont
,, exclus de toutes les fonctions publiques &
,, d'un grand nombre de professions. Non-seule-
,, ment ils ne peuvent être ni administrateurs ni
,, magistrats; non-seulement les officiers protes-
,, tans sont privés de cette marque honorable
,, du service militaire, seule décoration que le
,, grand nombre de ceux qui la portent n'a pu
,, avilir, parce qu'elle est la récompense de la
,, bravoure, qualité qui, comme la probité,
,, honore par elle-même & non par la supériorité
,, de ceux qui la possedent. Les protestans ne
,, peuvent être ni chirurgiens, ni apothicaires,
,, ni accoucheurs. Boerhaave & Sydenham
,, n'eussent pu, en France, ordonner légale-
,, ment une médecine; Cheselden n'y eût pu
,, faire l'opération de la cataracte, ni Margraaf
,, y préparer l'antimoine. Il faut être catholi-
,, que pour avoir le droit d'imprimer des livres
,, ou d'en débiter. Les notaires, les avocats,

,, les

„ les procureurs doivent être catholiques; on
„ exige même des sergens un certificat de ca-
„ tholicité; on l'exige également pour toutes
„ les charges qui donnent la noblesse ou des
„ privileges, & dont l'excessive multiplication
„ a été dans les besoins de l'état une ressource
„ si foible & si onéreuse.

„ A la vérité, pour admettre un protestant
„ dans un grand nombre de ces états, comme
„ pour les admettre au mariage, on se contente
„ de quelques actes de catholicité attestés par
„ des témoins peu scrupuleux, & d'un certificat
„ qu'il est aisé de se procurer à bon marché.
„ Mais il en résulte cette triste conséquence,
„ que les places, les honneurs, les droits de
„ citoyen, tous les témoignages de la confiance
„ publique, en un mot, sont pour les protes-
„ tans qui ont trahi leur conscience, ou qui
„ regardent tout acte de religion comme une
„ vaine cérémonie, tandis que l'on punit ceux
„ qui ont une conscience timorée, ou une ame
„ trop élevée pour consentir à l'ombre même
„ d'un mensonge."

On démontre dans le dialogue combien ces loix offensent à la fois & l'humanité & la justice. Ces loix sont-elles plus conformes aux intérêts de la religion? Le sont-elles aux vues d'une saine politique? Et, s'il faut les détruire, quand & comment doivent-elles être abrogées?

On répond à la premiere question: „ Plus

E 5

„ on persécute pour la religion, plus il y a
„ d'hommes sans religion. L'observation a con-
„ firmé cette vérité générale; les pays où l'in-
„ quisition est en vigueur sont remplis d'athées;
„ on voit des déistes en grand nombre dans les
„ états où les non-conformistes sont traités avec
„ sévérité : dans les pays de tolérance il n'y a
„ que des chrétiens.

„ Des instructions solides, mais faites avec
„ modération, & auxquelles même on soit libre
„ encore de se refuser, l'exemple de la vertu
„ dans les prêtres catholiques, une égale distri-
„ bution dans leurs aumônes & leurs soins entre
„ les infortunés des deux religions; tels sont les
„ moyens d'opérer de véritables conversions,
„ & c'est ainsi qu'en ont opéré dans leurs dio-
„ cèses les prélats éclairés & pieux dont s'ho-
„ nore l'église gallicane. Quel protestant du
„ diocèse de Nismes, oseroit dire encore que
„ la religion est superstitieuse & cruelle? Ils ne
„ regardent plus comme l'ouvrage de la reli-
„ gion les loix qui les oppriment, depuis qu'ils
„ ont vu le pontife de la religion (1), opposer
„ à la rigueur des loix l'autorité de sa place &
„ de ses vertus; ils ont cessé de haïr une foi
„ dont ils ne reçoivent que des bienfaits & de
„ bons exemples."

On répond à la seconde : „ La tranquilité de

---

(1) M. Bec-de-lievre, sous-doyen des évêques de France.

„ l'état n'a rien à craindre de la révocation des
„ loix portées contre les protestans. Les pai-
„ sibles habitans de nos provinces n'ont plus
„ l'esprit des protestans de Moncontour & de
„ Jarnac; de même que nos catholiques ne sont
„ plus ceux de la Saint-Barthelemi & de la
„ ligue; de même que nos évêques n'ont plus
„ l'esprit tirannique & séditieux des cardinaux
„ de Lorraine & de Tournon, des Guillaume-
„ Rose; de même que nos moines ne sont plus
„ des Montgaillard, des Bourgoin, des Gui-
„ gnard & des Clément.

„ En supposant même que les protestans eus-
„ sent conservé le même esprit, ce ne seroit
„ pas, sans doute, en suivant les maximes
„ qui ont allumé la guerre au seizieme siecle,
„ que l'on assureroit la tranquilité publique dans
„ le dix-huitieme: mais cette défiance qu'on
„ voudroit inspirer contre les protestans, n'est
„ qu'une calomnie inventée par quelques hom-
„ mes dignes d'avoir assisté aux processions du
„ siege de Paris.

L'avocat des protestans prétend enfin que
„ le moment est arrivé en France où l'abroga-
„ tion des loix contre les protestans peut pro-
„ curer plus surement les plus grands avanta-
„ ges, & où la conservation de ces loix peut
„ être la plus dangereuse pour la prospérité
„ publique.

„ L'état a besoin de ressources nouvelles;

„ Un million de citoyens (1) rendus au bon-
„ heur, cent mille familles rapportant en France
„ leurs richesses & leur industrie, n'offrent-ils
„ pas des ressources plus durables, des secours
„ plus réels, que le crédit apparent qu'on peut
„ se procurer par ces ruses d'agiotages, hono-
„ rées de nos jours du nom d'opérations de
„ finance?

„ La séparation de l'Amérique a jeté le dé-
„ couragement dans le commerce & dans les
„ manufactures de l'Angleterre; ceux des réfu-
„ giés françois qui seroient restés dans cette
„ nouvelle patrie, s'empresseront de la quitter:
„ ils auroient été obligés de sacrifier à leur in-
„ térêt le desir de revenir en France, & leur
„ intérêt se trouve d'accord avec leurs senti-
„ mens.

„ Les pays où les protestans se sont réfugiés
„ dans le dernier siecle, leur offroient peu de
„ ressources. Toutes les terres y étoient culti-
„ vées, aucun métier nécessaire ne manquoit
„ de bras; ceux qui n'avoient ni des fonds ni
„ une industrie particuliere, restoient exposés à
„ manquer de travail & de subsistance; c'étoit

---

(1) Il paroît que l'auteur fait un calcul trop foible du nombre des protestans qu'il réduit à un million, & que M. de Monclar évaluoit à trois millions. Des gens bien au fait m'ont assuré qu'il avoit plutôt augmenté & qu'il étoit peut-être de quatre millions aujourd'hui.

„ chez les ennemis de leur pays qu'ils alloient
„ chercher une retraite, & s'ils avoient pu haïr
„ le gouvernement de leur pays, ils aimoient
„ encore la nation françoise; ils s'intéressoient
„ à sa gloire, qu'ils avoient longtems partagée.
„ Ils ignoroient la langue des pays qu'ils al-
„ loient habiter; & cet inconvénient, presque
„ nul pour des voyageurs riches, est un mal-
„ heur horrible pour des infortunés qui cher-
„ chent un asile.

„ Maintenant l'Amérique offre aux protestans
„ un vaste pays, habité par les alliés de la
„ France, où regnent la liberté de conscience
„ & la liberté politique; où tous les hommes
„ sont égaux; où les ouvriers de toute espece
„ peuvent espérer du travail & même de la for-
„ tune; où des terreins immenses attendent des
„ mains pour les cultiver. Et si, comme il est
„ presque impossible d'en douter, le Canada
„ (1) suit l'exemple des provinces voisines, il
„ existera en Amérique une région où les Fran-
„ çois qui voudroient s'y établir, retrouveroient
„ avec tant d'autres avantages, la langue & les
„ usages de leur patrie. Nous sommes donc
„ menacés d'une émigration nouvelle; & pour

---

(1) Heureusement, Milord, que le pronostic de l'auteur, assez bien fondé, ne s'est pourtant pas effectué jusqu'à présent, graces au parti de douceur & de condescendance que le gouvernement anglois a pris envers cette colonie.

„ l'éviter, il ne nous reste que deux partis,
„ ou de conserver des loix sanglantes, dont
„ l'inutilité est prouvée, ou d'ôter aux protes-
„ tans le desir de chercher une nouvelle patrie,
„ en les rétablissant dans les droits que la loi
„ ne peut ravir avec justice, qu'aux hommes
„ qui ont mérité de les perdre par un crime."

Je remets, Milord, à l'ordinaire prochain de vous rendre compte de la nouvelle brochure, ainsi que de ce qui se sera passé au parlement, où l'on doit prendre une délibération précise & définitive au sujet des protestans. Par quelle fatalité faut-il que notre sort s'y trouve lié indirectement, & que l'Angleterre doive redouter les décisions de l'aréopage françois? O Lord Nord! chaque jour nous découvre de nouvelles suites plus funestes de ton abominable administration! Qui te rendra tous les maux que tu fais souffrir aux vrais amis de la patrie?

Paris ce 7 décembre 1775.

LETTRE V.

Suite du même sujet.

Au milieu de tant d'amertumes dont nous abreuve notre détestable ministere, goûtons, Milord, un moment de joie: le clergé triomphe ici en cet instant: les protestans ne seront point rappelés, il n'y a même rien de changé à l'égard des loix qui les concernent, & sans doute ces François expatriés que nous craignons de perdre, non-seulement ne nous retireront point leurs bras & leurs richesses, mais n'en seront que plus implacables ennemis d'une marâtre qui continue à les rejeter impitoyablement de son sein. Il faut vous faire savourer en détail cette importante nouvelle.

Outre l'écrit vigoureux dont je vous ai entretenu dans ma derniere lettre, qui traitoit la matiere dans la plus grande étendue & remontoit aux vrais principes de la législation & de la politique, il s'en étoit répandu un autre moins violent, plus circonspect & plus adapté aux vues du parlement, au moins du grand nombre des membres qui n'osoient franchir les bornes dans lesquelles le ministere prétend les circonscrire.

Dans celle-ci, sous le nom de *Réflexions d'un*

citoyen catholique sur les loix de France relatives aux protestans, on rappelle toutes ces loix en grand nombre ; on les discute avec tout le sang-froid du juge, & l'on prouve qu'il n'en est aucune depuis 1685 qui ne soit marquée au coin du fanatisme, du ridicule, de l'absurdité, ou de la barbarie : c'est l'abrogation de ces loix que sollicitent la tolérance, le bon sens, l'humanité, la religion même qu'on y demande. Du reste, on y revient sur les difficultés, & l'on les leve à peu près de même que l'auteur du dialogue ; ce qui me dispense d'entrer dans un développement plus long de cet écrit.

Il n'y avoit point de réplique à tout cela ; aussi les partisans secrets du clergé dans le conseil ne pouvant résoudre de pareilles objections, ont pris le parti de ruser ; ils ont fait sentir qu'on avoit mal à propos appelé les magistrats pour avoir leur avis sur un objet de politique que le gouvernement devoit seul se réserver ; que c'étoit tandis qu'on resserroit d'un côté le parlement dans des bornes qu'on lui reprochoit d'avoir franchies en s'immisçant d'affaires d'état qui ne le regardoient pas, lui offrir au contraire la plus belle occasion d'empiéter de l'autre, que le clergé au surplus méritoit des considérations, & qu'il ne falloit pas du moins aggraver un coup aussi cruel en le lui faisant porter par son plus implacable ennemi ; qu'il étoit d'ailleurs à ménager en ce moment, où il alloit s'assembler pour donner des secours, & où il profiseroit de la circonstance pour retarder & faire des représentations importunes.

Le croiriez-vous, Milord? Cette misérable objection l'a emporté; au moment où les bons patriotes se flattoient que les protestans alloient recouvrer un état légal en France par le concours de la magistrature avec le ministere & même avec des membres philosophes du clergé, le parlement a reçu défense de s'en occuper. Le roi a envoyé chercher le premier président & lui a dit que des vues de sagesse lui suggéroient de différer en cette occurrence l'exécution d'un projet qu'il desiroit, mais pour laquelle le moment n'étoit pas venu, & qu'il attendoit de l'obéissance de son parlement que la matiere ne seroit point mise en délibération aux chambres assemblées, qu'il ne lui eût fait connoître ses intentions par une loi expresse.

Le premier président a rendu compte mardi (1) à sa compagnie de cette variation du gouvernement, qui a vivement affecté les zélés: ils ont senti que si l'on laissoit échapper le moment où toutes les circonstances sembloient concourir à leur louable entreprise, où surtout la magistrature, si ennemie des innovations, si difficile à ramener de ses erreurs, si opiniâtre dans sa routine, étoit disposée le plus favorablement, on ne le retrouveroit pas de si tôt; aussi l'un d'eux,

_____

(1) Le 15 décembre 1778.

dont le nom & le discours sont également à conserver, en témoignant son profond respect pour les volontés du roi, & son acquiescement absolu à ses ordres, a-t-il fait une réserve. ,, Monsieur", a-t-il dit, en s'adressant au premier président, suivant l'usage. ,, L'objet de ma réserve
,, est tout-à-la-fois très-important & très-simple;
,, il ne s'agit ni de favoriser l'exercice de la
,, religion prétendue réformée, ni d'admettre
,, aux charges ceux qui la professent; mais d'ob-
,, tenir pour eux ce qu'on accorde aux juifs
,, dans toute l'étendue du royaume; ce que les
,, princes protestans ne refuserent jamais aux
,, catholiques, ni les empereurs payens eux-
,, mêmes aux chrétiens qu'ils persécutoient; je
,, veux dire un moyen légal d'assurer l'état de
,, leurs enfans. Il étoit naturel d'y pourvoir
,, lors de la révocation de l'édit de Nantes;
,, mais les ministres de Louis quatorze pense-
,, rent qu'en évitant de s'expliquer sur cet objet,
,, une incertitude si pénible pour les protestans,
,, jointe aux autres moyens de rigueur qu'on
,, employoit contre eux, ameneroit bientôt leur
,, conversion. Cependant on sentit que l'huma-
,, nité ne permettoit pas de leur interdire ex-
,, pressément le mariage, ni la religion de les
,, traîner malgré eux, aux pieds des autels.
,, D'ailleurs, comment avouer le projet de les
,, réduire à cette alternative, après leur avoir
,, promis, par la loi même qui révoque l'édit
,, de Nantes, une existence paisible? On aime

» donc mieux faire semblant de croire qu'il n'y
» avoit plus de protestans dans le royaume,
» & par un aveuglement inconcevable, la plus
» vaine des fictions fut regardée comme un
» chef-d'œuvre de politique. L'expérience fit voir
» qu'on s'étoit trompé : mais ce système, con-
» sacré par le tems & par l'habitude, survécut
» pendant une longue suite d'années aux espé-
» rances qui l'avoient fait naître. Enfin, l'on
» ouvrit les yeux ; les dispositions de la décla-
» ration du 9 avril 1736 sur l'inhumation de
» ceux auxquels la sépulture ecclésiastique
» n'est pas accordée, parurent annoncer quel-
» que chose de semblable pour les naissances &
» les mariages. C'étoit en effet l'intention du
» gouvernement. Un grand prince (le prince de
» Conti) dont la mémoire vivra toujours dans le
» souvenir du parlement & dans celui de la
» nation, des ministres habiles, des magistrats
» également éclairés & vertueux, s'en occupè-
» rent, par ordre du feu roi. Mais leurs vues
» furent traversées par un enchaînement de
» circonstances malheureuses, & par ces obsta-
» cles que des intérêts particuliers opposent trop
» souvent aux projets utiles. Cependant le mal
» va toujours en augmentant ; on compte depuis
» 1749 plus de quatre cens mille mariages con-
» tractés au désert ; source féconde de procès
» scandaleux. Des hommes avides contestent à
» leurs proches leur état pour envahir leur for-

„ tune : des époux parjures implorent le secours
„ de la justice pour rompre des nœuds formés
„ sous les auspices de la bonne-foi. Les tribu-
„ naux pressés entre la loi naturelle & la lettre
„ des loix positives, sont forcés de s'écarter
„ de l'une ou de l'autre. De quelque maniere
„ qu'ils se déterminent, leurs arrêts sont atta-
„ qués, & le sort des jugemens est aussi in-
„ certain que les jugemens même. Les loix de
„ Louis XIV contre les protestans, ne sont
„ donc pas tellement tombées en désuétude,
„ qu'il soit inutile de les abroger. C'est une
„ épée suspendue par un fil au dessus de leur
„ tête : l'intérêt & le fanatisme cherchent con-
„ tinuellement à en faire usage ; & malgré les
„ intentions connues du gouvernement, ils y
„ réussissent quelquefois. Que seroit-ce si les
„ administrateurs, moins sages & moins humains,
„ adoptoient d'autres principes ? Non, ce n'est
„ point des systêmes mobiles du ministere, que
„ doit dépendre la sureté d'un si grand nombre
„ de citoyens. Il n'y a que la loi qui puisse
„ l'établir sur une base solide : c'est en même
„ temps l'unique moyen de rendre à la France
„ une foule de réfugiés, que la crainte de l'op-
„ pression tient éloignés de leur patrie, & de
„ prévenir de nouvelles émigrations, devenues
„ plus faciles que jamais. En effet, les pro-
„ testans ne sçauroient ignorer que tous les
„ peuples de l'Europe, jaloux d'augmenter leur

„ population, les recevroient à bras ouverts;
„ & que l'Amérique septentrionale, une fois
„ pacifiée, leur offrira des ressources encore
„ plus sûres. D'un autre côté, la justice & la
„ bonté du roi, le caractere de ses ministres,
„ le vœu des magistrats ont dû leur donner
„ de grandes espérances. Il sera dur pour eux
„ de les voir trompées, plus dur encore de voir
„ mettre le sceau à leur proscription, dans un
„ siecle où la tolérance civile a reçu, dans la
„ plupart des pays, catholiques ou protestans,
„ celle de l'opinion publique. N'en doutons pas:
„ le résultat de notre délibération rendra la vie
„ à deux millions de citoyens, ou les plongera
„ dans le désespoir. Tous les yeux sont fixés
„ sur le parlement; c'est de lui, c'est de ce
„ sénat auguste, l'appui des malheureux & le
„ pere de la patrie, qu'on attend un remede
„ efficace au plus criant des abus. Les misteres
„ sont profanés, l'humanité outragée, les
„ droits des citoyens foulés aux pieds, l'état
„ menacé d'une perte irréparable; & nous gar-
„ derions le silence! & nous n'userions pas du
„ droit incontestable que la raison & la loi
„ donnent au parlement, de ce droit que le plus
„ absolu des princes reconnoît & confirme dans
„ l'ordonnance de 1667, de représenter en tout
„ tems au roi ce qu'il juge à propos, sur les
„ articles des ordonnances, qui, par la suite
„ du tems, usage & expérience, se trouvent

„ être contre l'utilité ou commodité publique;
„ ou être sujets à interprétation, déclaration
„ ou modération ! Je vous prie, Monsieur, de
„ vouloir bien mettre en délibération ce qu'il
„ peut y avoir à faire à ce sujet.

M. de Brétignieres (1), c'est le nom de l'auteur de l'avis qui étoit venu renforcer le parti de M. Dionis Duséjour & d'Eprémesnil, se flattoit par cette tournure adroite de rengager l'affaire, d'empêcher du moins, qu'elle ne fût absolument abandonnée; mais, en admirant son courage & son éloquence, on n'a pu suivre le *Mezzotermine* qu'il indiquoit ; l'on a craint d'indisposer par cette obstination qui n'auroit pas de succès, le monarque très-jaloux de son autorité, surtout en garde contre une compagnie que, dès le commencement de son regne, on lui a peinte comme toujours prête à empiéter sur la prérogative royale. Le grand nombre a donc été d'avis d'obtempérer & de s'abstenir de s'occuper de l'affaire. On a formé un arrêté portant *qu'il n'y avoit lieu à délibérer & qu'on s'en rapporteroit à la prudence du roi*. Ce qui laisse quelque espoir aux défenseurs des protestans, c'est que S. M. n'a contre eux aucune haine personnelle ou religieuse, qu'elle est parfaitement indifférente à cet égard & disposée à ne voir l'affaire que sous le

---

(1) Conseiller de la troisieme chambre des enquêtes.

point de vue politique où l'on la lui préfentera. C'eſt une obligation qu'a la France au comte de Maurepas, à M. Turgot, à M. de Malesherbes, à M. Necker, à tous ces miniſtres philoſophes qui ont entouré & entourent le trône encore, & ont par leurs ſages maximes détruit l'eſprit de bigoterie dont la mauvaiſe éducation du duc de la Vauguyon auroit pu infecter le prince dans ſon enfance. Ils l'ont remis dans ce point de calme où doit être un grand roi pour bien gouverner.

Le rappel des proteſtans n'eſt donc pas déſeſpéré ſous le regne actuel, s'il eſt auſſi long qu'il y a lieu de le ſuppoſer, évenement dont nous devons nous réjouir d'avance, & comme freres, & comme hommes; mais il eſt manqué pour le moment, pour le courant de la guerre, ce dont nous devons nous féliciter comme Anglois.

LETTRE VI.

Sur la réception de M. Gérard à Philadelphie ; sur les dispositions des Américains envers les François ; détails ultérieurs de la campagne de M. le comte d'Estaing depuis qu'il s'est présenté devant New-York jusqu'à son départ de Boston pour les Antilles.

Les François, Milord, qui s'étoient longtems exalté l'imagination par la perspective d'un triomphe presque certain en Amérique de la part du comte d'Estaing, voient enfin s'évanouir ces brillantes chimeres & savent maintenant à quoi s'en tenir sur cette campagne. Comment un espoir aussi bien fondé a-t-il été déçu ? Comment les insurgens inexpérimentés, sans alliés, sans secours, manquant de tout, ont-ils soutenu nos premiers efforts avec une valeur dont on ne trouve d'exemple que dans les beaux siecles de la Grece & de Rome, avec une intelligence qui a mis en défaut l'habileté des plus grands généraux anglois de terre & de mer, qui a étonné, confondu la sagesse des gens du métier de toutes les nations, témoins de ce spectacle, & qui n'auroient jamais pu le prévoir ? C'est qu'ils étoient seuls & unis, qu'ils n'avoient qu'une ame, qu'une passion, ce patriotisme qui dans tous

tous les tems fut la source des vertus héroïques & fit enfanter des miracles. Aujourd'hui que les François ont apporté parmi ce peuple leur esprit de domination, l'amour propre blessé des Américains s'est révolté; la défiance, la jalousie, l'envie, toutes les passions basses qui dégradent l'ame sont entrées dans la leur, & ils redoutent presque autant leurs bienfaiteurs prétendus que leurs anciens maîtres. Ce n'est qu'à cette révolution dans leur maniere de sentir & de penser qu'on peut attribuer les choses incroyables qu'on apprend de ce pays-là. D'ailleurs, mes conjectures se rapportent aux faits que nous racontent & les lettres particulieres écrites des lieux, & les divers témoins qui en sont revenus.

Je vais, Milord, vous mettre en scene un acteur qui arrive de Boston, & m'a paru avoir tous les caracteres propres à se concilier ma créance. C'est un ancien officier de la compagnie des Indes, fort sage, fort instruit, fort expérimenté; il étoit passé comme tant d'autres dans le dessein de voir quel parti il pourroit tirer de son métier chez des gens ayant grand besoin de pareils hommes; il étoit fait pour y être bien accueilli; son air simple & modeste, sa tournure assez angloise, devoient prévenir en sa faveur, & en effet il a été reçu à bras ouverts; mais il n'a pas trouvé la marine des Américains assez avancée pour y occuper le grade qu'il auroit desiré, & qui lui convenoit; il n'étoit plus dans le cas de jouer le rôle de corsaire ou de flibustier.

D'ailleurs, dans l'intervalle la guerre s'est déclarée entre l'Angleterre & la France; il a cru que c'étoit l'occasion de retourner dans l'Inde, d'y servir sa patrie, & qu'il déploieroit avec plus d'avantage ses talens dans des mers qu'il connoissoit déjà & où le plus léger succès pouvoit lui procurer sa fortune. En attendant qu'il soit employé, il cherche avec avidité les nouvelles. On l'a présenté dernierement au club dont vous connoissez les autres acteurs; celui-ci se nomme M. Roche, & on l'annonça comme pouvant répondre à toutes les questions qu'on lui feroit concernant l'Amérique & la campagne du comte d'Estaing qu'il quittoit; il fut donc mis sur la sellette; chacun l'entoura & le pressura le plus qu'il put.

M. GIRARD.

Dites-nous donc, Monsieur, comment est-il possible que M. d'Estaing n'ait rien fait? M. d'Estaing sur lequel on comptoit avec tant de confiance!

M. ROCHE.

Vous connoissez la ruse de certains filoux de ce pays-ci, qui la nuit font semblant de se battre, & lorsqu'un tiers crédule à la bonhommie de s'aprocher pour les séparer se réunissent soudain, tombent sur lui & le volent. C'est à peu près ce qui est arrivé au général françois. Toute comparaison cloche. Les Américains ne se sont pas absolument joints aux Anglois contre lui;

mais ils ont fait tout ce qu'il falloit pour le faire échouer.

M. Pilot.

Comment accorder cette conduite avec l'accueil qu'a reçu M. Gérard & qu'il méritoit en effet en ce jour mémorable où il venoit de la part du plus grand potentat de l'Europe dire à un corps de négocians & d'agriculteurs : „ Je „ vous reconnois pour mes égaux dans l'ordre „ politique; paffez de l'état de fujétion à celui „ d'indépendance, & prenez déformais votre „ place au rang des corps fouverains qui exi- „ ftent fur la terre.

M. Roche.

Vraiment M. Gérard a été très-bien venu du congrès qui, ayant fu fon débarquement, députa vers lui pour le recevoir & l'accompagner jufqu'à Philadelphie, où en entrant (1) il fut falué par l'artillerie de la place & caufa les démonftrations de la joie la plus vive. Son premier foin fut d'apprendre par un meffage au congrès l'ordre qu'avoit le comte d'Eftaing de prendre fous fa protection tous les armemens, foit publics, foit particuliers des Etats-Unis, & de leur abandonner exclufivement & fans partage les diverfes prifes qu'ils pourroient faire; politique néceffaire pour encourager la courfe & fe mettre

---

(1) Le famedi 11 juillet 1778.

en mesure vis-à vis des Anglois qui, défolant & infestant toutes les côtes par leurs corsaires, auroient empêché l'armée navale Françoise de recevoir les secours dont elle auroit besoin; mais en même tems le vice-amiral mettoit par là en quelque sorte sous sa dépendance tous les maîtres des navires américains, obligés de s'adresser à lui pour recevoir les signaux convenus.

Ce ne fut que près d'un mois après (1), tems nécessaire pour les préparatifs de la cérémonie, que M. Gérard, dans une audience solemnelle, remit au congrès la lettre de créance du roi (2), adressée à *ses très-grands amis & alliés*, qu'il traite cependant assez cavalierement à la fin *en priant dieu de les avoir en sa sainte garde*, formule usitée vis-à-vis le moindre des sujets. Quoi qu'il en soit, dans les discours que prononcerent respectivement le ministre plénipotentiaire de France & le président du congrès, discours imprimés aujourd'hui & que vous avez pu lire dans différentes gazettes, on trouve un intérêt, une confiance, une sincérité, une cordialité qu'on n'avoit pas encore vus dans ces morceaux politiques. Aussi n'est-ce pas du sénat américain que sont éclos les germes de division entre les deux nations. C'est du caractere du peuple mal disposé en faveur des François;

_____

(1) Le 6 août 1778.
(2) Datée de Versailles le 28 mars 1778.

c'est de la rivalité des généraux ne voulant pas leur laisser la gloire des premiers succès.

Le premier nous regarde comme asservis sous le double despotisme du gouvernement & des prêtres; comme de vils esclaves livrés aux préjugés & à la superstition; du reste, comme une nation frivole, énervée, sans principes, sans délicatesse, sans foi, sans loi, ne respectant pas même les devoirs les plus sacrés, comme des présomptueux nous croyant, malgré notre abjection, supérieurs à tous les autres peuples de la terre; enfin comme persuadés que le premier emploi de l'esprit est de faire des dupes : les Anglois, bien loin de tirer les Américains de ces préventions, s'étoient plus à les répandre, à les fortifier. Le presbitérianisme, ennemi implacable du catholicisme, la secte dominante du pays, en avoit rendu les habitans encore plus disposés à les croire. Tout sembla dans le commencement de la liaison des insurgens avec nous, les confirmer dans leur mauvaise idée des François. La plupart de ceux accourus en Amérique, au bruit de la révolution, étoient des hommes perdus de dettes & de réputation, qui s'annonçoient avec des titres & des noms faux, qui vantoient leur capacité, obtenoient des grades distingués dans l'armée des provinciaux (*), recevoient des

___

(*) Nom donné dans le commencement aux troupes américaines pour les distinguer des troupes ennemies, appelées *les mercenaires*. (*Note des éditeurs.*)

avances considérables, & disparoissoient ensuite.

LE COMTE DE CATUELAN.

Eh! qu'attendre en effet d'officiers assez bas pour valeter dans l'antichambre du Sieur de Beaumarchais & recevoir leur mission d'un pareil apôtre, l'homme le plus diffamé & le plus corrompu du royaume?

M. ROCHE.

La simplicité des Américains, leur peu d'expérience, ouvrirent un champ vaste aux escroqueries des avanturiers. Plusieurs même d'entre eux commirent des crimes dignes des derniers supplices.

Les premieres marchandises que les Américains reçurent aussi de France contribuerent encore généralement à les entretenir dans l'opinion fâcheuse où ils étoient: on leur avoit envoyé le rebut de nos manufactures; ils jugerent que nous ne savions rien fabriquer de mieux; on leur avoit fait payer ces rebuts comme des productions de la premiere qualité; ils se plaignirent qu'on eût abusé de leur bonne-foi & eurent raison.

LE COMTE DE CATUELAN.

Tout se ressentoit de l'agent chargé d'abord de ces opérations; sa cupidité les lui avoit fait regarder comme un coup de main à faire promptement: il ne s'imaginoit pas qu'il en pût résulter jamais une liaison soutenue & durable. Le

Sieur de Beaumarchais s'embarrassoit peu des plaintes qu'il comptoit devoir être étouffées avant de parvenir jusqu'au gouvernement.

M. ROCHE.

Et ce sont ces premieres impressions qu'on efface difficilement, qui jettent en discrédit même aujourd'hui les marchandises qui viennent de France; elles se vendent par cette raison à un prix bien inférieur à celui des productions de l'Angleterre de la même espece.

C'est donc avec ces torts, c'est au milieu de ces plaintes retentissant de tous les coins de l'Amérique septentrionale, que les François parurent à la côte sous les ordres du comte d'Estaing commandant une escadre formidable. Les Torys (*), dont il y a beaucoup de cachés parmi les gens aisés, qui ne soutiennent le parti républicain que dans la crainte de perdre leur possessions, & dont le cœur est véritablement anglois, userent d'une politique adroite pour faire échouer les entreprises de ce général & l'empêcher de recevoir les secours dont il avoit besoin. Ils semerent sourdement le bruit parmi leurs compatriotes qu'il faloit se défier de la protection apparente de Louis Seize; que ce jeune monarque, ambitieux comme on l'est à son âge, cher-

---

(1) Sobriquet qui remonte au tems de Charles-second, où l'on commença à appeler ainsi à Londres les gens attachés au parti du roi. (*Note des éditeurs.*)

F 4

choit moins à les fouftraire au joug de la mere-patrie, qu'à les mettre fous le fien; que fon intention fecrete étoit de garder les conquêtes que fon efcadre pourroit faire, de fe ménager ainfi des points d'appui, & de profiter de leur fimplicité, de leur inaction, de leur inhabileté, de leur confiance pour s'infinuer plus avant & les conquérir de proche en proche; qu'on devoit d'autant mieux foupçonner ce projet, qu'il découloit naturellement de la propofition que la cour de Verfailles avoit faite dans le principe à la cour de Londres de s'unir à elle pour réduire fes fujets révoltés, à condition qu'elle lui céderoit quelques poftes. Ces rumeurs vagues furent bientôt confignées dans des écrits publics & infpirerent une défiance générale. De là M. d'Eftaing ne trouva point de pilote pour le faire aborder où il vouloit; de là il fut trahi par ceux auxquels il avoit donné fa confiance; de là tous fes plans d'attaque furent éventés & connus des Anglois avant leur exécution; de là le défaut de vivres & d'eau; de là enfin, le maffacre de M. de Saint-Sauveur, & tous les malheurs qui ont conftamment accompagné ce général durant fa campagne du nord.

M. D'ECLIEU.

Je conçois, Monfieur, par le tableau que vous nous offrez de la fituation des efprits dans ce pays-là, que le comte d'Eftaing a dû trouver de grands obftacles; mais vous ne nous parlez

pas

pas des fautes que ce général a faites, qui, au lieu de diminuer ces obstacles, les ont accrus & multipliés. Malgré le foin qu'il prend d'empêcher les officiers d'écrire, je ne fais comment il arrive toujours des lettres par les airs, & l'on lui reproche bien des écoles. D'abord à fon aterrage, nous en fommes déjà convenus ici, il en a commis une capitale, dès qu'il a fu que l'ennemi avoit évacué Philadelphie, de n'être pas refté dans la Délaware pour y faire de l'eau dont il étoit fur le point de manquer, pour s'aboucher avec le congrès & le général Washington, concerter avec eux le plan de fes opérations & furtout en recevoir des pilotes & des guides fûrs dont, dès les premiers pas dans un pays inconnu, il avoit fenti toute l'importance.

M. ROCHE.

Son activité, Monfieur, ne lui a pas permis la lenteur des délibérations, qui auroient retardé fa marche; il fe flattoit de pouvoir, finon intercepter le convoi de l'ennemi, parti depuis plufieurs jours pour New-York, au moins le furprendre en défordre encore.

M. D'ECLIEU.

A la bonne heure; fi le comte d'Eftaing n'eût été en ce moment qu'un fimple flibuftier, il pouvoit courir ces rifques-là; mais le général d'une grande efcadre ne fe hafarde pas ainfi en avanturier; il ne compromet point toutes les forces qui lui font confiées dans une expédition dont il ne connoît ni le danger, ni les moyens; il ne commence pas fans neceffité par expofer douze ou quinze mille hommes à mourir de foif & d'inanition. D'ailleurs, l'ignorance où il étoit de la côte & le défaut de marins pour le guider, devoient lui faire perdre plus de tems qu'il n'en auroit employé dans le fage retard qu'on lui propofoit.

M. ROCHE.

Voilà le grand malheur: c'eft d'avoir été abandonné, trahi par fes premiers pilotes; c'eft de n'en avoir par rencontré de bons enfuite; c'eft qu'on ait prévenu l'amiral Howe de fon arrivée, enforte qu'il trouva les Anglois retirés dans le port de Sandy-Hook avec leurs vaiffeaux de guerre, & les transports dans la rivière d'Hudfon. Malgré cela vingt navires environ (1) tomberent en fon pouvoir, graces à la rapidité avec laquelle il s'étoit porté de ce côté-là. Du refte, fon ardeur étoit extrême; il promettoit

---

(1) Extrait d'une lettre de New-York, du 25 juillet... Depuis que l'efcadre françoife eft arrivée devant Sandy-Hook, environ 20 navires, dont aucun n'eft européen, font tombés en fon pouvoir: ce font pour la plupart des prifes deftinées pour ce port, au nombre defquelles font le lieutenant Whitwort à bord du *Stanley* convoyant 3 ou 4 prifes, un brigantin de marque ayant 2 ou 3 prifes fous fa protection, un vaiffeau, 5 brigantins, des floops & des fchooners, venant des barbades.

cent mille écus au pilote qui voudroit se charger de l'entrer dans le port; mais cette promesse ne put servir qu'à le convaincre davantage de l'impossibilité de l'exécution ; personne n'osa tenter de mériter le prix. Il tint un conseil à bord du *Languedoc*, où il fit appeler tous les pilotes; on délibéra longtems & l'on convint unanimement que les vaisseaux, commandans surtout, tiroient trop d'eau.

LE COMTE DE CATUELAN.

Vraiment, je le crois bien. On assure que le prince de Montbazon, lieutenant général des armées navales, chargé de l'inspection du port de Toulon (1), a rapporté dans le tems au ministre que l'escadre du comte d'Estaing, déjà fort encombrée des effets embarqués par ordre du roi pour nos nouveaux alliés, l'étoit pour le moins autant des pacotilles des officiers.

M. D'ECLIEU.

Bon, bon ; voilà toujours les propos ordinaires.

LE BARON DE KNIPAUSEN.

Et malheureusement trop vrais.

M. ROCHE.

Quoi qu'il en soit, le *Languedoc* & le *Tonant* tiroient jusqu'à 27 pieds d'eau; cela essraya.

―――――――――――――――

(1) Comme le duc de Chartres l'avoit été de celui de Brest.

Quelques pilotes convenoient bien qu'il y avoit du fond suffisamment ; mais il ajoutoient que le passage étoit si étroit, qu'il étoit extrêmement hasardeux de se risquer, parce qu'un seul vaisseau venant à échouer, ce qui étoit presque inévitable, il fermeroit le passage aux autres qui seroient foudroyés par l'artillerie des vaisseaux & des batteries de l'ennemi avant qu'on l'eût retiré.

M. GIRARD.

Ainsi l'infériorité de l'escadre ennemie, dont les plus forts vaisseaux valoient à peine le plus petit des nôtres, qui faisoit présumer ici que l'amiral Howe devoit être écrasé, fit précisement son salut.

M. D'ECLIEU.

Ce qui démontre combien le comte d'Estaing avoit eu tort de s'avanturer à cette expédition folle avant d'avoir pris langue, fait de l'eau & des vivres, c'est la difficulté qu'il éprouva pour ces deux derniers objets. On fut obligé d'essayer de faire de l'eau dans une riviere voisine (1) au péril de la vie, pour passer la barre qui en ferme l'entrée ; on tira quelques provisions de Jersey ; mais il fallut les porter par terre pendant une lieue & demie (2) ; il fallut perdre du

---

(1) La riviere de Schreusburg.
(2) Trois milles du pays.

monde en exposant pour les convois, un corps de troupe beaucoup trop foible pour soutenir une attaque de l'ennemi, dont toutes les forces étoient rassemblées dans cette partie, encore n'a-t-on jamais pu avoir des vivres au-delà de ce qui étoit nécessaire pour la consommation de l'escadre pendant 24 heures. Un jour cependant on s'en procura le double ; mais la trop grande charge & la précipitation en transportant les barils firent perdre beaucoup de bateaux & même des hommes, à raison des lames très-dangereuses dans ces parages lorsqu'on n'y est pas accoutumé, & qu'on ne sait pas les prendre convenablement.

Vous voyez, Monsieur, que je sais bien des détails ; que je n'ai pas été mal servi.

M. ROCHE.

Avec passion cependant, car la façon de présenter les choses fait beaucoup.

M. GIRARD.

Suivons, Messieurs: parlons de l'expédition de New-Port actuellement.

M. ROCHE.

Ce qui a contribué d'abord à la faire échouer, c'est que le secret n'a pas été bien gardé. Le lord Howe, ayant été instruit du dessein de l'amiral François, y fit conduire trois mille hommes sous les ordres du général Prescot par des bâtimens de transport; on les voyoit filer journellement & cotoyer l'Isle-Longue.

M. D'ECLIEU.

Eh bien! c'étoit là le cas de mettre de l'activité, de fondre sur ces transports. Point du tout, l'indécision du général, onze jours passés devant New-York, en laissant le tems à l'ennemi de recevoir des secours & de se fortifier, ont augmenté les difficultés de l'entreprise.

M. ROCHE.

Tous ces délais n'auroient pas empêché la prise de Rhode-Island sans la jalousie du général américain Sullivan. Les habitans de New-Port tremblans avoient déjà abandonné la ville; les Hessois, troupes mercenaires, étoient prêts à se révolter à la vue du moindre péril; deux petites frégates envoyées pour garder la passe de l'est, causerent une telle alarme de ce côté, qu'une corvette de vingt canons de douze & deux galeres mouillées sous une batterie se brûlerent en les voyant paroître; le *Sagittaire* seul força la passe de l'ouest, détruisit une batterie & fut mouiller sans empêchement à la pointe nord de cette isle. Si l'escadre étoit entrée en même tems, comme elle le pouvoit, par la passe du milieu, & comme y étoit disposé le général dont les préparatifs étoient déjà faits, mille hommes de troupes, que l'ennemi avoit portés sur l'isle, auroient été faits prisonniers sans pouvoir se défendre. Sullivan, craignant de ne pas partager l'honneur de cette journée, engagea le comte d'Eftaing à différer jufqu'à ce qu'il eût raffemblé fes milices.

M. D'Eclieu.

Et M. d'Eftaing, fi entier, fi entreprenant, fi alerte, refte tout-à-coup dans l'inaction, non-feulement ne tient pas un confeil de guerre dans une circonftance auffi critique, mais réfifte à toutes les obfervations amicales de fes camarades & mouille froidemement devant New-Port, au grand étonnement de toute l'efcadre & à la grande fatisfaction de l'ennemi.

LE BARON DE KNIPAUSEN.

C'eft qu'il n'étoit pas apparemment dans fon bon jour de lune.

M. PILOT.

Comment, Baron, quelle eft cette mauvaife plaifanterie ?

M. D'Eclieu.

Pas fi mauvaife. Les officiers de l'efcadre ont obfervé que le comte d'Eftaing avoit des difparates de caractère inconcevables; qu'il étoit quelquefois prudent jufqu'à fe montrer pufillanime, & quelquefois hardi jufqu'à la témérité: On en a cherché la folution dans fon phyfique. On a trouvé que ces accès d'héroïfme lui prenoient toujours dans la force de la lune; qu'au contraire, il ne tomboit dans ces accès de foibleffe qu'au renouvellement ou bien au décours. On en a conclu que cet aftre influoit beaucoup fur lui, & quand on veut juger du parti qu'il prendra dans les occafions périlleufes, on demande où en fommes-nous de la lune?

LE BARON DE KNIPAUSEN.

Il a été lunatique dès fa jeuneffe; car dans l'avant-derniere guerre, il revint de l'armée, le bras en écharpe, comme s'il eût eu une bleffure confidérable; on fut qu'il n'avoit été que légerement bleffé ou même point du tout. On le plaifanta fi fort, on le couvrit tellement de ridicule, qu'il prit le parti de s'expatrier & de paffer dans l'Inde, où je l'ai vu de près, & puis vous affurer que fa raifon n'eft vraiment pas d'une efpece ordinaire.

LE COMTE DE NOLIVOS.

Il y a bien quelque chofe comme cela; je me rappelle l'anecdote.

M. ROCHE.

Quoique vous en difiez, Meffieurs, moi je trouve que fi M. d'Eftaing a péché ici, ce n'a été que par trop de tête; il étoit gêné par fes inftructions, il lui étoit enjoint de ne rien faire fans le confentement & le concours de fes alliés; il favoit qu'il avoit autant à redouter de la jaloufie des fiens que de celle des Américains; qu'il en feroit blâmé avec autant d'amertume, s'il ne réuffiffoit pas; il a cru plus fage de fe conformer à la lettre de fes ordres.

M. D'ECLIEU.

Mais il perdoit de gaîté de cœur des avantages réels & sûrs; il auroit aussi bien attendu Sullivan dans le port que dans la rade, cette manœuvre resserroit l'ennemi de plus près; en formant des batteries de canons & de mortiers sur le continent il auroit pu bombarder & détruire la ville.

Ce qui condamne encore mieux le comte d'Estaing de n'avoir pas profité pour entrer, de la premiere terreur qu'avoit répandu dans New-Port son escadre, ce sont les premiers succés que lui valut d'abord la seule timidité de l'ennemi. Le *Protecteur* & la *Provence*, s'étant glissés dans la passe de l'ouest, forcerent cinq frégates ou corvettes mouillées près de la ville à se brûler, parce qu'elles s'imaginerent dans l'éloignement que ces vaisseaux étoient l'avant garde de l'escadre qui entroit par cette passe.

Une belle manœuvre de ces vaisseaux, & qui n'est due en rien au général, c'est le stratagême dont ils userent envers deux frégates qui venoient les observer chaque matin au point du jour; dans la nuit ils gagnerent le vent à ces frégates & se mirent entre la terre & elles, de sorte que, ne sçachant où se retirer, elles préférerent de se brûler à la voile (1), à tomber en notre puissance.

_____

(1) Cet évenement est du 5. août. L'escadre avoit

LE BARON DE KNIPAUSEN.

La véritable objection à faire, suivant moi, aux défenseurs du comte d'Estaing en cette occasion, c'est que, par son retard, il laissoit tout le tems à l'amiral Howe de se préparer & de survenir.

M. ROCHE.

Et voilà précisément ce qui fait pour lui, ce qui répond aux critiques & le justifie complettement. Car enfin, l'escadre angloise auroit pu arriver beaucoup plutôt & le surprendre. Quel reproche le comte d'Estaing n'auroit-il pas mérité de la cour & des Américains même, si par trop de précipitation, il se fût trouvé ainsi entre deux feux, sans être soutenu, & eût inévitablement éprouvé les suites les plus funestes d'une pareille imprudence.

LE COMTE DE NOLIVOS.

C'auroit été l'histoire de *Filingshausan* (1).

M. ROCHE.

Je vais plus loin, Messieurs: je prétends que dans le cas même où le comte d'Estaing, instruit

---

paru devant Rhode-Island en ligne de combat dès le 29 juillet. Elle avoit appareillé & quitté New-York le 31.

(1) Le maréchal prince de Soubise, qui commandoit l'armée françoise en 1760 à l'affaire de *Filingshausan*, reprocha au duc de Broglio commandant un corps séparé, d'avoir précipité l'attaque dans l'espoir d'obtenir seul la victoire, & celui-ci fut rappelé.

d'une part de l'effroi de la garnifon de New-Port, de l'autre de la nonchalance de Howe (1), eût ainfi préfagé une victoire prefque certaine, il auroit été de fa politique bien entendue de ne pas profiter de fon avantage, parce qu'il fe fût aliéné peut-être les Américains à jamais & préparé nombre de difgraces pour l'avenir. C'eſt donc en derniere ānalife à nos alliés qu'il faut attribuer la mauvaife iffue de cette premiere expédition. En effet, dès que Sullivan, ayant perdu onze jours à raffembler fes milices, eut fait favoir au comte d'Eſtaing qu'il étoit en état de foutenir fon attaque & de le feconder, le général françois ne perdit point de tems; il affembla les capitaines de l'efcadre, non pour tenir confeil, il fçavoit trop que ces fortes de délibérations font toujours timides ; mais pour leur fignifier ce qu'ils avoient à faire, conféquemment au plan d'attaque concerté avec les alliés.

M. D'ECLIEU.

On m'écrit qu'en effet il réunit les officiers commandans, plutôt pour la forme & fa fureté particuliére que pour les confulter réellement; puifqu'il commença par mettre en avant qu'il avoit ordre du roi de forcer le paffage de New-Port, affertion ridicule, en ce que le roi

___

(1) L'amiral Howe ne fe mit en mer de New-York avec fa flotte que le 16 août.

n'avoit certainement pas prévu le cas où il se trouveroit pour lui donner un pareil ordre.

M. ROCHE.

Aussi ne s'annonça t-il pas ainsi. C'est un ridicule que vos camarades ont cherché à lui donner; mais s'il n'avoit pas cet ordre exprès, il l'avoit au moins implicite. Ses instructions étoient de se laisser aller aux impulsions qu'il recevroit des Etats-Unis. Ils avoient le dessein de s'emparer de Rhode-Island ; il falloit donc qu'il suivît les dispositions combinées. Pour la réussite, elle ne pouvoit avoir lieu que par cette attaque vigoureuse, & en ce sens en la formant il exécutoit réellement les intentions de son maître.

Le comte d'Estaing étoit donc bien décidé à tout tenter pour forcer le passage; il ne s'agissoit que de la maniere de s'y prendre. On convint que les vaisseaux entreroient couplés deux à deux, afin de pouvoir éviter plus facilement dans les intervalles d'un couple à l'autre, les brûlots qu'il étoit probable que les ennemis auroient placés; qu'on stationneroit en dehors de la passe le *Protecteur* & la *Provence* qui veilleroient à empêcher la sortie des bâtimens ennemis; mais ces deux vaisseaux avec le *Fantasque* & le *Sagittaire* étant dans la passe de l'ouest, furent obligés de se *Touer* (*) pour sortir

---

(*) *Touer*, c'est tirer ou faire avancer un bâtiment avec

& venir prendre le poſte aſſigné, ce qu'ils n'eurent pas le tems de faire.

Selon les ordres réglés dans le conſeil, le ſamedi huit août à trois heures après midi, les huit vaiſſeaux remplirent leur miſſion; ils ſe trouverent tout étonnés de ſe voir devant la ville de New-Port, ſans avoir éprouvé la réſiſtance qu'ils devoient craindre. L'ennemi n'avoit point profité du tems précieux qu'on lui avoit laiſſé, il ſe croyoit ſi peu en ſureté qu'il mit le feu à ſes magaſins & brûla le bois qui couvroit ſon camp. Le vaiſſeau de la compagnie, le Grand-Duc, & deux frégates qui reſtoient mouillés avec les bâtimens de tranſport ſous la ville, protégés par les batteries, défendus en outre par une ligne de bâtimens coulés bas qui empêchoient nos vaiſſeaux de s'approcher, ne ſe crurent pas en ſureté; ils jugerent plus expédient de ſe brûler tout de ſuite que d'attendre l'évenement (1).

---

un cable, à meſure qu'on roule celui-ci autour du cabeſtan (Note des éditeurs.)

(1) On évalue à plus de deux millions & demi la perte des frégates & chaloupes de guerre brûlés durant le ſiege par les Anglois eux-mêmes, quoiqu'ils en euſſent retiré l'artillerie & les munitions; les principales ſont, la Flore, la Junon, l'Orphée & l'Alouette de 32. Le Faucon de 18 & le Pêcheur de 16 &c.

On évalue à peu près autant une cinquantaine de bâtimens de tranſport coulés bas pour fermer l'entrée du Havre aux François.

M. PILOT.

Quelle belle apparence de fortune!

M. BOYER.

Vraiment, on comptoit si bien sur la prise de New-Port & de Rhode-Island conséquemment, que le bruit en a couru longtems ici. J'avois mandé cette nouvelle à mon correspondant à Londres comme positive. M. de Sartines la croyoit lui-même, M. Franklin aussi; ces Messieurs ne faisoient aucun doute là-dessus.

M. ROCHE.

La timidité & le découragement des Anglois étoient extrêmes. Les François en étoient d'autant plus frappés qu'ils s'attendoient à une résistance opiniâtre & que les moyens ne manquoient pas à leurs rivaux.

Nos vaisseaux mouillerent un peu au nord de la ville, derriere la petite isle Rhode-Island, qui lui est opposée. Sullivan ayant sous lui le général Hancok, ancien président du congrès, & le marquis de la Fayette, débarquoit alors avec dix mille hommes dans le nord de l'isle, protégés par nos frégates. M. d'Estaing en devoit fournir autant de son escadre; on nous avoit envoyé pour cela des bateaux plats. La garnison de nos vaisseaux étant insuffisante, le général y avoit suppléé en enrôlant des matelots.

M. D'ECLIEU.

Oui, cette idée bisarre étoit bien digne de

son auteur. Imaginez-vous qu'on a déjà beaucoup de peine à contenir à bord les matelots qui, la plupart, ont besoin d'être continuellement harcelés de leurs officiers ; jugez quel service on peut espérer de pareils hommes en liberté de se soustraire au danger par la fuite. D'ailleurs, sans tactique, sans discipline, sans habitude à manier des armes, habillés d'une maniere nouvelle, extraordinaire, gênante pour eux, ils ne sont propres qu'à porter le désordre & à piller. On m'écrit qu'il auroit suffi de voir cette grotesque armée pour en juger.

C'est ce qu'on représenta inutilement au comte d'Estaing. On lui objecta que, sans pouvoir espérer aucun avantage du service des équipages, comme soldats, il s'exposoit à perdre des hommes essentiellement nécessaires à ses vaisseaux, impossibles à remplacer ; que l'escadre se trouvoit désarmée, hors d'état de remettre en mer, & qu'elle couroit les plus grands risques si l'ennemi se montroit en ce moment.

M. d'Estaing n'est retenu par aucune considération, lorsqu'il a résolu quelque chose : cette opiniâtreté seroit une bonne qualité, si elle étoit le fruit de la réflexion, de la prévoyance, ou qu'elle fût commandée par la nécéssité ; mais ce n'est qu'une suite de sa présomption & de son étourderie : c'est l'homme du moment qui ne songe jamais à l'avenir, qui se commet sans cesse au hazard, ne doute de rien & se voit toujours triomphant partout ; bientôt au moindre revers, à la moindre contrariété, il perd la tête. C'est ce qui arriva en cette occasion.

Il étoit trois heures après midi du 9 août, lorsque *le Guerrier*, qui appareilloit pour protéger la descente, signala l'ennemi. Le marquis de la Fayette qui comptoit peu sur les milices américaines, pressoit la descente des nôtres. Il avoit annoncé qu'il s'étoit emparé d'un fort dans le nord de l'isle. Déjà nos soldats & matelots étoient embarqués dans les batteaux plats, quand la nouvelle de l'apparition de l'escadre angloise fit changer le plan d'attaque en celui de défense.

Tous les capitaines de vaisseaux commandans retirent dans le moment leur monde sans attendre l'ordre du général, qui, consterné d'un évenement tout simple à prévoir, restoit dans une inaction funeste. La position de l'escadre étoit dangereuse; il falloit en changer, pour ne pas la laisser exposée aux brûlots dont elle alloit être assaillie évidemment ; chacun le disoit & l'on perdoit le tems à le dire. Le comte d'Estaing revenu a lui, mais ne sçachant quel parti prendre, cachoit son irrésolution sous l'apparence du sang-froid & de la sérénité ; il étonnoit par son calme dissimulé & ne diminuoit pas les inquiétudes. Un autre eût tenu conseil; on crut qu'il alloit en venir là, lorsqu'à la nuit il fit assembler les officiers généraux & capitaines commandans. Point du tout, il n'en fut pas question. M. d'Estaing donna

seu-

seulement le plan d'un embossage le plus mal conçu qu'on puisse imaginer, dont le desavantage s'offroit au coup d'œil du marin le moins instruit; on se récria contre, l'on fit des réfléxions judicieuses, on fit sentir que dans la position ordonnée, les vaisseaux seroient dans l'impossibilité d'éviter aucun des brulots de l'ennemi, sans qu'on y gagnât l'avantage d'une plus belle défense.

On savoit d'avance que ces représentations ne seroient pas écoutées; mais le bien du service les exigeoit: on vouloit n'avoir du moins rien à se reprocher. Le général persistant, on travailla toute la nuit pour se poster comme le desiroit le comte d'Estaing: il étoit jour, les équipages étoient rendus de fatigue, que l'on n'avoit pas encore pu s'amarrer, on s'attendoit à la catastrophe la plus térrible; heureusement le hazard, le dieu de ce général, sur lequel il compte, vint à son secours.

Mais, ma foi, Messieurs, je suis épuisé de parler, j'en ai encore long à vous raconter, il est tard; remettons, je vous prie, la séance & je me recueillerai encore mieux pour récapituler mes lettres, nous ne sommes qu'au commencement; j'ai bien d'autres sottises du comte d'Estaing à vous apprendre.

M. ROCHE.

Et moi, Messieurs, je vous prie, de ne

pas vous prévenir contre ce général, qui peut avoir fait des fautes, mais qui certainement a des qualités rares, une très-grande, inestimable, & dont ne peut se glorifier aucun officier général de la marine, c'est qu'il est craint des Anglois; c'est le seul qu'ils soient fâchés de se voir en tête: opposez-leur tout autre; ils en riront.

M. D'ECLIEU.

Oui, vous verrez, Messieurs.

LE CHŒUR *de nouvellistes.*

Oh! il n'est que cet homme-là qui puisse mettre les Anglois à la raison, c'est l'opinion générale.

Nous nous séparâmes en ce moment, Milord. La suite au prochain ordinaire.

Paris ce 25 décembre 1778.

LETTRE VII.

Suite du sujet précédent.

Je n'ai rien eu de plus pressé, Milord, que de retourner au rendez-vous pour apprendre les détails d'évenemens si importans, que la destinée de l'Amérique en dépendoit, pour connoître surtout par les faits ce comte d'Estaing dont on parle tant, auquel on a une si grande confiance en ce pays-ci, & que déprime si fort la jalousie des officiers de la marine. Les deux contendans qui devoient principalement occuper la scene s'y étoient rendus les premiers, ils ne tarderent pas à se mettre aux prises en présence de tout le Club des nouvellistes, dont le bruit de la dispute avoit grossi la foule.

M. D'Eclizu.

M. Roche vous a dit la derniere fois, Messieurs, que les Anglois redoutoient beaucoup le comte d'Estaing: eh bien, la preuve c'est que l'amiral Howe avec son escadre inférieure en nombre & qui n'étoit composée que de petits vaisseaux (1) ne craignit point de sortir de New-

_____

(1) Voyez précédemment sa composition dans la lettre 143, datée du 15 mai. Cependant le *Cornwal* de 27 de

York & de venir attaquer l'escadre françoise dont le moindre bâtiment valoit presque le plus fort des siens.

M. ROCHE.

Oui; mais quand, comment & pourquoi sortit-il? Lors qu'instruit de tous nos mouvemens par l'infidélité des Américains du parti royaliste, particulierement d'un traître qui nous avoit été donné par le congrès, prévenu du débarquement de nos troupes & matelots, il savoit qu'il n'auroit affaire qu'à des coques de vaisseaux & que la réussite seroit certaine. Il avoit été si bien averti, il mit tant de diligence à apareiller, que l'escadre parut dix-huit heures après notre mouillage devant New-Port: il avoit combiné que le vent, qui dans ces parages souffle constamment en été de la partie du sud-ouest, favoriseroit son entrée & empêcheroit absolument notre sortie. Dans cet espoir, il avoit amené avec lui tout ce qu'il falloit pour nous détruire, bombardes, brûlots, troupes de débarquement: il se seroit servi de celui-ci pour s'emparer de l'isle *Cononiant* que nous avions négligée, d'où l'on auroit pu nous réduire à loisir en y établissant des batteries de canons & de mortiers.

---

l'escadre de l'amiral de Byron, arrivé vers le 1er août à New-York, devoit s'y être joint, ce qui faisoit un douzieme vaisseau auquel se joignit le *Monmouth* de 64, comme le lord Howe étoit en mer.

M. GIRARD.

Quel maître homme que ce lord Howe que vous accusiez de nonchalance ?

M. ROCHE.

Vraiment, c'est qu'il ne vouloit pas se mesurer en rase campagne avec le comte d'Estaing.

M. D'ÉCLIEU.

Ou plutôt c'est qu'il attendoit que le comte d'Estaing fît quelque sottise, afin d'en profiter, & celui-ci venoit de la faire & bien haute, & sans un miracle il l'auroit payée bien cher. Imaginez-vous, Messieurs, que, précisément au moment où le lord Howe, par ses sages mesures, comptoit sur la destruction aussi entiere que facile de notre escadre, où, ne perdant pas un instant, il alloit donner dans la passe du fanal; le démon des vents, comme aux ordres du comte d'Estaing, les fit changer tout-à-coup; ils sauterent au nord & renverserent toutes les espérances de l'amiral anglois; bien plus, ils le mirent dans la position où il comptoit nous trouver & dans un danger encore plus grand, puisqu'il nous étoit infiniment inférieur. Cependant nous l'ignorions : en général on étoit instruit dans l'escadre qu'une au moins aussi considérable que la françoise, étoit sortie des ports d'Angleterre; elle pouvoit en ce moment être réunie à celle du lord Howe, c'étoit même à présumer, & cependant par la lenteur & l'étourderie ensuite du comte d'Eſtaing, nous en étions réduits au point de regarder comme un bonheur de pouvoir nous préſenter devant ces forces ſupérieures & les braver; il n'y avoit point d'alternative, puiſque notre perte, ſi nous ne profitions du moment, ſi nous reſtions dans la rade, devenoit infaillible.

D'un autre côté, la prévoyance du général, tant vantée pour l'approviſionnement de ſon eſcadre, étoit en défaut, au point que nous manquions d'eau pour pouvoir tenir la mer: on y ſuppléa en réduiſant les officiers à trois gobelets d'eau par jour & les matelots à deux. Enfin, pour comble de mauvaiſe diſpoſition, le *Protecteur* étoit échoué dans la paſſe de l'oueſt, & l'on déſeſpéroit qu'il pût ſuivre la *Provence* qui, plus adroite, étoit venue ſe rejoindre au gros de l'eſcadre en voyant paroître l'ennemi.

M. ROCHE.

Au moins, conviendrez-vous que le général françois ſe conduiſit en cette occaſion avec beaucoup de tête & de préſence d'eſprit. D'abord, dans la crainte d'expoſer l'eſcadre à reſter en calme ſous une batterie terrible (1), dont il falloit néceſſairement eſſuyer le feu, il s'aſſura ſi le vent étoit bien établi dans la paſſe: alors il fit le ſignal de couper les cables (2), & y

———

(1) La batterie de *Bretonpoint*.
(2) Cette manœuvre eut lieu le 10 août à ſept heures du matin.

fit porter les vaisseaux de l'avant-garde à petites voiles pour laisser le tems aux autres de se mettre en ligne. Il s'agissoit de franchir une seconde fois le passage; les batteries étoient considérablement renforcées & rendoient cette manœuvre plus difficile & plus hardie que la première fois. Elle réussit au moyen de ce bon ordre, & le feu des premiers vaisseaux bien soutenu favorisa la sortie du reste de l'escadre, qui en fut quitte pour soixante hommes hors de combat.

M. D'ECLIEU.

Oui, mes camarades rendent justice en cela au comte d'Estaing; mais encore plus à la bravoure des équipages, qui, excédés de fatigues, soutinrent le choc avec la plus grande fermeté & témoignoient une impatience extrême de joindre l'ennemi. A peine fut-on hors de la passe, qu'on vit avec plaisir *le Protecteur*, dégagé des dangers qu'il avoit courus de son côté, se réunir à l'escadre, & ce commencement de bonne manœuvre faisoit bien augurer du reste & devenoit un présage de la victoire.

On distinguoit alors la flotte ennemie vers l'isle voisine (1), où elle étoit mouillée, qui coupoit ses cables & mettoit à la voile avec tout l'empressement de la crainte. Les vaisseaux formés en ligne couvroient les frégates & autres

---

(1) Appelé Black-Island.

petits bâtimens de guerre qui reſſembloient à un convoi (1), & qu'on mit ſous le vent; le reſte ſe plaça en échiquier dans le meilleur ordre poſſible & prit chaſſe, nous pûmes alors diſtinguer les batteries de ces vaiſſeaux, & nous reconnûmes que nous n'avions affaire qu'à l'eſcadre du lord Howe, ce qui augmenta nos eſpérances. Ce général, monté ſur la frégate *la Venus*, parcouroit ſa ligne, établiſſoit l'ordre & n'oublioit rien de ce qui pouvoit aſſurer ſa retraite. On jugea bientôt que ſon objet étoit de ſéparer les petits bâtimens, afin d'être débarraſſé du ſoin de leur conſervation. Ceux-ci ſembloient vouloir en effet ſe réfugier à *Black-Island*.

Le comte d'Eſtaing cependant, après être ſorti de la paſſe en ordre de combat, ſans avoir égard à la bonne contenance de l'ennemi, avoit fait le ſignal de chaſſe générale & de forcer de voiles, enſorte que ſes vaiſſeaux avoient rompu leur ligne abſolument & pourſuivoient l'eſcadre angloiſe, comme ſi c'eût été un convoi; cette ardeur imprudente pouvoit ſe motiver ſur la ſupériorité reconnue qu'on avoit; mais, ce qui eſt inexcuſable, c'eſt la conduite inopinée du comte en cette occaſion. Rappelez-vous la fable
(1)

---

(1) Il y avoit en tout 37 voiles dont 13 vaiſſeaux de ligne & 11 frégates: le reſte conſiſtoit en bombardes, galeres ou corvettes.

(1) de la chatte, métamorphosée en femme, qui, à la vue d'une souris, oublie tout-à-coup sa dignité, & court après, emportée par la force de son naturel ; de même à la vue de ces petits bâtimens qui veulent lui échapper & semblent prendre une autre destination que l'escadre angloise, il ne songe plus qu'il est le général d'une grande armée, il croit encore faire son ancien métier de flibustier & de pirate ; il se sépare du corps de son escadre, qui faisoit route sur les vaisseaux ennemis, & court sus à ces petits bâtimens, range la terre de *Black-Island*, comme pour leur couper la retraite.

LE CHŒUR *de nouvellistes.*

Oh ! l'on ne peut approuver cela : un général ne doit jamais quitter son poste.

LE BARON DE KNIPAUSEN.

Il falloit qu'il détachât quelque frégate.

M. ROCHE.

Il n'y en avoit point assez dans l'escadre ; du reste, le comte d'Estaing n'étoit point sûr que ses signaux fussent exécutés avec la précision qu'il auroit fallu : un excès de zele l'emportoit.

M. D'ECLIEU.

Allons, Monsieur Roche, on ne peut voir une telle manœuvre de sang froid : chasser de

_____

(2) De la fontaine.

petits bâtimens, lorsqu'il y a une escadre de 13 vaisseaux en ligne, s'exposer à perdre l'avantage du vent, à se voir séparé des siens par quelque accident imprévu, c'est une sottise pommée, une vraie faute d'écolier.

M. ROCHE.

On a dû vous marquer aussi que le comte d'Estaing ne perdoit point de vue les siens; que lorsqu'il vit M. de Barras chassant le premier à l'avant-garde, comme le plus ancien capitaine de l'escadre, sur le point d'être engagé seul avec l'ennemi & forcé de diminuer de voile pour attendre les autres vaisseaux, il ne tarda pas à quitter sa chasse, à rejoindre & à reprendre son poste.

M. D'ECLIEU.

M. de Barras! voilà un homme! un excellent manœuvrier & une bonne tête! Il s'est montré plus digne de commander que le général & ses deux acolytes ensemble; il a déployé dans cette occasion une expérience consommée. Il suivoit tous les mouvemens de l'ennemi, servant de frégate à l'escadre qui n'avoit besoin que de l'observer. Point du tout, pendant que le comte d'Estaing perdoit le tems à sa chasse marchande, les autres capitaines se négligeoient ou ne suivoient pas M. de Barras avec la vivacité nécessaire, ensorte que trop près de l'ennemi pour ne pas craindre de se voir enveloppé de toute l'escadre angloise sans être soutenu, pour peu qu'il forçât encore de voiles, il fut obligé d'en amener & de rallentir sa marche.

Tout cela ne seroit point arrivé, si le comte d'Estaing eût continué à veiller sur son escadre; elle s'étoit dispersée pendant son absence; elle s'approchoit de l'ennemi, mais dans un désordre incroyable. Il fallut rétablir l'ordre, faire reprendre à chacun son poste; nouvelle perte de tems. Le lord Howe profitoit de tous ces délais: conservant toujours la forme de l'échiquier, il tenoit la bordée du large, vent arriere, tandis que le convoi tenoit une route différente. La nuit se formoit; non-seulement il ne falloit plus songer à combattre ce jour-là; mais il falloit opter laquelle des deux portions de la flotte ennemie on conserveroit: il n'y avoit pas à hésiter, & le général convint d'envoyer en avant un bateau américain qui nous avoit suivis. Le patron reçut des signaux arrangés, par lesquels il annonceroit si l'amiral Howe faisoit route pour New-York, ou la changeoit pour retourner à New-Port.

M. Roche.

Le lord Howe étoit bien capable de cette manœuvre; dont l'idée n'avoit point échappé au comte d'Estaing. Il auroit mis à sec dans l'obscurité de la nuit, de sorte que le lendemain matin il se seroit trouvé cinq ou six lieues de l'arriere, par conséquent au vent, maître de nous devancer à New-Port & de s'y moquer de nous. L'ennemi auroit d'autant plus impunément tenu cette marche, que le bateau américain étoit encore un traître, qu'il ne fit aucun signal, & qu'on ne le revit plus à la pointe du jour.

M. D'ECLIBU.

Soit; mais on revit l'ennemi; toute la belle spéculation du comte s'évanouit: le lord Howe couroit l'échiquier dans le même ordre que la veille & faisoit de la voile tant qu'il pouvoit pour s'éloigner de nous.

M. ROCHE.

Malgré cette diligence on l'eût joint bien plutôt si l'on avoit suivi les signaux du général de se couvrir de voiles, de mettre tout dehors, les bonnettes, les voiles d'étal : on ne lui obéissoit pas; en vain il lâcha des coups de canon toute la journée; plusieurs capitaines se négligeoient, ils diminuoient de voiles, même lorsqu'ils étoient de l'arriere; ensorte qu'il se trouva que *le Languedoc* fut le premier vaisseau à atteindre l'arriere-garde de l'ennemi. Reprocheroit-on encore au comte d'Estaing d'avoir manqué à sa dignité; de s'être trop exposé en devançant une chasse qu'il n'auroit dû que suivre? C'étoit d'impatience & de rage de voir qu'on lui fît manquer la plus belle occasion de combattre & de vaincre les Anglois. Au reste, il faut rendre justice à M. de Barras, *le Zélé* couroit avec la même ardeur & joignit en même tems que le général ; mais ce fut le seul.

M. D'ECLIEU.

Oui, Monsieur, on critique encore dans mes lettres cette marche peu mesurée du comte d'Estaing qui donnoit ainsi l'exemple du désordre, ensorte que quand il falut combattre, personne n'étoit à son poste.

M. ROCHE.

Eh! de quoi servoit la régularité en cette occasion ? Il s'agissoit uniquement d'attaquer le plutôt possible, sans avoir égard au rang ni à l'ancienneté & de se placer où l'on se trouvoit. C'étoit indifférent pour le succès, puisque le plus gros vaisseau ennemi n'étoit presque pas plus fort que le moindre des nôtres, au contraire par une fatalité inconcevable, ou plutôt par une mauvaise volonté décidée, ces Messieurs, interprétant à contre-sens le signal du comte, s'obstinerent à vouloir prendre le poste assigné au rang de leur vaisseau dans l'ordre du combat réglé, ce qui fit perdre un tems précieux, jusqu'à ce qu'il survint un coup de vent si violent qu'il ne fut plus question de penser à combattre; mais de parer aux accidens qu'il devoit causer dans la nuit commençante.

M. BOYER.

Une remarque fort singuliere, Messieurs, & qui prouve combien nous sommes les jouets d'une aveugle deſtinée qui conduit les affaires de ce bas monde, qui vérifie de plus en plus ce proverbe ancien ſi connu, *Nos dii ludunt ut pilas*; c'eſt que vous venez de louer & avec raiſon notre ſortie de Rhode-Island néceſſitée & mettant le lord Howe en apparence à notre merci avec ſon eſcadre ! Eh bien, comme je le trouve obſervé par un politique de New-York dont la lettre (1) eſt inſérée dans mon *Courier de l'Europe*, ſi le comte d'Eſtaing fût reſté deux fois vingt-quatre heures de plus dans le port, il étoit à l'abri du coup de vent, ſon ennemi l'eſſuyoit tout entier ; il l'auroit bientôt défait, comme il auroit voulu ; Rhode-Island tomboit au pouvoir des François, & l'on ne peut calculer les ſuites de cette victoire ; peut-être l'Amérique feroit libre en ce moment.

M. D'ECLIEU.

Nous ne ſommes pas ici pour calculer les poſſibilités, mais les ſottiſes du comte d'Eſtaing, qui malheureuſement ſont innombrables. Il commença par payer celle qu'il avoit faite, en ſortant de Toulon, contre l'avis de tous les officiers, de n'avoir pas aſſuré ſa mâture ; le lendemain de l'ouragan nous apperçumes *le Languedoc* démâté de tous ſes mâts, nu comme un ponton, ce qui lui cauſa l'humiliation de ſe voir enſuite attaqué impunément par un vaiſſeau

―――――

(1) En date du 25 août 1778.

de cinquante canons: il est vrai que si, lorsque ce vaisseau l'a prolongé, il ne s'étoit pas obstiné à le croire hollandois, il pouvoit avec une artillerie aussi supérieure commencer par le couler bas, ou du moins par le mettre hors d'état de faire aucun mal. N'ayant pas profité du moment, il couroit risque, au contraire, d'en être pris; ce qui fût infailliblement arrivé, si ce vaisseau eût eu seulement pour capitaine un homme ordinaire. Quel avantage n'avoit-il pas sur un vaisseau sans mâts & sans gouvernail; il pouvoit se porter de l'avant, & tirer comme à un but.

M. LE COMTE DE CATUELAN.

Oh! Monsieur, pour dénigrer davantage le comte d'Estaing, ne décriez pas un brave homme, le commodore Hotham (1): comptez qu'il a fait tout ce qu'il a pu. Vraisemblablement lui-même n'étoit pas fort à son aise; il avoit eu aussi sa part du coup de vent; il devoit craindre qu'il ne survînt quelque vaisseau françois en meilleur état; enfin, la nuit le nécessitoit d'user de précaution pour n'être pas pris lui-même; du reste, je suis bien-aise, à cette occasion, de vous observer que les Anglois sçavent se battre non-seulement de vaisseau à vaisseau; mais d'un très-inférieur avec un supérieur, & que le vieux

___

(1) Qui montoit *le Preston*, vaisseau anglois de 50 canons, qui a eu un engagement particulier avec *le Languedoc* de 90 canons.

préjugé qu'il en faudroit deux anglois pour en attaquer un françois s'est trouvé bien faux; car ici les trois de cette nation qui ont donné étoient tous de 50 seulement contre deux de 90 & deux de 74 (1) de la nôtre.

LE CHŒUR *de nouvellistes.*

C'est-il possible ? Quand cela seroit vrai, est-ce que cela doit se dire ? Oh, l'anglomane !

M. DE CATUELAN.

Oui, Messieurs, ce n'est que trop vrai : & quand je le tairois, l'histoire ne le taira pas.

M. D'ECLIEU.

On n'en peut disconvenir ; mais il faut ajouter qu'à l'égard du *Marseillois*, plus adroit que le *Languedoc*, il maltraita si fort son adversaire en lui lâchant sa bordée à la portée du pistolet, qu'il lui ôta l'envie d'y revenir ; & s'il ne s'en empara pas, c'est que, démâté de son beaupré & de son mât de misaine, il lui étoit impossible de manœuvrer, & il étoit obligé d'abord de se réparer.

---

(1) Le *Renown* de 50, capitaine Georges Dawson, a eu affaire au *Marseillois* de 74, commandé par M. de la Poype de Vertrieux, & *l'Isis* aussi de 50, capitaine Raymor, a combattu *le César* monté par M. de Broves, chef d'escadre. Les deux premiers ont combattu dans la nuit du douze août, & le combat du dernier est du seize août.

M. ROCHE.

Et quant à l'*Isis*, ce vaisseau auroit sans doute été enlevé, malgré la présence de quatre des siens, trop éloignés pour pouvoir le secourir à tems, si des fautes de manœuvre répétées n'avoient ôté au *César* tout l'avantage de sa supériotité.

M. DE CATUELAN.

C'est précisément ce que je dis. L'habileté de nos ennemis répare l'inégalité des forces & rétablit l'équilibre.

M. LE COMTE DE NOLIVOS.

Mon cher, respectez au moins M. de Broves (1); un bras cassé mérite quelque indulgence.

M. DE CATUELAN.

C'est un brave homme, j'y consens; mais c'est un mauvais marin.

M. ROCHE.

Et M. de Breugnon, le second de l'escadre, celui qui l'auroit commandée après le comte d'Estaing; aprenez que le 12, le lendemain du coup de vent, *le Languedoc*, *le César*, *le Marseillois* manquant, il se trouva commander les neuf autres vaisseaux qui n'étoient point endommagés par la tempête. Le même soir vers les

---

(1) M. de Broves a eu, dit-on, un bras cassé dans son combat.

10 heures, on entend comme le bruit d'un combat; bientôt on n'en peut douter, puisqu'on distingue facilement le feu & qu'on compte les coups de canon. On l'en avertit, on lui crie au porte-voix que c'est sûrement quelqu'un des nôtres aux prises avec l'ennemi; on le prie de regarder du moins, puisqu'il ne veut pas écouter, il ne veut rien croire, il ne veut pas revirer du côté que vient le bruit, il continue sa route opposée sans sçavoir pourquoi, jusqu'à minuit, qu'il met en panne pour attendre le jour.

S'il eût reviré, ainsi que le sens commun l'exigeoit, il se seroit trouvé le matin près du vaisseau qui combattoit *le Marseillois*, qu'on a sû depuis être celui attaqué en ce moment; il l'auroit pu prendre; il auroit pu s'emparer aussi de celui qui avoit attaqué *le Languedoc*; & nous en aurions immanquablement rencontré plusieurs autres de l'amiral Howe qui auroient également été notre proie. C'est ainsi qu'une manœuvre absurde, ridicule, lâche; car il faut lui donner la véritable épithete qui lui convient; nous a empêché de profiter de l'avantage de notre réunion, & laissoit nos vaisseaux séparés & maltraités, exposés à tomber sans défense au pouvoir de l'ennemi.

M. D'ECLIZU.

Ne blâmons point nos maîtres sans les entendre.

M. ROCHE.

Pourquoi critiquez-vous donc si amèrement le comte d'Estaing?

M. D'ECLIEU.

C'est que ce n'est encore qu'un écolier. Dans ces entrefaites l'amiral Byron arrivoit fort maltraité lui-même de coups de vents différens, car c'est un général malheureux qui fait souffler les tempêtes partout où il va. On en a connoissance, la *Princesse-Royale* qu'il monte passe assez près de nous pour être chassée & être prise avec de bonnes manœuvres. Que fait le comte d'Estaing? Au lieu de la faire suivre par le *Tonant* & *l'Hector* qui étoient au vent à elle, & d'ailleurs deux vaisseaux en état seuls de la réduire; il envoie à la poursuite un vaisseau de 64 & un de 50 (1) qui étoient sous le vent. Vous sentez qu'ils ne firent qu'une course vaine qui dut beaucoup faire rire l'ennemi; mais ce n'étoit qu'une faute légere auprès de celle de retourner à New-Port dans l'état de délabrement où il étoit avec des vaisseaux hors d'état de doubler les caps & de naviguer autrement que vent arriere; d'ailleurs ne pouvant ignorer qu'il alloit avoir désormais affaire à des forces formidables qui ne manqueroient pas de venir l'y chercher.

―――――

(1) *Le Fantasque* & *le Sagittaire* contre une citadelle de 90 canons.

M. ROCHE.

Vous ne favez donc pas ce qu'il répondit aux capitaines qui lui faifoient des repréfentations fur une manœuvre auffi courageufe & auffi hardie ? Il leur dit qu'il avoit engagé fa parole d'honneur au général Sullivan de revenir le feconder dans un fiege que l'autre n'avoit entrepris que fous fes aufpices. Vous ne favez donc pas que le comte d'Eftaing ayant tout tenté fans fuccès pour faire entrer fon vaiffeau dans le port de la ville affiégée, & forcé de prendre le chemin de Bofton, l'Américain lui en fit des reproches amers, lui dit qu'il ne fuivoit pas certainement les inftructions qu'il avoit reçues de fa cour; que l'efcadre du roi de France étoit faite pour fe brûler fi, en s'y expofant, elle pouvoit être utile aux peuples qu'il venoit fecourir.

M. D'ECLIEU.

Je fais que ce Sullivan étoit un perfide, ou du moins que fa conduite devoit le faire foupçonner d'intelligence avec nos ennemis pour travailler à notre perte; je fais qu'il a eu l'indignité pendant le fiege de faire à notre nation l'outrage de donner pour mot que *les François étoient des traîtres qui l'avoient lâchement abandonné*; mais je fçais auffi que le marquis de la Fayette réprima fur le champ l'infolence des propos de Sullivan & l'obligea de fe rétracter. Il me femble que M. d'Eftaing, fi altier, auroit pu en faire autant, & surtout s'embarrasser peu des reproches du général américain, lorsqu'il avoit pour lui le suffrage des officiers généraux & des capitaines de son escadre.

M. BOYER.

Permettez-moi, Messieurs, de vous interrompre un moment à l'occasion de l'anecdote du marquis de la Fayette. Ne confondez-vous point? Je trouve bien, dans *mon Courier de l'Europe*, qu'il porta un défi au lord Carlisle, chef des commissaires pacificateurs envoyés vers le congrès, pour avoir raison des expressions injurieuses contre la France, qui l'avoient choqué dans leur déclaration (1); mais je ne vois rien de relatif à ce que vous nous racontez.

---

(1) Adressée au congrès en date du 26 août 1778. Au reste, Milord, j'ai relu exprès cette déclaration, & il me semble que le marquis de la Fayette est bien susceptible. Voici les phrases les plus fortes que j'aie trouvées. ,, Lesdits commissaires sont effrayés des calamités dont ,, les peuples malheureux de ces colonies continuent d'être ,, affligés par une suite de la déférence aveugle que ses ,, chefs marquent à une puissance qui s'est toujours ,, montrée *l'ennemie de toute liberté civile & religieuse*, ,, & dont les offres (les commissaires de S. M. ne peu- ,, vent se dispenser de le répéter) quelle que puisse être ,, leur date prétendue & leur forme présente, n'ont été ,, faites qu'en conséquence du plan de conciliation anté- ,, rieurement arrêté en Angleterre; uniquement dans la ,, vue d'empêcher que cette conciliation n'eût lieu, & ,, de prolonger cette guerre destructive...
,, La France informée de la nature généreuse & étendue

M. D'Eclieu.

Ce n'en eſt pas moins vrai, Monſieur; votre gazette ne dit pas tout ce qu'on trouve dans les lettres particulieres.

Le Comte de Nolivos.

Oh! l'anecdote eſt très-ſure; elle fait infiniment d'honneur au marquis de la Fayette.

M. de Catuelan.

On ne peut en diſconvenir. Quant à ſa conduite à l'égard du lord Carliſle, je n'en penſe pas de même; elle eſt bien leſte & d'un jeune homme qui n'a rien vu ni lu encore en politique; il auroit appris que les ſouverains ſe diſent bien d'autres injures dans leurs manifeſtes; auſſi le commiſſaire anglois lui a-t-il répondu avec une dignité qui a dû le faire rougir de ſon étourderie.

Le Comte de Nolivos.

La lettre du marquis de la Fayette annonce

„ des offres que l'on ſe propoſoit de faire, dans la vue
„ de prolonger la guerre, & de rendre ces colonies
„ les inſtrumens de ſon ambition, crut expédient de
„ donner une nouvelle forme & plus d'étendue à ſes
„ propoſitions...

„ Lorſque les deſſeins de la France ſont conſidérés
„ comme ils doivent l'être, les motifs peu généreux de
„ ſa politique, & le degré de foi dû à ſes déclarations
„ ſont ſi frappans au premier coup d'œil, qu'il ſeroit
„ ſuperflu de chercher à leur donner de l'évidence.

peut-être une trop grande susceptibilité, une envie prématurée de se signaler; mais elle est au fond généreuse, digne d'un loyal chevalier, & d'un bon patriote. Celle du comte de Carlisle est très-sage & très-bien motivée; chacun a joué son rôle.

LES NOUVELLISTES *en chorus.*

Oh! brave la Fayette, le vengeur de la nation, conserve toujours cette sensibilité rare!

M. GIRARD.

Messieurs, cette digression nous a fait perdre de vue la suite des faits. Nous en étions au moment où le comte d'Estaing ne pouvant entrer dans New-Port, fut obligé de chercher un autre asile.

M. ROCHE.

C'est ici où son intrépidité se manifesta. Il ne lui restoit d'autre parti à prendre que d'aller à Boston; il se sentoit suivi en queue par l'escadre de Biron bien supérieure: il avoit perdu du tems, & l'ennemi pouvoit lui couper le chemin & se trouver le premier devant le port à l'attendre, il n'hésita pas: pour abréger, il enfila une route entre des bancs (1), où, de l'aveu de nos prisonniers, jamais aucun vaisseau anglois ne s'étoit avisé de passer; il eut la gloire de frayer le chemin à l'amiral Byron qui profita de

---

(1) Les bancs de Saint-Georges & Nantuket.

son exemple, ensorte que tandis qu'on se flattoit que cet ennemi feroit le grand tour (1), on fut étonné de le voir signalé deux jours après le mouillage de l'escadre dans la baie de Boston. En arrivant, on avoit tenu conseil si l'on s'établiroit dans la rade de Nantuket ou dans celle du congrès : on représenta que le premier mouillage étoit très-dangereux, la tenue mauvaise; que l'escadre n'y pouvoit pas rester en sureté, qu'il falloit entrer dans la rade du congrès, le plutôt possible, comme le seul endroit ou l'on pût être à l'abri des entreprises des Anglois. Le motif secret de la préférence étoit que l'on y seroit plus près de la ville de Boston, où chacun avoit grande envie d'aller. Le comte d'Estaing ne démêlant point la vraie cause de l'accord unanime des officiers sur ce point, en fût dupe. Déjà trois vaisseaux étoient entrés, lorsque Byron parut. Cette apparition fit ouvrir les yeux & reconnoître sa faute au général François; il comprit qu'il alloit se mettre dans la souricière; que s'il laissoit l'ennemi se loger dans la rade de Nantuket, avec seulement six vaisseaux & des troupes pour occuper les isles, il nous tiendroit bloqués autant de tems qu'il le jugeroit convenable à ses intérêts; qu'il ne pourroit pas sortir un corsaire de Bos-

---

(1) En tournant autour de banc de Saint-George.

Boston; il envisagea avec effroi tout le danger qu'il auroit couru & se hâta de prendre poste à Nantuket.

M. D'ECLIBU.

Mes correspondans s'accordent avec vous là-dessus; si l'ennemi eût paru vingt-quatre heures plus tard, tous les vaisseaux auroient été emprisonnés dans la rade du congrès & y seroient vraisemblablement encore; ainsi la précipitation de Byron à poursuivre le comte d'Estaing l'a sauvé. Voyez ce que c'est que son étoile qui tourne à son avantage l'activité de son rival; elle l'a sauvé même dans cette rade de Nantuket, où, si l'ennemi étoit venu l'attaquer, il l'auroit trouvé sans défense; où l'escadre françoise étoit mouillée sans ordre, comme dans un port fortifié; où il passa trois jours sans faire élever de batteries, ainsi que le prescrivoit la prudence, & qu'on le lui conseilloit; où l'amiral anglois auroit eu certainement bon marché de vaisseaux tenant la mer depuis plus de quatre mois, manquant de mâture, d'agrès, d'apparaux, de munitions de toute espece, dont les équipages d'ailleurs étoient épuisés, exténués de fatigue, malades, découragés.

Que de graces le comte d'Estaing doit rendre à la providence! car réellement on ne sait point ce qui l'a sauvé; on présume seulement que nos ennemis nous estimoient dans une meilleure position; on présume que le monde que nous avions sur l'isle Saint-George & Nantuket, occupé à traîner des canons, leur a fait croire que nous avions établi déjà des batteries & qu'on ne faisoit que commencer : peut-être aussi comptoient-ils s'emparer du mouillage de Nantuket pour nous bloquer, & ont-ils été déconcertés de nous y trouver.

M. ROCHE.

Ce danger passé, par la retraite des Anglois, le comte d'Estaing en a éprouvé d'autres qui pouvoient nous être plus funestes & qui exigeoient des ressources de génie d'une nature bien différente de celles que suggerent la bravoure, l'intrépidité ou même les connoissances les plus étendues, la science la plus consommée du métier. Sullivan, non content de lui avoir écrit une lettre injurieuse à son départ de New-Port, que, pour toute réponse, le général François avoit adressée au congrès, lui en écrivit encore une autre à Boston ; où il lui reprochoit d'avoir fui sans motif raisonnable, où il lui marquoit qu'il attendoit le retour de son escadre pour accélérer la conquête de Rhode-Island.

Dans tout autre gouvernement cette imprudence auroit été réprimée ; mais dans cette république naissante le peuple fait la loi, & celui-ci étoit prévenu contre nous. Non-seulement les lettres de Sullivan, mais celles de toute son armée avoient indisposé leurs concitoyens de Boston au point qu'on mit en délibération si l'on nous recevroit. Le meurtre du comte de Saint-Sauveur (1), commis impunément (2) dans cette capitale par les Torys, prouve combien nous étions détestés. Quelle adresse n'a-t-il donc pas fallu de la part de notre général pour ramener les esprits, contenir du moins les malveillans & obtenir les secours dont nous avions besoin ?

Les vivres étoient la premiere chose dont nous manquions, à nous pourvoir : le comte d'Estaing produisit ses instructions qui l'autorisoient à demander des comestibles dans toutes les parties des Etats-Unis où il se rencontreroit; il pria en conséquence le Magistrat de faire son possible afin de le mettre en état de remplir sa destination ultérieure ; après bien des pourparlers & des délibérations on ne satisfit qu'à une partie de ses demandes (3).

Il falloit aussi des mâtures, surtout pour le

―――――――――――

(1) Lieutenant de vaisseau de l'état major du *Languedoc.*

(2) Il avoit été cependant rendu pour la forme de satisfaction apparente, une ordonnance promettant 300 piastres à quiconque déceleroit les auteurs du tumulte dans lequel le comte de Saint-Sauveur avoit été tué, & plusieurs officiers blessés, ordonnance dont le comte d'Estaing à eu la politique de paroître content, quoi qu'elle n'ait rien produit.

(3) Le comte d'Estaing avoit principalement exigé 1200 quintaux de farine, & on lui allégua qu'il n'étoit pas possible de le pourvoir d'une telle quantité.

H 2

Languedoc, on n'en put obtenir de convenables à ce vaisseau; il fallut qu'il prît celles du *Tonant* de 80; *le Tonant*, celles d'un vaisseau de 74, & ainsi de proche en proche jusqu'au *Sagittaire* de 50 pour lequel seul il s'en trouva de suffisantes.

Cependant le général américain, qui se morfondoit devant New-Port, ne se lassoit pas d'injurier le comte d'Estaing de ce qu'il tardoit trop longtems à revenir: ses invectives & ses menaces ne produisant aucun effet, il prit le parti d'envoyer M. de la Fayette vers son compatriote. Ce généreux chevalier fit le trajet de l'armée à Boston à cheval avec une diligence incroyable (1), & ayant jugé par lui-même de l'impossibilité du secours attendu, étoit revenu précisément la nuit de la belle retraite de Sullivan (2); car, malgré sa déloyauté, il faut rendre justice au talent de cet américain.

L'expédition de Rhode-Island manquée, le comte d'Estaing a vraisemblablement formé un autre projet qui ne peut guere être que celui de frapper quelque coup aux Antilles pour lesquelles il est en route à présent.

M. D'ECLIZU.

Oh! il doit être arrivé & avoir opéré, car,

───────────────

(1) M. Roche nous raconta que quoique la distance de l'armée américaine à Boston fût de près de 70 milles, le marquis de la Fayette y avoit été en sept heures & en étoit revenu en six heures & demie.

(2) La nuit du 29 au 30 août 1778.

suivant mes lettres, il est parti de Boston au commencement de novembre (1).

M. PILOT.

Voilà une F.... campagne.

M. D'ECLIBU.

Voilà ce que c'est que d'avoir employé pour général un homme qui ne sait pas gouverner un vaisseau; qui d'ailleurs a de la roideur dans e caractere; qui a voulu trancher du despote; qui ne défere à aucun avis, & a fait autant de sottises que de pas.

M. ROCHE.

Ce sont ces malheureux Américains qui en sont cause. On n'a rien à reprocher au comte d'Estaing que d'avoir voulu trop faire pour eux, de s'être exposé avec une audace téméraire, d'avoir hazardé son escadre dans les circonstances qu'il estimoit décisives, de s'être élevé au dessus de la lettre de ses instructions, où la cour lui recommandoit positivement de mettre les vaisseaux du roi en sureté contre des forces supérieures & de n'attaquer l'ennemi qu'avec un avantage reconnu; en un mot, de n'avoir pas eu la déférence suffisante aux ordres d'un ministre dont il ne faisoit pas grand cas, ayant eu dans ses conversations particulieres occasion d'en reconnoître la timidité & l'ineptie.

___

(1) Le 2 novembre.

Le comte d'Estaing, au contraire, doit reprocher aux Américains de ne lui avoir jamais donné des avis intéressans, de lui en avoir souvent donné de faux, & de l'avoir mis entre les mains de pilotes & d'officiers qui l'ont trahi; de s'être refusés aux besoins de l'escadre, de n'avoir pas du moins fait pour elle tout ce qu'ils pouvoient faire; de lui avoir vendu leurs services au poids de l'or (1), le seul aimant qui pût les arracher à leur indolence naturelle; enfin d'avoir paru d'accord avec les Anglois pour les prévenir de tous les desseins de la France.

LE CHŒUR *des Nouvellistes.*

C'est inimaginable. Comment des peuples pour lesquels on se sacrifie!

M. ROCHE.

Je vous l'ai déjà dit (2), Messieurs; c'est qu'ils n'en sont pas convaincus, qu'ils croient même que vous ne travaillez que pour vous. Les Américains, quoique soupçonneux, sont faciles à tromper; on leur persuade sans peine

---

(1) M. Roche en a cité un petit échantillon; il prétend que l'eau faite par l'escadre à Boston est revenue au roi à plus de quatre francs la barrique, & encore étoit-on obligé de mettre des matelots sur les bateaux du pays pour faire agir les Américains & accélérer le travail.

(2) Voyez la lettre précédente.

ce qu'ils craignent, parce qu'ils font encore plus pareſſeux. Ils ne ſe donnent pas la peine d'examiner, de diſcuter, de raiſonner. Leur indolence eſt telle que nous avons vu l'ennemi détruire Betford, à vingt mille de Boſton, ſans que le ſénat fût inſtruit d'aucune circonſtance du fait, des forces, ni des deſſeins des Anglois; ce fut M. d'Eſtaing qui envoya un officier pour reconnoître l'état des choſes. Ils ont donc adopté les préventions répandues contre nous. La haine du peuple étoit telle que, ſans M. Hancok (1) qui faiſoit lui-même la patrouille la nuit & le contenoit, nous aurions été obligés de nous réfugier à bord de nos vaiſſeaux & de n'en pas ſortir, comme ſi nous avions réſidé chez des ennemis.

Le comte d'Eſtaing, inſtruit par ſon expérience de la déloyauté des Boſtoniens, s'eſt rendu impénétrable ſur ſes deſſeins: il s'eſt enveloppé de tant de ruſes politiques, que le ſecret de ſa deſtination n'a pas même tranſpiré dans l'eſcadre.

M. D'ECLIEU.

Oh! le comte d'Eſtaing n'avoit pas beſoin d'être excité à la réſerve; il eſt, par caractere, très-minutieux, très-miſtérieux, & juſqu'au bon jour il vous dit tout à l'oreille.

On m'écrit que la veille du jour où il ſe pro-

---

(1) Sans doute l'ancien préſident du congrès,

poſoit de partir, il aſſembla les états majors dans la chambre du conſeil, rapporta ſon combat avec *le Preſton* & dit qu'il avoit été très-mécontent de ſon équipage, que M. de Broves n'avoit pas été plus ſatisfait du ſien lorſqu'il avoit combattu *l'Iſis* : il conclut que cette conduite timide étoit naturelle aux matelots provençaux, lorſqu'on ſe trouvoit dans une poſition critique & qu'on avoit affaire à des forces ſupérieures; qu'étant, généralement parlant, plus ſpirituels que les gens de cet état ne le ſont ordinairement, ils raiſonnent ſur tout, calculent le danger, & manqueroient abſolument, s'ils n'étoient retenus par la préſence des officiers. En conſéquence, il enjoignit, ordonna même aux officiers d'uſer de la plus grande ſévérité, ſi nous avions un combat, de ſe munir de piſtolets & de brûler la cervelle au premier qui quitteroit ſon poſte par crainte.

M. ROCHE.

Le motif de cette recommandation étoit fondé; il s'attendoit bien à combattre. Le général Washington venoit de lui écrire qu'il s'étoit trompé en lui annonçant le départ de Byron avec une flotte; que cet amiral étoit ſorti de New-Yorck ſans la flotte, avec ſeize vaiſſeaux de ligne, qu'on l'avoit aſſuré qu'il croiſoit entre le cap Sainte-Anne & les bancs pour empêcher ſa ſortie de Boſton.

Cet avis auroit pu retenir à Boston tout autre général, mais celui-ci est intrépide.

M. D'Eclieu.

Dites le vrai mot, *téméraire*, ne connoissant de danger que celui qui est sous ses yeux, & ce n'est pas là une excellente qualité pour un chef : il faut braver le péril lorsqu'il est inévitable ; mais en même tems le prévenir d'avance & prendre ses précautions pour l'éviter : il falloit que le comte d'Estaing envoyât des découvertes pour vérifier le fait ; & faute de cette précaution il devenoit la proie de Byron, s'il n'eût encore été servi par les vents qui changèrent à propos (1). Voilà tout ce que nous en savons en ce

_____

(1) En même tems M. d'Eclieu nous fait la lecture de la lettre suivante qu'il venoit de recevoir, datée de Brest le 19 décembre.... Un bâtiment marchand, arrivé dans nos ports, rapporte que le 2 novembre l'escadre du comte d'Estaing a mis à la voile de Boston ayant à sa suite plusieurs navires marchands qui vouloient profiter de son escorte autant de tems que sa route pourroit s'accorder avec la leur. L'escadre avoit un vent frais. Vers le soir on vit un bâtiment dans le nord qui reparut encore le lendemain matin auquel *le Sénégal* & *le Stranley* donnèrent chasse. C'étoit *la Mouche* de l'escadre de Byron qu'on avoit apperçue dans l'après-dînée, par le travers du banc de Saint-George.

L'horison étoit pour lors orageux ; l'escadre étoit dans la noirceur d'un nuage par rapport à l'ennemi qui probablement ne l'auroit pas vue sans quelques bâtimens marchands qui, prenant leur point de départ par la route du sud-est, coururent directement sur l'escadre angloise que

H 5

moment. Dieu veuille que la fuite n'ait pas été plus funeste !

On se sépara dans ce moment, Milord, avec un air très-consterné, & en effet ces nouvelles, qui me paroissent assez sûres, sont excellentes pour nous. Nos ennemis conviennent eux-mêmes des mauvaises dispositions où étoient à leur égard les Américains, malgré les secours qu'ils leur portoient, qu'ils avoient sollicités & dont ils avoient un besoin si pressant : je ne l'aurois pas cru ; je ne m'en serois pas rapporté à ce que disent là-dessus dans le parlement les ministres & les commissaires pacificateurs revenus ; mais cet aveu des François, est bien précieux & m'ôte toute défiance à cet égard. Jugez par là, Milord, combien la haine nationale est enracinée dans le cœur des Américains ; combien il a fallu d'injustices, de persécutions, de cruautés pour les aliéner de la mere-patrie, les exciter à la scission & à se jeter dans les bras des François qu'ils détestent. Profitez de ces

──────────────

l'on avoit cru voir à la cape à la misaine. Ces bâtimens, effrayés dès qu'ils en' eurent connoissance, firent vent arriere dans les eaux de l'escadre françoise, de sorte qu'ils guidoient l'ennemi & l'amenoient vent-arriere sur elle, supposé qu'elle les eût poursuivis, ce qu'elle auroit fait certainement, sans un coup de vent de nord, qui vint fort à propos, changer sa position, & le mettre sous le vent qu'il avoit auparavant. En ce moment ce bâtiment a été séparé de l'escadre par le vent. Ensorte qu'il ignore ce qui s'est passé depuis.

connoissances; faites-en part à nos amis de l'opposition, & qu'en causant une révolution heureuse dans le ministere, ils puissent fournir à ces enfans révoltés une tournure favorable de rentrer sans deshonneur & sans crainte dans le sein de la mere-patrie!

Paris ce 25 décembre 1778.

LETTRE IX.

Confession d'une jeune fille.

Il avoit gelé un peu, Milord, dans la nuit de noël, ce qui avoit préparé une belle journée pour le lendemain. Dans la matinée le tems étoit calme, le ciel beau, le soleil réchauffoit l'atmosphere. Vers midi il s'étoit rendu une grande affluence de monde aux tuilleries sur la terrasse des Feuillans, lieu ordinaire de la promenade en cette saison. C'est aussi où M. le comte d'Aranda prend régulierement l'air au moins une fois par jour. J'y avois rencontré ce seigneur; je causois avec lui, lorsque nous remarquâmes un grand mouvement au bas de cette terrasse; les suisses, les gardes du jardin accouroient de toutes parts, la foule les suivoit nous approchâmes & nous reconnûmes assez distinctement *la petite Comtesse*. Il faut vous rappeler que c'est ainsi qu'à la cour, où tout se peint en beau, on qualifie Mad. Gourdan, cette fameuse appareilleuse dont je vous ai entretenu plusieurs fois (1). Elle avoit avec elle une nimphe très-bien mise, très-jolie, très-jeune; c'étoit encore un enfant. Celle-ci étoit un peu dérangée dans son ajustement & pleuroit beaucoup; quant à l'autre, elle avoit un teint allumé, vomissoit des imprécations, & avoit tout l'air d'une mégere; elles étoient précédées d'un vieillard consterné de douleur & d'effroi, ayant la phisionomie assez noble, mais vêtu comme un homme de campagne. Le bruit se répandit bientôt que ce paysan, cherchant sa fille qui avoit disparu de son village depuis quelque tems, avoit cru la reconnoître à travers le vêtement élégant dans lequel il ne l'avoit jamais vue; qu'il étoit allé à elle, l'avoit traitée durement, avoit voulu s'en emparer & la reprendre, à quoi s'étoit opposée d'une part la mere abbesse, & de l'autre encore plus la fille faisant semblant

───────────

(1) Voyez mes lettres précédentes des 11 septembre 1775 & 16 février &c. Du reste, Milord, je n'ai pu vous rendre compte des suites de son procès dont j'ai ignoré le jugement, s'il y en a eu un; mais il y a apparence que par le moyen de ses hautes protections elle en est sortie victorieuse ou du moins impunie, puisqu'elle a repris son commerce avec plus d'éclat que jamais.

d'ignorer quel il étoit, ce qu'l lui difoit, cō qu'il demandoit, & que le ruftre, furieux de fe trouver ainfi méconnu, renié par fon propre fang, lui avoit donné une paire de foufflets, délit qui occafionnoit tout le tumulte. On les conduifoit au château pour prendre les ordres de Monfieur le gouverneur ou de l'officier commandant (1).

Le feigneur efpagnol eft amateur; vous favez que je ne le fuis pas mal; nous nous intéreffions au fort de la jeune perfonne, & étions très-empreffés de favoir ce qui en feroit décidé. En cet inftant je vis fe détacher de la promenade & courir au palais M. Clos, le lieutenant général de la prévôté de l'hôtel (2); je ne doutai pas qu'il n'allât remplir fes fonctions; le hafard vouloit que je dînaffe avec lui ce jour-là même, chez le marquis de Villette où il loge; je m'en félicitai, & je promis au comte de l'inftruire à fond de toute l'avanture le lendemain fur la terraffe où nous nous donnâmes rendez-vous.

J'avois conjecturé jufte: à fon arrivée. M.

---

(1) Il y a toujours au château une garde d'invalides commandée par un officier de l'hôtel.

(2) Les officiers de la prévôté de l'hôtel ont feuls le droit de jurifdiction & d'inftrumenter dans les maifons royales & dépendances; ils jugent les délits, & l'appel de leur jugement va au grand confeil.

H 7

Clos nous confirma la vérité des rumeurs répandues dans le public. Il nous dit qu'il ne doutoit pas que la jeune personne ne fût fille du payfan; mais que l'acte de correction qu'avoit exercé envers elle ce pere infortuné étant un délit grave & en lui-même, & à raifon de fa publicité, & plus encore à caufe du lieu royal, il n'avoit pu fe difpenfer, quelque jufte que fût au fond la réclamation du villageois, de l'envoyer en prifon, tandis qu'il avoit fait relâcher les deux femmes à la charge de fe rendre à cinq heures de relevée dans fon hôtel pour y être interrogées. Vous jugez que l'ardeur des convives fut grande d'en favoir le réfultat : il nous flatta de pouvoir fatisfaire notre curiofité, de venir du moins nous retrouver. On l'attendit, & en effet vers les neuf heures il nous apprit que l'affaire n'avoit été que de conciliation; qu'il l'avoit arrangée fur le champ; que cela avoit entraîné bien des allées & venues qui l'avoient retenu jufqu'à ce moment. Suivant fon récit, la fille fe trouvoit véritablement celle du payfan; mais outre l'attrait qu'elle avoit pour le libertinage qui ne lui permettoit plus de vivre dans un village & dans la maifon paternelle, elle étoit groffe & affez avancée, fpectacle trop fcandaleux fous le chaume; enfin elle s'étoit mife fous la fauve-garde de l'académie royale de mufique en fe faifant infcrire furnuméraire à ce théâtre, enforte que ses pere & mere n'avoient plus de droit sur elle (1). Le vieillard, homme de bon sens, avoit été obligé de se rendre à ces raisons & de se départir d'une autorité qu'il n'auroit pu désormais exercer que pour le malheur de sa fille & pour le sien conséquemment. M. Clos, croyant le dédommager, avoit exigé que Mad. Gourdan lui donnât une somme de vingt-cinq louis pour les frais de son voyage; mais le paysan les rejetant avec horreur, avoit déclaré qu'il ne vouloit rien; que l'infamie ne se couvroit point avec de l'argent; qu'il n'avoit d'autre parti à prendre que d'oublier qu'il eût jamais eu une fille. On admira l'énergie du caractere du villageois, la noblesse de son refus; on réfléchit sur sa mauvaise étoile qui l'avoit fait sortir de chez lui pour courir après sa fille, qui la lui faisoit trouver sans pouvoir la ramener ou arrêter ses déportemens & qui, pour récompense de tant

―――――――――――――

(1) Je me fis expliquer ce que c'étoit que ce réglement, qui me parut d'abord barbare & infâme, & dont par le développement l'esprit est sinon d'une législation austere, au moins d'une politique bien entendue. En effet, d'abord cette soustraction à l'autorité paternelle ne peut jamais avoir lieu dans le cas de l'obsession ou de la séduction; il faut qu'elle soit volontaire & réfléchie. Or, à quoi serviroit de faire rentrer sous le joug de l'honneur une fille qui s'en est affranchie une fois ? Cela ne pourroit servir qu'à l'exposer aux mauvais traitemens de ses parens dont toute la sévérité ne lui rendroit point la sagesse.

de soins, de peines & de chagrins, l'avoit fait conduire en prison. Ces réflexions philosophiques firent bientôt place à l'intérêt plus vif & plus naturel envers la jeune personne; on redoubla de curiosité sur son compte, on pressa de questions M. Clos qui se mit à sourire & dit: Messieurs, je vous ai ménagé une surpise agréable & sur laquelle vous ne comptez pas. J'ai renvoyé Mad. Gourdan à ses fonctions, & j'ai retenu Mademoiselle *Sapho*, c'est le nom de la nymphe; si vous voulez me suivre & monter là haut, vous souperez avec elle (1).

Nous trouvâmes chez M. Clos, la plus charmante créature possible; sa grossesse ne paroissoit point, & elle avoit sur sa phisionomie toute l'ingénuité de l'enfance; elle étoit encore émue de la scene de la journée; des larmes rouloient dans ses yeux; car à son âge, elle ne pouvoit avoir perdu toute tendresse pour son pere qu'elle venoit d'affliger si cruellement. Les complimens, les fadeurs, les caresses dissiperent facilement cette impression de tristesse; elle reprit sa gaîté, on se rangea en cercle autour du feu, elle s'assied au milieu & nous raconta de la sorte son histoire.

„ Je suis du village de Villiers-le-bel; mon

---

(1) Vous êtes peut-être embarrassé, Milord, du rôle que Mad. Villette jouoit pendant ce tems-là; elle n'y étoit pas; elle étoit allée passer la journée chez Mad. Denis.

pere est un laboureur qui vit assez bien en travaillant lui, sa femme & ses enfans: pour moi, les occupations de la campagne m'ont toujours répugné. Pendant que l'on étoit aux champs, on me laissoit à la maison prendre soin du ménage, & je le prenois souvent très-mal, ce qui me faisoit gronder & maltraiter. Mon caractere me porte uniquement à la coquetterie. Dès mon enfance je goûtois un plaisir vif à me mirer dans les ruisseaux, dans les fontaines, dans un seau d'eau. Quand j'allois chez M. le curé, je ne pouvois quitter le miroir: j'étois aussi fort propre pour mon compte; je me lavois souvent le visage; je me décrassois les mains; j'arrangeois mes cheveux & mon bonnet de mon mieux; j'étois enchantée quand j'entendois dire autour de moi par quelqu'un: *Elle est jolie, elle sera charmante.* Je passois la journée entiere à soupirer après le dimanche, parce qu'on me donnoit ce jour-là une chemise blanche, un juste (1) brun qui me prenoit bien la taille & faisoit ressortir la blancheur de ma peau, des souliers neufs, une petite dentelle à mon beguin. Quand je pouvois mettre la croix d'or de maman, sa bague, ses boucles d'argent, j'étois comblée. Du reste, oisiveté complette, la promenade, la course, la danse. J'étois

___

(1) Terme de village en France, qui revient à celui de casaquin.

parvenue ainsi à ma quinzieme année; j'étois grand' fille, & tous mes défauts avoient cru avec l'âge. Il s'en développa bientôt de nouveaux ; je devins lascive singulierement. Sans savoir pourquoi, ni ce que je faisois, ni ce que je voulois, je me mettois nue dès que j'étois seule; je me contemplois avec complaisance, je parcourois toute les parties de mon corps, je caressois ma gorge, mes fesses, mon ventre; je jouois avec le poil noir qui ombrageoit déjà le sanctuaire de l'amour (1); j'en chatouillois légerement l'entrée ; mais je n'osois y faire aucune intromission, cela me paroissoit si étroit, si petit, que je craignois de me blesser. Cependant je sentois en cette partie un feu dévorant; je me frottois avec délice contre les corps durs, contre une petite sœur que j'avois, & qui trop jeune pour travailler restoit avec moi. Un jour, ma mere revenue des champs de meilleure heure me surprit dans cet exercice; elle entra en fureur; elle me traita comme la derniere des malheureuses; elle me dit que j'étois un mauvais sujet qui ne seroit jamais propre à rien; une dévergondée qui déshonnorerois ma famille; une prostituée qu'il falloit envoyer au couvent

―――――――――――――――――――――

(1) Vous pensez bien, Milord, que ce n'est pas le mot employé par Mlle Sapho; mais j'ai cru devoir substituer cette image au terme de la débauche dont elle se servit, & j'en userai ainsi à l'égard de beaucoup d'autres expressions trop grossieres.

de la *Gourdan*. Ces épithetes dont je n'entendois pas le sens, ne me parurent injurieuses que parce qu'elles furent accompagnées de juremens & de coups si violens, que je pris la résolution de quitter la maison paternelle & de m'enfuir.

Mad. Gourdan avoit en effet dès ce tems-là une maison de campagne à Villiers-le-Bel où elle venoit rarement, mais où elle envoyoit ses filles malades, celles qu'il falloit accoucher en particulier, celles qu'elle vouloit recéler; du reste, une maison propre à tous les usages secrets, à toutes les opérations clandestines de son métier. Elle étoit en conséquence écartée, isolée, entourée de bois, d'un accès difficile; on n'y parloit à la porte que par une petite grille & tous ces dehors assez semblables à ceux d'un monastere, s'accordoient pour moi, ignorant encore ce qui s'y pratiquoit, à la dénomination de couvent que les paysans par dérision lui donnoient généralement: je ne connoissois même les véritables que par ouï-dire & simplement comme des prisons qui me faisoient horreur; il n'en étoit pas de même du couvent de Madame Gourdan; j'en voyois les novices sortir très-parées, riant, chantant, dansant, surtout ne faisant rien de la journée; car elles se répandoient souvent dans le village; elles y venoient acheter du laitage, des fruits & payoient bien cher, ce qui les rendoit agréables. Je résolus de suivre le conseil de maman & d'essayer de

celui-là; je recélai mon deſſein; je m'efforçai même de me rendre plus utile, & attendis le jour où je ſaurois que Mad. Gourdan ſeroit à ſa maiſon. Elle y eut affaire quelque tems après ma ſcène avec maman; je courus chez elle le lendemain matin & lui fis part de ma vocation; elle m'avoit lorgnée depuis pluſieurs mois, à ce qu'elle m'a depuis aſſuré; elle me reçut avec joie, me careſſa, me donna des bonbons, & dit que je lui convenois fort; que j'étois d'une figure à faire fortune; mais qu'elle ne pouvoit me prendre ſans le conſentement de mes parens. Je me mis à pleurer & à lui expoſer que je n'oſerois jamais leur en parler. Alors, ſûre de ma diſcrétion; „ Eh bien dit-elle, vous avez
„ raiſon, ne leur dites mot; je pars demain
„ matin à onze heures, devancez-moi; trouvez-vous, comme par hazard, ſur ma route,
„ je vous prendrai dans mon caroſſe & vous
„ emmenerai à Paris. Du reſte, vous n'avez
„ beſoin d'aucun paquet, vous ne manquerez
„ de rien avec moi." Je la remerciai, l'embraſſai de tout mon cœur & exécutai de point en point ce qu'elle m'avoit preſcrit. Elle avoit pris de ſon côté, les précautions néceſſaires à ſa ſureté (1) : elle avoit renvoyé ſon caroſſe à

___

(1) Madame Gourdan étoit d'autant plus intéreſſée à ne pas donner priſe ſur elle en cette circonſtance, que les magiſtrats avoient peut-être pour la premiere fois, à ſon occaſion, diſtingué deux genres de maquerelles; cel-

guide ; elle avoit emprunté celui d'un prélat respectable qui étoit venu en ce lieu pour éviter le scandale ; elle s'étoit embarquée seule dedans ; elle m'avoit déposée au faubourg Saint-Laurent dans l'appartement d'un garde du corps, son ami, qui étoit à Versailles ; là elle s'étoit mise dans un fiacre & étoit rentrée chez elle de façon à ne laisser aucun vestige de mon enlèvement & à se soustraire à toutes les recherches. Aussi, quelque soupçon qu'eût mon père, quelque diligence qu'il mit à me poursuivre, il ne put rien découvrir, & n'a dû ensuite qu'au hazard ce qu'il n'avoit pu obtenir des plus hautes protections & de la police la plus vigilante ; mais ces poursuites intriguèrent ma conductrice au point qu'elle fut plusieurs jours sans oser me faire venir chez elle, sans venir ou oser envoyer où j'étois : elle s'y rendit enfin un soir.

Cependant j'étois restée entre les mains de la gouvernante du garde du corps, duegne sûre, qui m'avoit choyée de son mieux, m'avoit fait

---

les qui débauchent de jeunes personnes innocentes, & celles qui fournissent aux hommes seulement des filles déjà débauchées. Ses partisans à la tournelle vouloient que la punition d'être promenée sur un âne le visage tourné du côté de la queue ne dût être infligé qu'aux premières ; ou plutôt que la loi ne reconnût véritablement maquerelles que celles-là. C'est par cette tournure subtile que Mad. Gourdan a été soustraite au châtiment. Voilà ce que j'ai appris depuis que cette lettre est commencée.

manger & coucher avec elle, & m'avoit appr[is]
remment si bien visitée durant mon sommei[l]
qu'au moment où Mad. Gourdan parut, j'ente[n-]
dis qu'elle lui dit à l'oreille : ,, Vous a[vez]
,, trouvé un Pérou dans cet enfant ; elle e[st]
,, pucelle sur mon honneur, si elle n'est p[as]
,, vierge ; mais elle a un clitoris diabolique[;]
,, elle sera plus propre aux femmes (1) qu'a[ux]
,, hommes ; nos tribades renommées doiv[ent]
,, vous payer cette acquisition au poids d[e]
,, l'or."

Mad. Gourdan ayant vérifié le fait, écri[t]
sur le champ à Mad. de Furiel, que vous c[on-]
noissez sans doute tous, au moins de réputati[on,]
pour la prévenir de sa découverte (2). Cell[e]

---

(1) Mad. Gourdan est à toutes mains. Elle four[nit]
des filles aux hommes & des hommes aux femmes; [il]
paroît par là qu'elle produit aussi aux tribades des *sa[p-]
bes*. On appelle ainsi les patientes dans les com[bats]
amoureux de femme à femme.

(2) Mademoiselle Sapho avoit conservé copie de c[e]
billet, & vous serez peut-être bien aise, Milord, d'[voir]
du stile de Mad. Gourdan.

Madame,

J'ai découvert pour vous un morceau de roi ou pl[u-]
tôt de reine, s'il s'en trouvoit quelqu'une qui eût vot[re]
goût dépravé ; car je ne puis qualifier autrement [une]
passion trop contraire à mes intérêts ; mais je conn[ois]
votre générosité qui me fait passer par-dessus la rigue[ur]
que je devrois vous tenir. Je vous avertis que j'ai à vo[tre]
service le plus beau clitoris de France, en outre un[e]
franche pucelle de quinze ans au plus ; essayez-en, j[e]
m'en rapporte à vous, & suis persuadée que vous ne croi[rez]

m'envoya chercher avec la même diligence & me conduire à sa petite maison. La femme de chambre qui étoit venue me prendre miſtérieuſement en brouette, me fit entrer d'abord dans une eſpece de chaumiere, enſorte que je crus être retournée au village ; nous traverſâmes enſuite une cour où, quoiqu'il y eût une porte charretiere, des écuries, des remiſes, je vis auſſi des étables, une laiterie, des poules, des dindons, des pigeons, ce qui s'accordoit aſſez à mon idée : je fus enfin détrompée quand on eut ouvert une petite porte & que j'apperçus un ſuperbe jardin de forme ovale, entouré de peupliers fort hauts qui en déroboient la vue à tous les voiſins. Au milieu étoit un pavillon oval auſſi, ſurmonté d'une ſtatue coloſſale, que j'ai ſu depuis être celle de la déeſſe *Veſta*. On y montoit par neuf degrés qui l'entouroient de toutes parts. Je trouvai d'abord un veſtibule éclairé de quatre torcheres : des deux côtés étoient deux

---

trop pouvoir m'en remercier. Au reſte, comme vous ne lui aurez pas fait grand tort, ſi elle ne vous convient pas, renvoyez-la moi, & ce ſera encore un pucelage excellent pour les meilleurs gourmets.

Je ſuis avec reſpect &c.

J'ai ſu depuis que Mad. Furiel avoit envoyé pour arrhes à Mad. Gourdan, un rouleau de 25 louis & enſuite le reſte de ma tradition fixée en tout à cent louis.

baſſins où des Nayades de leurs mamelles fournissoient de l'eau à volonté; à gauche étoit un billard, & à droite un cabinet de bains où l'on me fit arrêter. On m'apprit que je ne verrois point la maitreſſe du lieu que je n'euſſe reçu les préparations néceſſaires pour paroître en ſa préſence. En conſéquence, on commença par me baigner; on prit la meſure des premiers vêtemens que je devois avoir. Pendant le ſoupa ma conductrice m'entretint uniquement de la dame à qui j'allois appartenir, de ſes charmes, de ſes graces, de ſes bontés, du bonheur dont je jouirois avec elle, du devouement abſolu que je lui devois. J'étois ſi étonnée, ſi étourdie des objets nouveaux qui me frappoient de toutes parts, que je ne dormis pas de la nuit.

Le lendemain on me mena chez le dentiſte de Mad. Furiel, qui viſita ma bouche, m'arrangea les dents, les nétoya, me donna d'une eau propre à rendre l'haleine douce & ſuave. Revenue, on me mit de nouveau dans le bain: après m'avoir eſſuyée légerement, on me fit les ongles des pieds & des mains; on m'enleva les cors, les durillons, les calloſités; on m'épila dans les endroits où des poils folets mal placés pouvoient rendre au tact la peau moins unie, on me peigna la toiſon que j'avois déjà ſuperbe, afin que dans les embraſſemens les touffes trop mêlées n'occaſionnaſſent pas de ces croiſemens douloureux, ſemblables aux plis de roſe qui

faifoient crier les Sybarites (1). Deux jeunes filles de la jardiniere, accoutumées à cette fonction me nétoyerent les ouvertures, les oreilles, l'anus, la vulve; elles me pétrirent voluptueusement toutes les jointures à la maniere des Germains (2) pour les rendre plus souples. Mon corps ainsi disposé, on y répandit des essences à grands flots, puis on me fit la toilette ordinaire à toutes les femmes, on me coëffa avec un chignon très-lâche, des boucles ondoyantes sur mes épaules & sur mon sein, quelques fleurs dans mes cheveux: ensuite on me passa une chemise faite dans le costume des tribades; c'est-à-dire ouverte par devant & par derriere depuis la ceinture jusqu'en bas; mais se croisant & s'attachant avec des cordons: on me ceignit la gorge d'un corset souple & léger; mon *intime* (3) & le jupon de ma robe pratiqués comme la chemise prêtoient la même facilité. On termina par m'ajuster une polonaise d'un petit satin couleur de rose dans laquelle j'étois faite à peindre. Par

---

(1) Cette façon de s'exprimer, Milord, vous paroîtra sans doute peu naturelle de la part de Mlle Sapho: mais vous verrez par la suite qu'elle avoit reçu une grande éducation auprès de Mad. de Furiel; qu'elle avoit beaucoup de romans surtout, & que si elle s'étoit gâtée le cœur auprès d'elle, elle s'y étoit bien formé l'esprit.

(2) Charlatan quelque tems à la mode ici, & qui prétendoit guérir ses malades en leur pétrissant les membres.

(3) Jupon fait de deux mousselines, appelé *intime* parce qu'il colle extrêmement sur le corps.

mon caractere donné, vous jugez quelle dut être ma joie, quel ravissement lorsque je me vis ainsi; j'étois embellie des trois quarts; je ne me reconnoissois pas moi-même; je n'avois pas encore éprouvé autant de plaisir; car j'ignorois l'espece de celui qu'alloit me procurer Mad. de Furiel. Au surplus, quoique légerement vêtue, & au mois de mars où il fait encore froid, je n'en éprouvai aucun, je croyois être au printems; je nageois dans un air doux, continuellement entretenu tel par des tuyaux de chaleur qui régnoient tout le long des appartemens.

Quand Mad. de Furiel fut arrivée, on me conduisit à elle par un couloir qui communiquoit du quartier où j'étois à un boudoir, où je la trouvai nonchalamment couchée sur un large sopha. Je vis une femme de 30 à 32 ans, brune de peau, haute en couleur, ayant de beaux yeux, les sourcils très-noirs, la gorge superbe, en embonpoint, & offrant quelque chose d'hommase dans toute sa personne. Dès qu'on m'annonça, elle lança sur moi des regards passionnés, & s'écria: ,, Mais on ne m'en a pas encore dit
,, assez; elle est céleste; puis radoucissant la
,, voix, approchez mon enfant, venez vous
,, asseoir à côté de moi. Eh bien! comment
,, vous trouvez-vous ici? Vous y plairez-vous?
,, Cette maison, ce jardin, ces meubles, ces
,, bijoux, tout cela sera pour vous; ces femmes
,, seront vos servantes, & moi je veux être
,, votre maman. En échange de tant de choses

„ ses, de soins & d'amour, je ne vous de-
„ mande que de m'aimer un peu. Allons, dites
„ moi : vous sentez-vous disposée ? Venez me
„ baiser…" Sans proférer une parole, & pénétrée de reconnoissance, je me jette à son col &
l'embrasse. „ Oh ! mais petite imbécile, ce n'est
„ pas comme cela qu'on s'y prend, voyez ces
„ colombes qui se béquetent amoureusement."
Elle me fait en même tems lever les yeux vers
le ceintre de la niche où nous étions, garni d'une
guirlande de fleurs en sculpture, où étoit en effet
suspendue cette couple lascive, simbole de la
tribaderie. „ Suivons un si charmant exemple :"
Et en même tems elle me darde sa langue dans
la bouche. J'éprouve une sensation inconnue
qui me porte à lui en faire autant ; bientôt elle
glisse sa main dans mon sein & s'écrie de nouveau : „ Les jolis tétins ; comme ils sont durs ;
„ c'est du marbre, on voit bien qu'aucun homme
„ ne les a souillés de ses vilains attouchemens,
en même tems elle chatouille légerement le
bout & veut que je lui rende le plaisir que je
reçois ; puis de la main gauche déliant mes ru-
bans, mes cordons de derriere : „ Et ce petit
„ cul, a-t-il eu souvent le fouet ? Je parie qu'on
„ ne le lui a pas donné comme moi ?" Puis
elle m'applique de légeres claques au bas des
fesses près le centre du plaisir, qui servent à
irriter ma lubricité ; alors, elle me renverse
sur le dos, & s'ouvrant un passage en avant,
elle entre en admiration pour la troisieme fois.

„ Ah! le magnifique clitoris! Sapho n'en eut pas un plus beau; tu seras ma Sapho." Ce ne fut plus qu'une fureur convulsive des deux parts que je ne pourrois décrire; après une heure de combats, de jouissance irritant mes desirs sans les satisfaire, Mad. de Furiel, qui vouloit me réserver pour la nuit, sonna. Deux femmes de chambre vinrent nous laver, nous parfumer & nous soupâmes délicieusement.

Pendant le repas elle m'apprit que cette petite maison qui lui appartenoit, étoit en quelque sorte devenue sacrée par son usage; qu'on l'avoit convertie en un temple de *Vesta*, regardée comme la fondatrice de la secte *Anandryne* (1), ou des tribades, ainsi qu'on les appelle vulgairement.

„ Une tribade, me dit-elle, est une jeune pucelle qui n'ayant eu aucun commerce avec l'homme, & convaincue de l'excellence de son sexe, trouve dans lui la vraie volupté, la volupté pure, s'y voue toute entiere & renonce à l'autre sexe aussi perfide que séduisant. C'est encore une femme de tout âge qui pour la propagation du genre humain ayant rempli le vœu de la nature & de l'état, revient de son erreur, déteste, abjure des plaisirs grossiers & se livre à former des éleves à la déesse."

---

(1) Mlle Sapho ne put me rendre raison de l'étimologie de ce mot, que je crois venir du grec, & qui veut dire en françois *Anti-homme*.

,, Au reste, n'est pas admis qui veut dans notre société. Il y a, comme dans toutes, des épreuves pour les postulantes. Celles pour les femmes que je ne puis vous révéler (1) sont surtout très-pénibles, & sur dix il en est à peine une qui ne succombe pas. Quant aux filles, ce sont les meres qui en jugent dans l'intimité de leur commerce, qui se les attachent & qui en répondent. Vous m'avez déjà paru digne d'être initiée à nos misteres; j'espere que cette nuit me confirmera dans la bonne opinion que j'ai conçue de vous, & que nous menerons longtems ensemble une vie innocente & voluptueuse."

_____

(1) Mlle. Sapho nous dit que depuis elle avoit su en quoi consistoit ce genre d'épreuves & nous l'apprit.

On enferme la postulante dans un boudoir où est une statue de Priape dans toute son énergie; on y voit plusieurs groupes d'accouplemens d'hommes & de femmes offrant les attitudes les plus variées & les plus luxurieuses. Les murs peints à fresque ne présentent que des images du même genre, que des membres virils de toutes parts: des livres, des porte-feuilles, des estampes analogues, se trouvent sur une table.

Au pied de la statue est un réchaud, dont le feu & la flamme ne sont entretenus que de matieres si légeres & si combustibles, que pour peu que la postulante ait une minute de distraction, elle court risque de laisser s'éteindre le feu, sans pouvoir le rallumer; ensorte que lorsqu'on vient la chercher, on voit si elle n'a point reçu d'émotion forte qui indique encore en elle du penchant pour la fornication à laquelle elle doit renoncer.

Ces épreuves, au surplus, durent trois jours de suite pendant trois heures.

,, Rien ne vous manquera; je m'en vais vous faire faire des robes, des ajuſtemens, des chapeaux; vous achetet des diamans, des bijoux; vous n'aurez qu'une ſeule privation ici; c'eſt qu'on ne voit point d'hommes, ils n'y peuvent entrer; je ne m'en ſers en rien, même pour le jardin; ce ſont des femmes robuſtes que j'ai formées à cette culture, & juſqu'à la taille des arbres: vous ne ſortirez qu'avec moi; je vous ferai voir ſucceſſivement les beautés de Paris; je vous menerai ſouvent au ſpectacle dans mes loges, aux bals, aux promenades."

,, Je veux former votre éducation, ce qui vous rendant plus aimable, vous ſauvera de l'ennui d'être ſouvent ſeule. Je vous ferai apprendre à lire, à écrire, à danſer, à chanter; j'ai des maîtreſſes dans tous ces genres à ma diſpoſition; j'en ai dans les autres, à meſure que vos goûts ou vos talens ſe développeront."

Telle fut à peu près la converſation de Mad. de Furiel, qui précéda notre coucher, & qui ne fut interrompue de ma part que par des remercîmens, des embraſſades, des careſſes qui l'enchanterent & préluderent à d'autres plus intimes.

La nuit fut laborieuſe, mais ſi raviſſante pour moi, que fatiguée, haraſſée, épuiſée, le matin j'appettois encore. Mad. Furiel plus ſage, qui me réſervoit pour le grand jour de ma réception, ceſſa la premiere. Elle me fit apporter un conſommé, & avant de me quitter, ordonna qu'on prît de moi le plus grand ſoin. Elle m'envoya successivement sa lingere, son ouvriere en robe, sa marchande de modes, sa marchande à la toilette & je ne tardai pas à être pourvue de tout ce qui m'étoit nécessaire pour débuter avec éclat dans le monde. Ainsi revêtue des agrémens que le luxe & l'art pouvoient ajouter à mes attraits, je fus conduite à l'opéra par ma protectrice, qui reçut de ses consœurs des complimens sans fin. Qu'ant aux hommes, j'entendois qu'ils disoient dans les corridors, lorsque je passai pour m'en aller: *Mad. de Furiel a de la chair fraiche; c'est du neuf vraiment; quel dommage que cela tombe en de si mauvaises mains.* Elle affectoit de me parler pour que je n'entendisse pas ces exclamations & m'entraîna bien vîte dans son carosse.

Le jour de mon initiation aux misteres de la secte *Anandrine* avoit été fixé au lendemain, & j'y fus admise en effet avec tous les honneurs. Cette cérémonie extraordinaire étoit trop frappante pour ne m'en être pas ressouvenue dans ses moindres détails, & certainement c'est l'épisode le plus curieux de mon histoire.

Au centre du temple est un salon oval, figure allégorique qu'on observe fréquemment en ces lieux; il s'élève dans toute la hauteur du bâtiment & n'est éclairé que par un vitrage supérieur qui forme le ceintre & s'étend autour de la statue dominant extérieurement, & dont je vous ai parlé. Lors des assemblées, il s'en détache une petite statue, toujours représentant *Vesta*, de la taille d'une femme ordinaire ; elle descend majestueusement les pieds posés sur un globe, au milieu de l'assemblée, comme pour y présider ; à une certaine distance on décroche la verge de fer qui la soutient ; elle reste ainsi suspendue en l'air (1), sans que cette merveille à laquelle on est accoutumé, effraie personne.

Autour de ce sanctuaire de la déesse regne un corridor étroit où se promenent pendant l'assemblée deux tribades qui gardent exactement toutes les portes & avenues. La seule entrée est par le milieu où se présente une porte à deux battans ; du côté opposé se voit un marbre noir où sont gravés en lettres d'or des vers dont je vous ferai bientôt le récit : à chacune des extrémités de l'ovale est une espece de petit autel qui sert de poêle, qu'allument & entretiennent en dehors les gardiennes. Sur l'autel à droite en entrant est le buste de Sapho, comme la plus ancienne & la plus connue des Tribades ; l'autel

____

(1) Il y a grande apparence, Milord, que cette statue & le globe sont creux & remplis d'un air plus léger que celui de l'atmosphere du salon, ensorte qu'ils sont dans un parfait équilibre. Voilà comme d'habiles physiciens présens à ce récit expliquerent ce prodige qui tient beaucoup du roman. Ils citent même l'ouvrage d'un pere Joseph Galien, dominicain, ancien professeur de philosophie & de théologie dans l'université d'Avignon qui en 1755 a publié *l'art de naviger dans les airs*, établi sur des principes de physique & de géométrie.

à gauche, vacant jusque-là, devoit recevoir le buste de Mlle d'Eon, cette fille la plus illuftre entre les modernes, la plus digne de figurer dans la fecte *Anandrine*; mais il n'étoit point encore achevé, & l'on attendoit qu'il fortît du cizeau du voluptueux Houdon. Autour, & de diftance en diftance, on a placé fur autant de gaines les buftes des belles filles grecques chantées par Sapho comme fes compagnes. Au bas fe lifent les noms de *Thelefyle, Amythone, Cydno, Magarre, Pyrrine, Andromede, Cyrine,* &c. Au milieu s'éleve un lit en forme de corbeille à deux chevets, où repofent la préfidente & fon éleve; autour du falon des carreaux à la turque garnis de couffins où fiegent en regard & les jambes entrelacées chaque couple compofée d'une mere & d'une novice, ou en termes miftiques *de l'incube & la fuccube*. Les murs font recouverts d'une fculpture fupérieurement travaillée, où le cizeau a retracé en cent endroits, avec une précifion unique, les diverfes parties fecretes de la femme, telles qu'elles font décrites dans le tableau de *l'amour conjugal,* dans *l'hiftoire naturelle* de M. de Buffon, & dans les plus habiles naturaliftes. Voilà une exacte defcription du fanctuaire dont je crois n'avoir rien omis; voici maintenant celle de ma réception.

Toutes les tribades en place & dans leurs habits de cérémonie, c'eft-à-dire les meres avec une lévite couleur de feu & une ceinture bleue; les novices en lévite blanche avec une ceinture couleur de rose, du reste la tunique ou chemise, & les jupons fendus & recouverts, on vint nous avertir Mad. de Furiel & moi que l'on étoit prêt à nous recevoir; c'est la fonction d'une des tribades gardiennes. Mad. de Furiel étoit déjà dans son costume; moi j'étois au contraire très-parée & dans l'habit le plus mondain.

En entrant je vis le feu sacré consistant en une flamme vive & odorante s'élançant d'un réchaud d'or, toujours prête à disparoître & toujours rallumée par les aromates pulvérisées qu'y jettent sans interruption la couple chargée de cette fonction extrêmement pénible par l'attention continuelle qu'elle exige. Arrivée aux pieds de la présidente, qui étoit Mademoiselle Raucourt (1), Mad. Furiel dit: ,, Belle présidente & vous ,, cheres compagnes, voici une postulante: elle ,, me paroît avoir toutes les qualités requises. ,, Elle n'a jamais connu d'homme, elle est mer- ,, veilleusement bien conformée & dans les ,, essais que j'en ai faits je l'ai reconnue pleine ,, de ferveur & de zele : je demande qu'elle ,, soit admise parmi nous sous le nom de *Sapho*." Après ces mots nous nous retirâmes pour laisser délibérer. Au bout de quelques minutes l'une des deux gardiennes vint m'apprendre que j'avois été par acclamation admise à l'épreuve. Elle me deshabilla, me mit absolument nue, me

_____

(1) Célebre actrice de la comédie françoise.

donna une paire de mules ou de souliers plats, m'enveloppa d'un simple peignoir, & me ramena de la sorte dans l'assemblée où la présidente ayant descendu de la corbeille avec son éleve, on m'y étendit & me retira le peignoir. Cet état, au milieu de tant de témoins, me parut insupportable, & je fretillois de toutes les manieres pour me souftraire aux regards, ce qui est l'objet de l'inftitution, afin qu'aucun charme n'échappe à l'examen: d'ailleurs, dit un de nos plus aimables poëtes (1).

L'embarras de paroître nue fait l'attrait de la nudité.

C'eft ici le moment de vous apprendre quels font ces vers que je vous ai promis & que vous attendez à coup sûr avec impatience: ils contiennent une énumération détaillée de tous les charmes qui conftituent une femme parfaitement belle, & ces charmes y font calculés au nombre de trente. On ne dit point au refte le nom de leur auteur, qui certainement n'étoit pas du sexe, & tribade du moins. Il n'eft qu'un philofophe froid, capable d'analifer ainfi la beauté. Au refte, ces vers, très-originaux dans leur genre, ne m'ont point échappé de la tête. Les voilà (2).

---

(1) Le cardinal de Bernis dans fes quatre faifons ou quatre parties du jour.

(2) Je crois, Milord, ces vers imités ou paraphrafés d'un poëte latin appelé Jean de Nevizan qui vivoit au

Que celle prétendant à l'honneur d'être belle,
De reproduire en soi le superbe modele
D'Hélène qui jadis embrasa l'univers,
Etale en sa faveur trente charmes divers !
Que la couvrant trois fois chacun par intervale
Et le blanc & le noir & le rouge mêlés
Offrent autant de fois aux yeux émerveillés,
D'une même couleur la nuance inégale.
Puis que neuf fois envers ce chef d'œuvre d'amour
La nature prodigue, avare tour à tour,
Dans l'extrême opposé, d'une main toujours sûre
De ses dimensions lui trace la mesure;
Trois petits riens encore, elle aura dans ses traits,
D'un ensemble divin les contrastes parfaits.

16e. Siecle & a composé un poëme intitulé *Sylva nuptialis*. Voici le morceau original que vous serez sans doute bien aise de comparer.

Triginta hæc habeat quæ vult formosa videri
Fœmina ! sic Helenam fama fuisse refert.
Alba tria & totidem nigra; & tria rubra puella
Tres habeat longas res, totidemque breves.
Tres crassas, totidem graciles, tria stricta, tot ampla;
Sint ibidem huic formæ, sint quoque parva tria.
Alba cutis, nivei dentes, albique capilli;
Nigri oculi, cunnus, nigra supercilia.
Labia, genæ atque ungues rubri. Sit corpore longa,
Et longi crines; sit quoque longa manus.
Sintque breves dentes, auris, pes, pectora lata,
Et clunes; distent ipsa supercilia.
Cunnus & os strictum; stringunt ubi singula strictæ.
Sint Venter, cunnus, vulvaque turgidula.
Subtiles digiti, crines & labra puellis,
Parvus sit nasus, parva maxilla, caput.
Cum nulla aut rara sint hæc, formosa vocari,
Rara puella potest, nulla puella potest.

Que ses cheveux soient blonds, ses dents comme l'ivoire;
Que sa peau d'un lys pur surpasse la fraîcheur;
Tel que l'œil, les sourcils, mais de couleur plus noire,
Que son poil des entours relève la blancheur.
Qu'elle ait l'ongle, la joue & la levre vermeille.
La chevelure longue & la taille & la main ;
Ses dents, ses pieds soient courts ainsi que son oreille ;
Elevé soit son front, étendu soit son sein :
Que la nimphe surtout aux fesses rebondies,
Présente aux amateurs formes bien arrondies :
Qu'à la chute des reins, l'amant sans la blesser,
Puisse de ses deux mains fortement l'enlacer,
Que sa bouche mignone & d'augure infaillible,
Annonce du plaisir l'accès étroit pénible.
Que l'anus, que la vulve & le ventre assortis,
Soient doucement gonflés & jamais applatis.
Un petit nez plat fort, une tête petite.
Un tétin repoussant le baiser qu'il invite ;
Cheveux fins, levre mince, & doigts fort délicats
Complettent ce beau tout qu'on ne rencontre pas.

C'est d'après ce tableau de comparaison qu'on procede à l'examen, mais comme depuis Hélene, il ne s'est point trouvé de femme qui ait réuni ces trente grains de beauté, on est convenu qu'il suffiroit d'en avoir plus de la moitié, c'est-à-dire au moins seize. Chaque couple vient successivement à la discussion & donne sa voix à l'oreille de la présidente qui les compte & prononce. Toutes furent en ma faveur, & après avoir reçu successivement l'accolade par un baiser à la florentine, je fus ramenée, & l'on me donna le vêtement de novice dans lequel je reparus avec Mad. de Furiel. Alors, me jetant aux pieds de la présidente, je prêtai entre ses mains le serment de renoncer au commerce des hommes & de ne rien révéler des misteres de l'assemblée; puis elle sépara en deux moitiés un anneau d'or sur chacune desquelles Mad. de Furiel & moi écrivîmes respectivement notre nom avec un poinçon; elle rejoignit les deux parties en signe de l'union qui devoit régner entre mon institutrice & moi, & me mit cet anneau au doigt annulaire de la main gauche. Après cette cérémonie, nous fûmes prendre notre place sur le carreau qui nous étoit destiné afin d'entendre le discours de vêture que devoit, suivant l'usage, m'adresser la présidente: je supprime ce discours trop long pour vous être lu ici; car j'en ai conservé la copie (1), & puis la communiquer à ceux qui voudront connoître cette piece d'éloquence unique.

Après le discours, la déesse remonta & disparut; l'on retira les postes, les gardiennes, les *Thuriferes* (2): on laissa s'éteindre le feu & l'on passa au banquet dans le vestibule. Cependant les profanes ne pouvoient y venir pour

---

(1) Je ne manquai pas de demander à Mlle. Sapho, cette piece afin de juger si elle méritoit de vous être envoyée; mais elle n'a jamais pu la retrouver: pour m'en dédommager, elle m'a procuré un autre discours prononcé dans les mêmes circonstances & par le même orateur pour *Mlle Aurore*, nouvelle acquisition qu'a fait cette année Mad. de Furiel.

(2) Mot pris de la liturgie sacrée: on appelle ainsi les enfans de chœur qui portent l'encens.

servir, & l'on passoit les ustenciles de tables les plats, les vins &c. par des tours où les novices les prenoient & faisoient le service. Au dessert l'on but les vins les plus exquis, surtout des vins grecs; on chanta les chansons les plus gaies & les plus voluptueuses, la plupart tirées des opuscules de Sapho; enfin quand toutes les tribades furent en humeur & ne purent plus se contenir, on rétablit les postes; on ralluma le feu, & l'on passa dans le sanctuaire pour en célébrer les grands misteres, faire des libations à la déesse, c'est-à-dire qu'alors commença une véritable orgie... Ici, Milord, j'interromps la narration de l'historienne & j'étends un voile sur les tableaux dégoûtans qu'elle nous présenta. Je laisse courir votre imagination qui certainement vous les retracera d'un pinceau plus délicat & plus voluptueux. Je vous ajouterai seulement que dans cette académie de lubricité, il y a aussi un prix fondé, car il en faut partout; que ce prix est une médaille d'or, où d'un côté est représentée la déesse Vesta avec tous ses attributs & de l'autre se gravent les effigies & les noms des deux héroïnes qui dans cette lutte générale ont le plus longtems soutenu les assauts amoureux, & que ce furent Madame de Furiel & Mlle Sapho qui remportèrent le prix.

Ici la belle cessa & demanda du répit. Ce récit qui n'avoit point paru long, parce qu'il étoit fort intéressant, l'avoit fatiguée peut-être plus que sa séance avec Mad. de Furiel; il étoit tard,

Il étoit plus qu'heure de se mettre à table : il fallut interrompre, non sans remettre à un autre jour la continuation; mais indéfiniment à cause des circonstances qui ne permettoient pas aux convives de se rassembler de sitôt. Ainsi, je vous laisse dans l'attente de la suite, comme j'y suis- moi-même, & ce ne sera vraisemblablement que pour l'année prochaine.

Paris ce 28 décembre 1778.

Apologie de la secte Anandryne, ou Exhortation à une jeune tribade par Mlle. de Raucourt, prononcée le 28 mars 1778.

Femmes, recevez-moi dans votre sein, je suis digne de vous.

Ces paroles sont tirées de la *seconde lettre aux femmes*, par Mlle d'Eon.

C'est ainsi que n'aguere s'écrioit celle dont vous voyez le buste pour la premiere fois offert à vos hommages; cette fille l'honneur de son sexe, la gloire du siecle, & par la réunion de ses talens divers, peut-être la plus illustre qui ait jamais existé, qui existera jamais; la plus digne surtout de figurer ici, d'occuper une prééminence que je ne dois qu'à l'indulgence de l'assemblée. Ce tendre épanchement, cet élan rapide, cette bouillante ardeur, ces mouvemens impétueux qui ramenent Mlle d'Eon vers son sexe, sont d'autant plus honorables pour lui, que, travestie en homme dès le berceau, crue homme, éduquée en homme, ayant vécu continuellement avec des hommes, elle en a contracté les goûts, les allures, les habitudes; elle en a conquis, pour ainsi dire, tous les talens, tous les arts, toutes les vertus, sans se souiller d'aucun de leur vices: investie de leur corruption, elle a toujours conservé la pureté de son origine. Au college, dans les festins, dans les parties de plaisir les plus licencieuses, à la cour, au milieu des camps, &, quelquefois obligée de partager sa couche avec un sexe étranger, elle a résisté à tant de tentations dangereuses, & jusqu'à ce qu'elle pût avoir une compagne, trouvé en elle-même une jouissance préférable à celles dont l'attrait puissant l'aiguillonnoit sans cesse. Graces vous en soient rendues, ô déesse auguste qui présidez à nos misteres! & vous, ma chere enfant, à qui cette exhortation s'adresse principalement, puissiez-vous profiter d'un si grand exemple! échappée dès votre tendre jeunesse aux séductions des hommes, goûtez le bonheur de vous trouver réunie au sein de vos pareilles, bonheur après lequel Mlle d'Eon, commandée par les circonstances, a soupiré pendant si long-tems en vain.

Au reste, la secte anandryne n'est pas comme tant d'autres qui ne sont fondées que sur l'ignorance, l'aveuglement & la crédulité; plus on en étudie l'histoire & les progrès, plus on augmente pour elle de vénération, d'intérêt & d'attachement. Ainsi donc, je vous en ferai voir d'abord l'excellence ; puis on pratique mal ce qu'on ne connoît pas bien : *la lettre tue & l'esprit vivifie* ; je veux augmenter votre zele en l'éclairant, en vous apprenant l'importance & l'étendue de vos devoirs : enfin, la récompense au bout du terme est ordinairement ce qui anime & soutient l'athlete dans la carriere ; je vous en propose une non pas comme tant d'autres propre à satisfaire uniquement l'orgueil, l'avarice, la vanité, mais à remplir votre cœur tout entier ; c'est le plaisir. Je vous peindrai ceux que nous goûtons. Telle est la division naturelle de ce discours.

O Vesta ! divinité tutelaire de ces lieux, remplis-moi de ton feu sacré ; fais que mes paroles aillent se graver en traits de flamme dans le cœur de la novice qu'il s'agit d'initier à ton culte : puisse-t-elle s'écrier avec autant de sincérité & d'ardeur que Mlle d'Eon. *Femmes recevez-moi dans votre sein, je suis digne de vous !*

Première Partie.

L'excellence d'une institution se détermine principalement par son origine, par son objet, par ses moyens, par ses effets.

L'origine de la secte anandryne est aussi ancienne que le monde; on ne peut douter de sa noblesse, puisqu'une déesse en fut la fondatrice, & qu'elle déesse! La plus chaste, dont l'élément qui purifie tous les autres est le simbole. Quelque contraire que cette secte soit aux hommes, auteurs des loix, ils n'ont jamais osé la proscrire; même le plus sage, le plus sévere des législateurs l'a autorisée. Lycurgue, avoit établi à Lacédémone une école de tribaderie où les jeunes filles paroissoient nues, & dans ces jeux publics elle apprenoient les danses, les attitudes, les approches, les enlacemens tendres & amoureux; les hommes assez téméraires pour y porter les regards étoient punis de mort. On retrouve cet art réduit en systême & décrit avec énergie, dans les poésies de Sapho, dont le nom seul réveille l'idée de ce que la Grece avoit de plus aimable & de plus enchanteur. A Rome la secte anandryne recevoit dans la personne des Vestales des honneurs presque divins. Si nous en croyons les voyageurs, elle s'est étendue dans les pays les plus éloignés, & les Chinoises sont les plus fameuses tribades de l'univers; enfin, cette secte s'est perpétuée sans interruption jusqu'à nos jours; point d'état où elle ne soit tolérée, point de religion où elle n'existe, sauf la juive & la musulmane; chez les hébreux le célibat étoit odieux & les femmes frappées de stérilité étoient déshonorées; mais cette nation, toute terrestre & grossiere, n'avoit pour but que de *croître & de multiplier*, & les juifs devinrent un si vilain peuple, que dieu fut obligé de le renier. Quant à la religion musulmane, on peut regarder encore les ferails qu'elle favorife comme une tribaderie mitigée.

Il eft vrai que l'objet de cette inftitution chez les Turcs eft moins de propager le culte de notre déeffe que d'exciter la brutalité du maître de tant de belles efclaves renfermées enfemble pour fes plaifirs. On raconte que le grand-feigneur actuel, lorfqu'il veut procéder à la formation d'un héritier de l'empire, fait ainfi raffembler toutes fes femmes dans un vafte falon du férail deftiné à cet ufage & appelé par cette raifon la *piece des Tours*. Les murs en font peints à frefque, & toutes les figures de femmes de grandeur naturelle y repréfentent les poftures, les attitudes, les accouplemens & les grouppes les plus lafcifs. Les fultanes fe deshabillent nues, fe mêlent, s'entrelacent, réalifent & diverfifient fous les yeux du defpote blazé ces modeles qu'elles furpaffent par leur agilité. Quand, l'imagination bien allumée par ce fpectacle, il fent fe ranimer fes feux engourdis, il paffe dans le lit de la favorite préparée à le recevoir & opere des merveilles. En Chine les vieux mandarins fe fervent du même fecours, mais d'une maniere différente. Aux ordres de l'époux les actrices y font accouplées dans des hamacs à jour; là, mollement fufpendues, elles fe balancent & s'agitent fans avoir la peine de fe remuer, & le paillard, les yeux ardens, ne perd rien de ces fcenes lubriques, jufqu'à ce qu'il entre lui-même en action. En ce fens, même chez les juifs maudits, la tribaderie fut introduite : fans cet ufage, qu'auroit fait Salomon de fes trois mille concubines ? Et, fuivant les anecdotes fecretes de quelques rabbins plus véridiques, le roi prophete, le faint roi David ne fe fervoit des jeunes Sunamites qu'il mettoit dans fon lit, que pour ranimer fa chaleur prolifique en les faifant tribader par deffus fon corps. Mais, il faut l'avouer, cette deftination, ce mélange d'exercices mâles profanoit une fi belle inftitution. C'eft en Grece, c'eft à Rome, c'eft en France, c'eft dans tous les états catholiques qu'on en faifit l'objet en grand & dans fon véritable efprit. Dans les féminaires de filles établis par Lycurgue, le vœu de virginité n'étoit pas perpétuel ; mais elles s'y épuroient le cœur de bonne heure, & habitant uniquement entre elles jufqu'à ce qu'elles fe mariaffent, elles y contractoient une délicateffe de fenfations, après laquelle elles foupiroient encore même dans les bras de leurs époux, &, quittes de leur rôle qui les appeloit à la maternité, elles revenoient toujours à leurs premiers exercices. Rien de fi beau, rien de fi grand que l'inftitution des Veftales à Rome. Ce facerdoce s'y montroit dans l'appareil le plus augufte : garde du Palladium, dépôt & entretien du feu facré, fymbole de la confervation de l'empire : quelles fuperbes fonctions ! Quel brillant deftin ! Nos monafteres du fexe dans l'Europe moderne, émanation du college des Vestales, en sont le sacerdoce perpétué ; mais n'en présentent plus malheureusement qu'une foible image par le mélange de pratiques minutieuses & de formules puériles. D'un autre côté, les vierges n'y sont point assujéties au servile méchanisme de l'entretien d'un feu matériel ; leur rôle vraiment sublime est de lever sans cesse des mains pures vers le ciel pour en attirer les bénédictions sur l'empire. Si leur ferveur s'éteint par une passion criminelle vers l'homme, dont la preuve sont les suites trop palpables d'une défloration évidente, elles ne sont pas punies de mort, mais subissent des peines canoniques plus terribles vu leur rafinement & leur durée. Comment donc, malgré les périls qui l'environnent, l'établissement s'est-il soutenu ? Par ces moyens simples, faciles, efficaces, attrayants.

Une jeune novice est-elle tourmentée d'un prurit libidineux de la vulve ? Elle a dans sa propre organisation de quoi l'appaiser sur le champ, la nature l'y conduit machinalement comme dans toutes les autres parties du corps où elle lui fait porter les doigts, afin par un agacement salutaire d'en supprimer ou suspendre les démangeaisons. Lorsque par cet exercice fréquent les conduits irrités & élargis ont besoin de secours plus solides ou plus amples, elle les trouve dans presque tout ce qui l'environne, dans les instrumens de ses travaux, dans les ustenciles de sa chambre, dans ceux de sa toilette, dans ses promenades & jusque dans les comestibles. Par une heureuse confidence, ose-t-elle bientôt faire part de ses découvertes à une camarade aussi ingénue qu'elle? Toutes deux s'éclairent, s'aident réciproquement; elles s'attachent l'une à l'autre, elle se deviennent nécessaires, elles ne peuvent plus s'en passer; elles ne font plus qu'une ame & qu'un corps. Alors la vie ascétique leur paroît préférable à toutes les vanités du siecle; les haires, les cilices, ces instrumens de pénitence sont convertis en instrumens de volupté; les jours de discipline générale & publique si effrayans pour les gens du monde, qui ne s'attachent qu'au nom, deviennent par ces accouplemens multipliés des orgies aussi délicieuses que les nôtres; car la flagellation est un puissant véhicule de lubricité, & c'est sans doute des couvents que cet exercice est passé dans les écoles des courtisannes, qui l'enseignent à leurs éleves comme un agent victorieux propre à ressusciter au plaisir les vieillards & les libertins anéantis.

Quoi qu'il en soit, doux art de la tribaderie! tes effets sont tels que la nonette quitte pour toi, biens, amis, parens, pere, mere; qu'elle renonce aux propriétés les plus riches, aux jouissances les plus recherchées, aux affections les plus impérieuses, les plus innées dans le cœur de l'homme, aux plaisirs de l'hyménée si vantés, & qu'elle trouve dans toi la felicité suprême. Oh! que tes charmes sont grands, que tes attraits font puiſſans! puiſque tu diſſipes les ennuis du cloître, tu rends la ſolitude raviſſante, tu transformes cette priſon odieuſe en palais de Circé & d'Armide.

En voilà ſuffiſamment, ma chere fille, pour vous faire connoître l'excellence de la ſecte anandrine: je ne veux pas trop fatiguer votre attention: il eſt tems de vous en apprendre les devoirs, objet le plus eſſentiel de ce diſcours.

Seconde Partie.

Point d'inſtitution humaine qui n'ait pour objet ou l'utilité ou l'agrément; qui ne procure des avantages, ou ne donne des jouiſſances: il en eſt qui réuniſſent les deux & c'eſt le comble de la perfection. Telle eſt ſans doute la ſecte anandryne, enviſagée ſous le point de vue ſublime où je vous l'ai préſentée dans la fondation du college des Veſtales & des colleges religieux du ſexe qui lui ont ſuccédé & ſont en honneur aujourd'hui dans notre rite. Il faut l'avouer, notre ſociété dont il s'agit en ce moment, ma chere fille, n'a pas ce degré de mérite; elle n'a pour principal & unique but que le plaiſir; mais, pour l'obtenir, il y a une marche, des moyens, des obligations, ou, pour tout dire en un mot, des devoirs à remplir: les uns tendent à la conſervation de la ſociété; car, ſans elle, les effets manqueroient; les autres à

en

en maintenir l'harmonie; car dans le trouble & le désordre on ne jouit point, ou l'on jouit mal; les derniers à l'étendre & à la propager; car rien de bien fait, sans ce goût, cette ferveur, ce zele qui, semblable à l'élément dont vous avez l'image sous les yeux, toujours en activité, gagne & absorbe tout ce qui l'environne. Reprenons & développons ces trois vérités; afin de vous les bien inculquer dans la mémoire & dans le cœur.

Hommage d'abord à la fondatrice de notre culte, à Vesta dont la statue constamment présente à nos assemblées & suspendue sur nos têtes est le garant de sa protection toujours subsistante, de sa vengeance toujours prête à éclater contre les prévarications & les infidélités. Invoquons-la souvent, non par de vaines prieres, mais par des sacrifices & des libations. Point d'intempérie de langue, sagesse, réserve à l'égard de ce qui se passe dans nos assemblées, discrétion, silence parfait sur les misteres de la déesse, pour ne point éveiller la jalousie & l'envie; soumission absolue à ses loix, qui vous seront expliquées, soit par celle occupant ma place dans les assemblées, soit par la mere aux soins de laquelle vous êtes confiée, & qui est chargée de vous diriger dans la vie privée; mais surtout guerre vive & déclarée, guerre perpétuelle aux ennemis de notre culte, à ce sexe volage, trompeur & perfide, ligué contre nous, travaillant sans relâche à détruire notre établissement, soit à force ou

Tome X. K

verte, soit sourdement, & dont les efforts & les ruses ne peuvent être repoussés que par le courage le plus intrépide, que par la vigilance la plus infatigable.

Au reste, il ne suffit pas qu'un édifice soit établi sur des fondemens solides & durables, qu'il soit écarté des élémens destructeurs, & défendu contre les dangers qui peuvent le menacer; il faut encore qu'il offre aux regards de belles proportions, un accord, un ensemble, le grand mérite des chef-d'œuvres d'architecture; il en est de même de notre édifice moral. La tranquilité, l'union, la concorde, la paix en doivent faire le principal appui, l'éloge aux yeux des profanes; qu'ils ne voient en nous que des sœurs; ou plutôt qu'ils y admirent une grande famille où il n'y a d'autre hiérarchie que celle établie par la nature même pour sa conservation, & nécessaire à son régime. La bienfaisance envers tous les malheureux, doit être un de nos caracteres distinctifs, une vertu découlant de nos mœurs douces & liantes, de notre cœur aimant par essence; mais, c'est à l'égard de nos consœurs, de nos éleves qu'elle doit se déployer. Communauté entiere de biens, qu'on ne distingue pas la pauvre de la riche; que celle-ci se plaise au contraire à faire oublier à celle-là qu'elle fut jamais dans l'indigence; lorsqu'elle la produit dans le monde, qu'on la remarque à l'éclat de ses vêtemens, à l'élégance de sa parure, à l'abondance de ses diamans & de ses bijoux, à la beauté de ses coursiers, à la rapidité de son char; qu'en la voyant on la reconnoisse, on s'écrie : c'est une éleve de la secte anandryne, voilà ce que c'est que de sacrifier à *Vesta*! C'est ainsi que vous en attirerez d'autres, que vous ferez germer dans le cœur de vos pareilles qui l'admireront, le desir, en l'imitant, de jouir de son sort.

Ce zele expansif pour la propagation du culte de la déesse doit principalement dévorer une tribade véritable; elle voudroit que tout son sexe, si c'étoit possible, participât au même bonheur qu'elle; du moins telles sont toutes celles que j'envisage ici & dont une énumeration rapide contribuera, ma chere fille, à votre édification plus que tout ce que je pourrois ajouter sur cette matiere.

Vous voyez d'abord deux femmes de qualité philosophes (1) s'arrachant à l'éclat & aux honneurs de la cour, aux attraits plus enchanteurs des hautes sciences qu'elles cultivent avec tant de goût & de succès, pour venir dans nos assemblées imiter la *simplicité de la colombe*, cet oiseau si cher à Venus, si ardent dans ses combats.

A côté d'elles est la femme d'un magistrat, sinon célebre, au moins fameux pendant plusieurs

---

(1) Mad. la duchesse de *Villeroy* & Ma li. la Marquise de *Terracene*.

années (1); mais qui dédaignant de s'associer à la renommée de son mari, s'arrachant aux caresses conjugales, aux délices de la maternité, s'est élevée au-dessus de tout respect humain, afin de se livrer avec plus de recueillement & sans relâche au culte de notre société & à ses travaux.

Sa voisine est une marquise (2) adorable, luttant avec elle d'enthousiasme pour la secte anandryne, bravant tous les préjugés, franchissant dans les brûlans accès de sa nimphomanie ce que les indévots à notre culte, appellent toutes les bienséances, toute honnêteté publique, toute pudeur; comme le maître des dieux, subissant même quelquefois les métamorphoses les plus obscures (3) pour faire des prosélytes à la déesse.

Celle dont le front est ceint d'une double couronne de myrthes & de lauriers est la Melpomene moderne, l'honneur du théâtre françois (4), qui depuis près de trois lustres qu'elle s'en est retirée, y a laissé un vuide non encore rempli & peut-être irréparable. Aujourd'hui, char-

___

(1) M. de Furiel a été procureur général pendant toute la durée du parlement Maupeou & l'on peut se rappeler combien il a fait parler de lui.

(2) Mad. la marquise de *Téchal*.

(3) On a vu quelquefois Mad. de *Téchal* se travestir en femme de chambre, en cuisinière, pour parvenir auprès des objets de sa passion.

(4) Mlle Clairon.

gée de l'inſtitution du fils d'un ſouverain (1), elle voit à ſes pieds les grands de cette cour; trop inſtruite par une longue expérience, par des maladies cruelles du danger du commerce des hommes, elle en dédaigne & les hommages & les ſoupirs; ſous prétexte de former ſon pupile, elle partage ſon tems entre le ſéjour de la Germanie & de cette capitale; elle vient ſe délaſſer de ſes importantes occupations dans notre ſein avec une ferveur toujours nouvelle.

Nous poſſédons encore ſa digne émule, la Melpomene de la ſcene lyrique (2), grande actrice; elle étoit en outre cantatrice délicieuſe, elle nous paſſionnoit par les accens de ſa voix enchantereſſe; eſprit enjoué & malin, elle répand avec autant de facilité que de graces les bons mots, les ſaillies, les ſarcaſmes. Entourée de ce que la ville & la cour avoient de plus ſéduiſant, elle a ſuccombé à ſon tour; aujourd'hui c'eſt une brebis égarée rentrée au bercail de la déeſſe: dans la maturité de l'âge, elle cherche à faire oublier les égaremens de ſa jeuneſſe.

Vous paſſerois-je ſous ſilence, illuſtre étrangere (3), & l'amitié qui nous lie m'empêcheroit-elle de vous rendre juſtice, de publier comment vous avez préféré aux bienfaits, à l'amour d'un

---

(1) Un petit prince d'Allemagne, un margrave.
(2) Mlle. Arnould.
(3) Mlle. Souck Allemande.

K 3

prince, frere d'un grand roi (1) les affections plus douces & plus vives de votre sexe? Vous avez repoussé ses embrassemens augustes pour mes embrassemens.

Vous ne serez point oubliée, novice prématurée (2), qui, profitant des grands exemples qui vous étoient offerts, avez marché à pas de géant dans la carriere, & avant l'âge avez mérité de monter au premier degré.

Je crois, sans amour-propre, pouvoir me citer après tant d'autres, & ne seroit-ce pas faire injure au choix de l'assemblée, si, nommée par elle pour la présider, je m'avouois sans talent & sans capacité? On sait le sacrifice que je viens de faire tout récemment, (3) pour me livrer toute entiere au penchant qui m'a toujours dominée & dont je fais gloire.

Tels sont, ma chere fille, les grands modeles que vous avez à imiter; vous y serez encore mieux encouragée quand je vous aurai fait la peinture des plaisirs qu'on goûte dans notre société.

―――――――――――――――

(1) Mlle. Souck étoit entretenue par un frere du roi de Prusse.

(2) Mlle. Julie, jeune tribade, formée par Mlle. Arnould & Mlle. Raucourt.

(3) Mlle. Raucourt venoit de quitter M. le marquis de Bievre, non sans l'avoir plumé considérablement; il lui avoit assuré une rente viagere de 12000 liv. ce qui la faisoit appeler par ce seigneur calembouriste *l'ingrate Amaranthe.* (l'ingrate à ma rente.)

TROISIÈME PARTIE.

Par la malheureuse condition de l'espece humaine, nos plaisirs sont pour l'ordinaire passagers & trompeurs ; ils sont au moins futiles, vains & courts. On les poursuit, on les obtient avec peine ; on en jouit avec inquiétude, & ils entraînent la plus souvent après eux des suites funestes. A ces caracteres on reconnoît principalement ceux que l'on goûte dans l'union des deux sexes. Il n'en est pas de même des plaisirs de femme à femme ; ils sont vrais, purs, durables & sans remords. On ne peut nier qu'un penchant violent n'entraîne un sexe vers l'autre ; il est nécessaire même à la réproduction des deux, & sans ce fatal instinct, quelle femme de sang froid pourroit se livrer à ce plaisir qui commence par la douleur, le sang & le carnage ; qui est bientôt suivi des anxiétés, des dégoûts, des incommodités d'une grossesse de neuf mois, qui se termine enfin par un accouchement laborieux dont les souffrances sont la mesure ; & le point de comparaison de celles dont on ne peut calculer ou exprimer l'excès ; qui vous tient pendant six semaines en danger de mort & quelquefois est suivi durant toute une longue vie de maux cruels & incurables. Cela peut-il s'appeler jouir ? Est-ce là un plaisir vrai ? Au contraire, dans l'intimité de femme à femme nuls préliminaires effrayans & pénibles, tout est jouissance ; chaque jour, chaque heure, chaque minute cet attachement se renouvelle sans inconvénient: ce sont des flots d'amour qui se succedent comme ceux de l'onde sans jamais se tarir, ou, s'il faut s'arrêter dans ce délicieux exercice, parce que tout a un terme & qu'à la fin le physique cesse de répondre aux épanchemens de deux ames si étroitement unies, on se quitte à regret, on se recherche; on se retrouve, on recommence avec une ardeur nouvelle, loin d'être affoibli, irrité par l'inaction.

Les plaisirs de femme à femme sont non-seulement vrais, mais encore purs & sans mélange: Indépendamment des maux physiques, précédant, accompagnant & suivant les plaisirs de cette espece entre homme & femme, d'où l'on peut leur refuser justement la qualification de vrais, il est des maux que j'appelle moraux, parce qu'ils affectent l'ame spécialement, qui troublent & empoisonnent ces jouissances. Je ne parle pas des combats continuels imposés dans nos mœurs à une jeune fille pour recéler, dissimuler sa passion, pour repousser les caresses d'un homme aimable qu'elle provoqueroit, qu'elle agaceroit, entre les bras de qui elle se précipiteroit si elle cédoit à l'impulsion de son cœur. Je suppose, ce qui n'arrive que trop fréquemment, qu'elle ait succombé, la voilà dans les ravissemens, dans les extases; ne faut-il pas qu'elle s'y soustraie, qu'elle use de stratagême afin d'éviter la fin même de la nature, la conception. Si elle s'oublie une seconde, il est trop tard, elle

porte

porte dans son propre sein le témoin de sa faute, un accusateur qui la confond. Que de soins, que d'inquiétudes, que de tourmens si elle veut dérober ce fatal mistere, & fasse le ciel, qu'afin d'éviter le deshonneur, elle ne soit pas forcée de recourir au plus affreux des crimes!

Je sais que dans l'hyménée ces inconvéniens sont supprimés; mais il en entraîne d'autres: le plus grand & le plus inévitable, c'est le dégoût du mari: la facilité, la répétition de la jouissance de l'objet le plus enchanteur, rassasient l'homme à la longue, à plus forte raison quand il est époux, c'est-à-dire attaché par un lien indissoluble, & que le plaisir est pour lui un devoir. C'est ce qu'avouoit un de nos agréables (1) les plus vantés, qui croyoit ne persifler qu'en petit maître & parloit en philosophe. Possesseur d'une femme, au printems de l'âge, réunissant tous les attraits, toutes les graces, tous les talens, toutes les vertus, lorsqu'on lui reprochoit de la délaisser pour des prostituées il répondoit : *Rien de plus vrai, mais elle est ma femme.*

Sans doute il est des consolateurs & des consolations pour une pareille Ariadne; les plaisirs furtifs & défendus n'en sont que plus attrayans, encore faut-il que le mari ne soit pas un de ces *eunuques au milieu du sérail, n'y faisant rien &*

---

(1) M. de Menville.

nuisant à qui veut faire (1); que la jalousie ne s'en mêle pas, autrement c'est un enfer. Cette passion peut exister aussi entre tribades, elle est même inséparable de l'amour; mais quelle différence, puisqu'elle ne sert chez nous qu'à l'aiguiser & tourne presque toujours au profit de la jouissance! Oui, c'est ce sentiment qui donne à nos plaisirs une solidité, une durée dont ceux des hommes ne sont pas susceptibles.

En effet, imaginons la femme la plus chérie & la mieux fêtée de son époux ou plutôt de son amant? A chaque caresse qu'elle en reçoit, elle doit craindre que ce ne soit la derniere, au moins y est-elle un acheminement? Les baisers décolorent le visage, les attouchemens flétrissent la gorge, le ventre perd son élasticité par les grossesses; les charmes secrets se délabrent par l'enfantement. Par quelle ressource la beauté ainsi dégénérée rappellera-t-elle l'homme qui la fuit? Je me trompe, il lui est toujours attaché; il n'a point cessé de l'aimer; le cœur brûle encore pour elle; mais la nature s'y refuse, elle est dans la langueur, dans la froideur, dans l'engourdissement; tout l'hommage qu'il peut rendre à son amante, c'est de ne lui en

---

(1) C'est un eunuque au milieu du sérail,
Qui n'y fait rien & nuit à qui veut faire.
Tout le monde connoît l'épigramme de Piron qui finit ainsi.

point infidele; c'eſt de ne point chercher à retrouver ailleurs ſes facultés. Cruel état pour tous deux ! Perſpective affligeante pour l'amour propre d'un femme, qui, ſeule, quand je ne connoîtrois pas les caprices, la fauſſeté, les trahiſons, les noirceurs des hommes, me feroit renoncer à jamais à leur commerce.

Chez les tribades point de ces contradictions entre les ſentimens & les facultés; l'ame & le corps marchent enſemble; l'une ne s'élance pas d'un côté, tandis que l'autre ſe porte ailleurs. La puiſſance ſuit toujours le deſir. De là ſans doute, ſans approfondir davantage, la cauſe de notre conſtance: recevant & donnant toujours du plaiſir, pourquoi changer? Caz, il faut l'avouer, & être juſte: l'inconſtance découle de la conſtitution, de l'eſſence même de l'individu viril. Il eſt ſouvent néceſſité de quitter: la diverſité des objets lui eſt d'une reſſource infinie: il double, il triple, il quadruple, il décuple ſes forces; il fait avec dix femmes ce qu'il lui ſeroit impoſſible de faire avec une. Cependant il foiblit inſenſiblement, l'âge le mine & l'uſe: il n'en eſt pas de même de la tribade chez qui la nymphomanie s'accroit en vieilliſſant: c'eſt une fureur, elle devient alors de *ſucube incube*, c'eſt-à-dire de patiente, agente. Elle monte au garde de mere & forme une éleve à ſon tour. Ce choix mérite beaucoup de ſoin; eſt-il fait, a-t-elle trouvé l'objet qui lui convient, cette autre moitié d'elle-même à laquelle elle s'unit bientôt par sympathie, elle ne l'abandonne plus ; elle veille sur elle avec une jalousie douce & inquiete que donne la crainte de perdre un bien unique & précieux, & qui tient plutôt de la tendresse maternelle que de cette passion effrénée des hommes. Aussi ce sentiment chez une Tribade, bien loin de lui éloigner son éleve, la loi attache de plus en plus & rend leur amour imperturbable ; mais des plaisirs ainsi continués sont encore sans aucuns remords, & c'est là le comble de la félicité. Comment en aurions nous ? Le plaisir de la tribaderie nous est inspiré par la nature ; il n'offense point les loix ; il est la sauve-garde de la vertu des filles & des veuves ; il augmente nos charmes, il les entretient, il les conserve, il en prolonge la durée ; il est la consolation de notre vieillesse ; il seme enfin également de roses sans épines & le commencement & le milieu & la fin de notre carriere. Quel autre plaisir peut être assimilé à celui-là ! Hâtez-vous, ma chere fille, de le goûter ; puissiez-vous après l'avoir reçu longtems, longtems le communiquer aussi, & toujours répéter avec le même goût : *Femmes conservez-moi dans votre sein, je suis digne de vous.*

LETTRE XI.

Sur l'église de Saint-Sulpice, sur la restauration de la chapelle de la Vierge, sur le peintre Greuze & sur quelques-uns de ses ouvrages.

4 Janvier 1779.

Quoique par goût, Milord, je ne fréquente pas beaucoup les églises de cette capitale; cependant j'y suis quelquefois entraîné par complaisance pour des dames qui m'obligent de les y accompagner. Ce tour vient de m'arriver à la fin de l'année derniere, où j'ai assisté à la messe de minuit, suivant un rite antique de la religion catholique, & qui remonte sans doute jusqu'à la primitive église. Le jour de Noël on commence à célébrer le saint sacrifice dès la nuit. La rareté d'une pareille cérémonie, qui ne revient qu'une fois par an, en forme un spectacle très-couru. Il attire non-seulement la foule des fideles, mais les curieux & les indévots. Certaines églises sont renommées pour la richesse de leur décoration, pour la noblesse & la pompe avec lesquelles on y officie; il en est où un virtuose fameux vient toucher de l'orgue & traîne à sa suite tous les amateurs: dans les couvens de filles, c'est communément une musique douce & recueillie qui enchante; enfin partout on recherche les jolies femmes qui y viennent

K 7

étaler leur mondanité. L'occasion me conduisit à Saint-Sulpice; je connoissois déjà ce magnifique édifice, comme tous les grands monumens de Paris; mais je ne l'avois pas encore vu avec cet appareil & cette immensité de gens de qualité & de peuple, coup-d'œil déjà très-imposant. La chapelle de la vierge nouvellement restaurée me frappa surtout; l'éclat des lumieres lui donnoit un brillant incroyable & je crus être dans un palais de fées, ou, pour me rapprocher davantage de la circonstance, dans la Jérusalem céleste. Ne pouvant dans ce moment visiter à mon aise cette chapelle, & avec tout le détail qu'elle exige, je me proposai d'y retourner dans un tems de repos, & c'est ce que je viens de faire. Je vous connois trop ami des arts pour ne pas vous en donner une notice.

Autrefois, Milord, durant votre séjour dans cette capitale, il n'est pas que vous n'ayez entendu parler de Saint-Sulpice, qu'on ne vous ait invité à voir cette superbe basilique commencée depuis près d'un demi-siecle (1): alors sans doute, elle étoit déjà debout, au moins dans ses masses principales & méritoit l'attention des connoisseurs. En effet, moins vaste que Notre

---

(1) Toute l'église a été commencée en 1645: la reine Anne d'Autriche posa la premiere pierre le 20 février 1646: il est ici question seulement d'une espece de réconstruction totale imaginée dès 1733 qui lui a fait changer de face absolument.

Dame, moins hardie que Saint-Eustache, c'est la troisieme église de Paris. Elle se distingue par une solidité majestueuse. Des critiques la lui reprochent comme un défaut: ils disent que c'est une carriere de pierres; pour moi, je ne pense pas de même: outre que, pour en bien juger, il faut attendre que le portail soit fini & dans le point de vue projeté, par l'abattis des maisons qui l'offusquent (1) & l'ouverture de la place qui lui doit servir d'avenue; cette assiete formidable ne messied point, ce me semble, à un temple du Seigneur: image du catholicisme, aux exercices duquel il est consacré, ce monument doit paroître, pour ainsi dire, inébranlable aux coups du tems, comme lui aux efforts de l'enfer dont les portes ne sauroient prévaloir contre cette religion auguste (2).

Quoi qu'il en soit, Milord, dans la persuasion que cet édifice religieux a déjà été l'objet de votre curiosité & de vos recherches, qu'il vous est encore présent à la mémoire, je ne vous entretiendrai ni de son architecture ni de sa décoration. Je passe sous silence ces bénitiers

---

(1) Le séminaire de Saint-Sulpice surtout, très-voisin du portail, auroit besoin d'être transporté ailleurs, & il n'est pas aisé de lui trouver dans le voisinage un emplacement convenable & de l'étendue nécessaire: il y a grande apparence que les choses resteront encore longtems dans cet état.

(2) *Et portæ inferni non prævalebunt adversus eam.* Rappelez-vous, Milord, votre écriture sainte.

singuliers formés de conques marines (1) rappelant trop les idées profanes & voluptueuses de la conque de Vénus ; les beaux marbres noirs où sont gravés en lettres d'or avec un faste apostolique les noms des prélats qui ont assisté à sa bénédiction (2) ; ce méridien (3), ornement philosophique, étranger au lieu saint, où le fidèle ne doit entrer qu'après s'être dépouillé de l'enflure du savoir (4) ; qu'après s'être revêtu de la simplicité de l'esprit, que le bandeau de l'ignorance sur les yeux ; enfin, ces tribunes supérieures, dorées, fermées de glaces, ornées de balcons magnifiques, où les vieilles duchesses dans toute la molesse de leur luxe, couchées nonchalament sur des coussins d'édredon, viennent prier dieu ou écouter sa parole.

Quant au portail, comme je vous l'ai observé plus haut, il n'est point encore achevé & ne le sera pas vraisemblablement de sitôt ; c'est la toile de Pénélope qu'on défait & refait à mesure. Le premier curé (5) vouloit les tours rondes. Le

---

(1) Ces coquilles, envoyées en présent par la république de Venise à François premier, ont été tirées du garde-meubles du roi, & données par Louis XV au curé de Saint-Sulpice.

(2) En 1745, il y avoit vingt-un prélats consécrateurs & douze spectateurs, les agens du clergé & les députés du second ordre à l'assemblée décennale de cette année.

(3) Tracé par l'astronome le Monnier.

(4) *Scientia inflat*, dit encore l'écriture sainte.

(5) M. Languet.

second (1) les a demandé quarrées; celui actuel (2) a desiré qu'on les rétablît rondes, mais plus élevées & sur une lanterne quarrée afin de contenter tous les goûts: jamais le mot d'Horace sur l'inconstance de l'homme ne fut mieux appliqué, *mutat quadrata rotundis*. Au reste, on prétend que c'est une politique de ces pasteurs qui perpétuent l'ouvrage pour continuer à jouir des fonds qui y sont affectés (3). Je passe tout de suite à la chapelle de la Vierge, objet capital de ma lettre, qui mérite d'autant plus que j'entre dans quelques détails, qu'elle est aujourd'hui le point de ralliement des artistes & des amateurs; mais d'où ils partent bientôt pour se diviser & se partager suivant le parti qu'ils prennent dans la querelle élevée au sujet de sa restauration.

Cette chapelle, commencée en même tems que Saint-Sulpice, n'étoit pas encore couverte douze ans après (4); ce fut l'actif & zélé Languet qui en pressa les travaux, qui la changea par les conseils des divers artistes (5), & la fit

---

(1) M. Delau.
(2) M. De Terfac.
(3) On avoit institué une loterie appelée *la Loterie de Saint-Sulpice*, dont les fonds étoient destinés à la bâtisse de l'église: cette loterie a depuis été réunie à la loterie royale de France, sauf à en distraire certaines sommes pour appliquer aux ouvrages pieux qu'on voudra.
(4) En 1657 lorsque mourut M. Olier, le curé sous lequel avoit commencé la construction de l'église.
(5) De Meissonnier & de Servandoni.

mettre dans l'état où vous l'avez vue autrefois; du même ordre que les bas côtés, elle faisoit ensemble avec le reste de l'édifice; depuis, par les métamorphoses qu'elle a subies, elle est insensiblement sortie de l'accord général, & aujourd'hui c'est un oratoire isolé, ou plutôt une petite église dans une grande église, ce qui, suivant moi, est un défaut & peche contre l'unité, qualité essentielle à tous les chef-d'œuvres; mais ce n'est pas ce dont il s'agit. Le plafond peint à fresque par le célebre le Moine, que vous avez eu le bonheur de considérer dans toute son intégrité, a certainement causé votre admiration; cependant la composition très-considérable peut vous avoir échappé, & il faut vous la rappeler pour vous mettre plus au fait de la contestation; je vais suivre l'esquisse (1) de l'auteur qui peut seule me guider aujourd'hui.

Ce poëme pitoresque consiste en cinq grouppes,

―――――――――――――

(1) Il y a deux esquisses de ce plafond, l'une dont le Moine fit présent à M. Languet le 11 mai 1753, lorsque ce curé, enchanté de son ouvrage, lui donna une gratification extraordinaire; l'autre vendue à l'inventaire de M. Randon de Boisset 6000 liv. & qu'on attribue à Nactoire son éleve. C'est ce qui rend la premiere beaucoup plus chere, puisqu'on en a offert jusqu'à 10000 livres; on la voit dans une des chapelles de l'église; quant à la seconde, elle est chez un particulier, qui veut bien la montrer, & c'est sur celle-là que j'établis ma description, parce que l'on convient aujourd'hui qu'elle est parfaitement semblable au plafond, tel qu'il avoit été exécuté par le Moine.

dont quatre se rapportent au principal & lui sont subordonnés. Dans celui-ci la Vierge est assise sur un nuage au milieu d'une multitude d'anges qui portent ses attributs; d'autres esprits célestes à l'opposite, mais dans une région inférieure, forment un concert pour chanter ses louanges & célébrer ses grandeurs (1). Elle intercede la divinité figurée par Jehova dans une gloire, en faveur des paroissiens qui lui sont présentés par Saint Pierre (2) & Saint-Sulpice. Ces paroissiens forment une grande multitude de peuple qu'on voit en prieres, occupant une partie du bas du plafond. Ils ont à leur tête leur pasteur (3) dans le costume de sa dignité; il est accompagné de ses jeunes éleves, des demoiselles de la communauté (4) dont il est le fondateur.

Sur les cotés à droite paroissent les peres de l'église & les chefs d'ordres qui ont plus particulierement célébré la mere de dieu; à gauche les vierges qui se sont mises sous sa protection & qui reçoivent des palmes de la main d'un ange.

Tel est le sujet sublime de l'esquisse, auquel,

---

(1) On prétend que c'est le même grouppe qui avoit été peint par *Lafosse* au dôme des invalides.

(2) Je ne vois pas trop ce que fait ici Saint-Pierre, à moins que l'église n'ait été ou ne soit encore en partie sous son invocation, ce que je n'ai pu éclaircir.

(3) M. Olier. Le Moine par adulation vouloit faire figurer là M. Languet, qui eut la modestie de renvoyer cet honneur au premier fondateur.

(4) Appelées singulierement *les Demoiselles de la communauté de l'intérieur de la Sainte Vierge.*

de l'aveu même des ennemis de le Moine, répond très-bien l'exécution. La gloire en est d'un ton vraiment célefte, la gradation harmonieufe & les grouppes qui font, pour ainfi dire, abforbés dans la lumiere, fe détachent tous avec netteté fur un fond pur & argentin; l'œil diftingue fans fatigue les divers objets dans une nuance convenable à la place qu'ils occupent. Ses détracteurs fe retranchent à certifier qu'il y avoit autant de différence entre l'efquiffe & le plafond qu'entre un excellent tableau & une copie médiocre (1).

Quoi qu'il en foit, depuis l'incendie de la foire Saint-Germain (2), ce plafond, abfolument dégradé par les foins même qu'on avoit pris afin de le préferver de l'élément deftructeur qui en étoit fi voifin, il a fallu fonger à le réparer (3). Au refus de fes anciens qui n'ont point voulu fe compromettre vis-à-vis d'un peintre auffi renom-

_____

(1) Je tire cette étrange affertion d'une lettre anonyme inférée au journal de Paris du 21 feptembre dernier, & l'auteur en cite pour preuve un jugement prononcé dans la defcription de Paris par Piganiol.

(2) En 1761.

(3) Ce plafond étoit dans un état déplorable: dix ou douze figures étoient abfolument tombées, plufieurs crevaffées & le tout fi délabré que dans l'affemblée de la fabrique qui en fuivit la vifite, il y eut des avis pour l'effacer entierement & en faire blanchir la voûte, du moins c'eft ce qu'on lit dans une lettre anonyme inférée au Journal de Paris du 15 feptembre dernier.

mé, M. Callet s'en est chargé. Ce jeune artiste (1), qui ne manque pas de talent ni de génie, mais qui vraisemblablement a encore plus de présomption, au lieu de s'asservir, comme il lui étoit prescrit, à l'esquisse de le Moine, a voulu corriger ce maître & y ajouter du sien; sous prétexte d'une supression faite dans l'ordonnance de l'architecture, qui laissoit un vuide dans le bas du plafond, il l'a rempli d'un grand nombre de pauvres & de malades conduits à la Sainte Vierge par M. Languet. Outre que ce grouppe n'est qu'une répétition de celui de M. Olier, une sorte de pléonasme dans la composition, on reproche à ce peintre de n'avoir point proportionné ses figures à celles de le Moine, de les avoir rendues lourdes & colossales : on les trouve encore mal dessinées, d'une couleur crue, & très-peu entendues de perspective : défaut d'autant plus répréhensible dans M. Callet, qu'il en faisoit la base de sa critique de le Moine, de son dénigrement, de l'espece de dédain qu'il affectoit de mêler ses travaux aux siens ; on pense qu'il auroit beaucoup mieux fait de substituer à ces personnages des masses de roche prolongées. Au reste, on appelle sa restauration un *replâtrage*. Avant, le plafond avoit une harmonie douce,

―――――――――――――――――――――

(1) Il a exposé pour la premiere fois au sallon, comme agréé, en 1777 ; il a peint le plafond du sallon des petits appartemens du Palais-Bourbon & à Gènes le plafond du sallon de M. le marquis de Spinola.

une harmonie délicieuse de tons, de la netteté dans l'effet, & du charme dans le coloris, attributs distinctifs des œuvres de cet habile maître qui mettoit une grace infinie même dans ses incorrections. On n'y voit plus qu'un cliquetis de couleurs âcres, on n'y apperçoit plus aucune masse de clairs & d'ombres ; aucuns objets ne se détachent les uns des autres ; c'est une cacophonie insuportable & un amas indigeste de figures, qui semblent toutes prêtes à tomber en bloc sur la tête des spectateurs.

Quoiqu'il y ait de l'exagération dans la critique, comme il arrive toujours dans ces sortes de guerres entre gens du métier, je ne puis disconvenir, Milord, qu'elle ne soit fondée à bien des égards & ne pas adopter les idées de l'auteur. De leur côté, les partisans de M. Callet ont poussé l'injustice jusqu'à ravaler le Moine de la façon la plus indigne, jusqu'à répandre que son plafond étoit un de ses ouvrages les plus médiocres, même une mauvaise chose qui devoit rebuter tout artiste d'y mettre la main, & qu'il falloit savoir beaucoup de gré à ce jeune éleve d'avoir eu la noble audace d'en réparer les défauts.

Tandis que les amateurs se divisent & s'injurient (1) à l'occasion de la coupole, ils se réunissent davantage pour donner de justes applau-

---

(1) Ce qu'on peut voir dans le journal de Paris, champ de bataille de ces Messieurs.

différemens au surplus de la restauration; la partie de l'architecture est fort exaltée pour l'adresse dont M. de Wailly a masqué les défauts de ses prédécesseurs qui avoient donné une élévation trop disproportionnée à la voûte; il y a joint une arriere-voussure décorée avec autant de richesse que de goût; il s'est en même tems ainsi ménagé la facilité d'obvier au défaut de lumiere, de dissiper les ténebres enveloppant presque toute l'année les peintures du plafond, de lui procurer plus efficacement par des reflets heureux ce que les Italiens appellent le *Lontanza*.

L'art avec lequel il a donné plus de profondeur à la niche de la Vierge par une trompe (1) bien imaginée, est d'autant plus louable que, sans cet attendrissement, on n'auroit pu jouir de la belle composition du statuaire.

Vous avez autrefois vu, Milord, dans cette chapelle une Vierge d'argent massif, résultat plus riche que bien travaillé de la pieuse industrie du curé mettant à contribution tous les offices de son quartier, dont on l'accusoit plaisamment de dérober la vieille vaisselle pour en faire fabriquer sa statue: on a fait fondre cet espece de lingot & l'on l'a voulu remplacer par un chef-d'œuvre sorti des mains du premier sculpteur actuel, de

―――――――――――――――――――

(a) Espece de voûte en saillie, ainsi nommée parce qu'elle a la forme d'une trompe ou conque marine: d'autres en donnent une définition plus puérile; ils disent que cette figure s'appelle *trompe* parce qu'elle trompe les yeux.

Pigal. Elle lui fait un honneur infini dans l'esprit des connoisseurs. La douceur, la modestie, la pureté immaculée enfin empreintes sur son visage causent un enthousiasme général; des gens difficiles ne trouvent pas le Jesus assez mignard; c'est qu'ils ne font pas attention que ce n'est qu'un enfant de quelques mois. Mais cette Vierge, dont la perfection n'auroit été ressentie que des artistes ou des gens de goût, placée dans sa niche, auroit ressemblé à mille autres dont les églises sont remplies. L'architecte, de concert sans doute avec le sculpteur, a voulu que ce chef-d'œuvre eût quelque chose de plus caractérisé, qui frappât la multitude & fixât l'attention. Pour faire valoir davantage la statue, il a proposé de lui donner des accompagnemens & de former du tout une espece de scene dont elle seroit l'objet principal & à laquelle toutes les autres figures seroient sacrifiées & ne serviroient que de repoussoir. Voici le plan de la fiction.

Il suppose que la Sainte Vierge est envoyée du ciel aux hommes pour vaincre les ennemis de leur salut & leur donner un sauveur; il a saisi le moment où dans une gloire brillante, *amicta sole*, elle descend sur la terre représentée par un globe. Elle y foule aux pieds le serpent, le plus terrible fléau de l'humanité: elle leur présente son fils, le restaurateur du genre-humain. A côté du globe paroît Saint-Joseph assis sur un

nuage

nuage, du côté opposé Saint Jean l'Evangeliste, tous deux invitent le peuple à rendre ses hommages à Marie.

Du même côté que Saint-Jean figurent Saint Joachim & Sainte Anne, & de l'autre l'ange Gabriel, tous en contemplation (1).

Quoiqu'il n'y ait pas un grand effort de génie dans cette vaste machine, on ne peut disconvenir cependant qu'elle ne produise beaucoup d'effet & n'en impose singulierement, surtout au moyen du jour, qui, ménagé à propos, y jette un éclat ravissant.

Il seroit fastidieux, Milord, de suivre en détail la récapitulation de la foule des richesses prodiguées pour l'embellissement de cette chapelle. L'architecture, la sculpture, la peinture, la cizelure, la dorure (2), tous les arts se sont épuisés comme de concert en sa faveur, & pour ceux qui n'ont point vu les églises d'Italie, c'est à coup-sûr, ce qu'on peut admirer de plus ma-

---

(1) La Vierge est en marbre & de sept pieds de proportion. Les autres statues, toute la gloire & les nuages sont en stuc, fait avec de la poussière de marbre. C'étoit M. Pigal le neveu, qui étoit chargé de cette partie.

(2) Outre les artistes nommés, il ne faut point oublier M. *Mouchy*, auteur du tabernacle, espece de piédestal qui porte un agneau sur la croix & le livre des sceaux; MM. *Metivier* & *Lachenait*, auteurs de la sculpture en ornemens; M. *Hervieux*, chargé de la cizelure & dorure en bronze; enfin M. *Vallée*, de toute la dorure qui est à huile, soit brunie, soit matte.

Tome X.   L

gnifique. Je préfere de vous entretenir d'un tableau d'un autre genre que j'ai été voir en même tems que la chapelle, tandis que je faisois, pour ainsi parler, mon cours de beaux arts. Il s'agit d'un chef-d'œuvre de M. Greuze.

Vous avez sans doute été surpris, Milord, qu'en vous faisant l'année derniere la revue des illustres de l'académie de peinture, je ne vous aie fait aucune mention de ce grand artiste dont la réputation est si prodigieusement répandue chez l'étranger; c'est qu'il n'est plus de l'académie, ou du moins c'est que son nom placé sur la liste seulement pour mémoire, il n'expose point & ne mêle en rien ses ouvrages avec ceux de ses confreres; piqué de n'avoir pu être reçu peintre d'histoire (1) dans son tems, & d'avoir été relégué dans la classe des peintres de genre, il se retira tout-à-fait & fit sallon chez lui. Comme la modestie n'est pas sa vertu dominante, il affecte de lutter seul contre l'académie entiere, il dit hautement qu'on ne voit que des enluminures au sallon, & que c'est dans son attelier qu'on trouve des tableaux. Il est certain que si, pour être peintre d'histoire, il faut un sujet héroïque, des pensées sublimes, un dessein grand, un stile noble, une maniere fiere,

---

(1) En 1769 M. Greuze avoit composé pour son tableau de réception le sujet de *l'empereur Severe reprochant à son fils Caracalla d'avoir voulu l'assassiner*... les juges ne trouverent point ce sujet traité de maniere a ire admettre son auteur dans la classe de l'histoire.

des accessoires magnifiques, un coloris solide & brillant, ce n'est point là le talent de M. Greuze; mais, si, comme je le pense, l'expression des passions est le premier mérite d'un pareil artiste, M. Greuze possede cette partie au suprême degré. Il est vrai qu'il ne choisit point ses traits dans l'histoire grecque ou romaine, que ses acteurs ne sont ni des empereurs, ni des rois, ni des guerriers; que ce ne sont pas même de riches citadins, car c'est ordinairement dans les campagnes, ou dans la foule du peuple qu'il les prend. Il passe toute sa vie entiere à étudier cette sorte d'hommes : le soir, quand il veut se délasser de ses travaux, il se rend aux petits spectacles, aux boulevards, dans les guinguettes, & là il cherche ses personnages; il les trouve, les étudie & se dispose à les mettre en scene. Le tableau qui attire aujourd'hui tout Paris fait la suite d'un de l'année passée, intitulé *la malédiction paternelle :* il doit lui servir de pendant. Pour que vous entendiez mieux cette nouvelle composition, il faut vous donner une idée de la premiere.

L'auteur suppose qu'un jeune homme libertin a passé la nuit avec un recruteur, qu'il rentre chez son pere à dessein d'en tirer de l'argent, ou de s'enrôler, s'il ne lui en donne pas. Ce vieillard infortuné s'indigne des menaces du vaurien; il entre dans une colere horrible, & ce sentiment prévalant sur celui de la douleur, il se souleve, les cheveux hérissés, le corps tremblant, & de ses mains étendues & desséchées il repousse l'ingrat & de sa bouche entr'ouverte semble le maudire. Celui-ci, frappé comme d'un coup de foudre, malgré la fureur qui le possédoit dans le moment même & qui est indiquée par le poing qu'il ferme encore avec rage, est arrêté dans sa fuite; sa mere se met à son passage, & l'expression de la tendresse foible de celle ci contraste à merveille avec l'autorité imposante de son mari. On voit sur cette figure un reste de fraîcheur, & de beauté altérées par les ans & flétri par les chagrins que lui a donné ce fils qu'elle a gâté. Quatre enfans répandus dans cette scene jouent des rôles différens proportionnés à leur sexe, à leur âge & à leur caractere. L'une des sœurs cherche à appaiser par ses prieres & par ses larmes le pere irrité; une autre plus raisonnable suit son frere, l'exhorte au repentir & à prévenir les malheurs qui vont fondre sur lui; un petit garçon tient le fuyard par la basque de son habit & ne pouvant encore démêler la cause de tout ce tapage, dans sa frayeur s'attache à ce qu'il peut; un dernier moins vif est plongé dans la tristesse & comme atterré par ce spectacle; il regarde son pere, & cherche à deviner le sujet de son état violent. Enfin, un huitieme personnage termine ce chef-d'œuvre de composition. C'est le recruteur qu'on voit à l'écart, qui rit de ce qui se passe & attend sa proie avec impatience. Voici maintenant la seconde partie du drame.

Le pere de famille languiſſant depuis l'évaſion de ſon fils qu'il a été forcé de maudire, ſuccombe enfin au chagrin qui le conſume; au moment où il expire, par un incident trop bruſqué à mon gré dans un tableau où il ne peut être prévu, préparé, annoncé comme dans une piece de théâtre, le fils arrive introduit par ſa mere qui lui montre ſon ouvrage & lui reproche d'avoir hâté les jours du vieillard. Douleur du jeune homme: en proie tout entier à ſon repentir, il frappe d'une main ſa poitrine, il tient ſa tête de l'autre, & devient par ſon déſeſpoir l'objet de l'intérêt général des ſpectateurs qui ſe raſſemble ſur lui. Cet intérêt s'augmente encore à la vue d'une béquille à ſes pieds, indiquant qu'il eſt eſtropié. Le reſte de la famille joue dans cette ſcene, comme dans la premiere, des rôles proportionnés à l'âge, aux caracteres de chacun, aux circonſtances où il ſe trouve. La fille aînée s'eſt mariée pendant l'abſence de ſon frere; ſon enfant de trois ou quatre ans augmente le nombre des perſonnages: ému des larmes de ſa mere, il ne voit qu'elle; il lui tend ſes bras innocens, comme pour la conſoler: la cadette peu accoutumée au ſpectacle de la mort, ſe flatte que ſon pere vit toujours; elle eſt dans la ruelle du lit, elle lui preſſe la main, elle la porte contre ſon cœur; mais cette main glacée ne lui confirme que trop ce qu'elle craint. A côté de celle-ci le plus jeune des garçons s'afflige moins de l'état de ſon pere que de celui de ſa ſœur; le calme, la sérénité de la vertu qui respirent sur le visage du vieillard lui dérobent encore les traits hideux d'une nature sans vie. Sur le devant du lit est placé son frere déjà dans l'âge de la raison & des sentimens religieux, un genou en terre près d'un tabouret sur lequel est un livre ; il y lisoit les prieres des agonisans ; le cri d'effroi répandu dans la chambre au moment où le pere a passé, l'a fait cesser ; il baisse la tête & est presque suffoqué par ses larmes. Il n'est pas jusqu'à un chien qui figure dans l'action ; il envisage son maître ; il semble douter que ce soit lui, & son instinct ne lui fait que trop pressentir son malheur. Assurément si les grands peintres ont admis ces animaux dans les scenes les plus héroïques (1), pourquoi les excluroit-on de ces scenes villageoises dont ils augmentent le naturel & la vérité. C'est là le caractere distinctif des ouvrages de M. Greuze. Rien de mieux senti que les deux que je viens de vous décrire ; tous les airs de tête variés y expriment des passions différentes & quelquefois plusieurs ensemble. Le spectateur partage tour-à-tour les afflictions de chaque acteur de ce poëme pittoresque en deux actes, dont l'intérêt croît par degrés & qui produit plus d'effet que le plus beau sermon. On dit que l'auteur compte ainsi traiter une suite de pareils sujets

---

(1) Je vois entre autres au Luxembourg dans la galerie de Rubens, trois chiens qui figurent au couronnement de Médicis.

moraux, & il fera bien de s'y tenir, car, à ne considérer son talent que du côté du méchanisme, sa manière le rapproche plus de ce genre; son pinceau est terne, ses couleurs sont mal empatées, ses draperies mesquines; mais il entend à prodige la magie du clair obscur. Quant à l'invention & au génie, je crois qu'il en a plus qu'aucun des peintres françois actuels: par son défaut de noblesse s'il ne vaut rien dans la tragédie, il est excellent pour le drame, pour le larmoyant, c'est le *la Chaussée* (1) de la peinture.

Pour moi, Milord, peut-être penserez-vous qu'en fixant les yeux sur une chapelle, & sur ces scenes funebres, c'est commencer l'année un peu tristement; mais je vous égaîrai la prochaine fois. J'ai invitation pour me trouver avec Mlle Sapho, incessamment.

Paris, ce 4 janvier 1779.

―――――――――――――

(1) Poëte françois qu'on regarde ici comme le premier inventeur du comique larmoyant, ou drame bourgeois.

LETTRE XII.

Suite de la confession d'une jeune fille.

ENFIN, Milord, je puis tenir l'engagement que j'ai contracté & que vous me sommez de remplir. Je vais vous révéler la suite de la confession de la jolie pénitente à laquelle vous me semblez assez disposé à donner l'absolution. M. Clos nous a réunis dans la neuvaine des rois pour tirer le gâteau, & Mlle Sapho, qui en étoit l'objet, n'a pas manqué de s'y trouver. Après les complimens d'usage dans cette saison, & chacun ayant payé à la nymphe le tribut qu'exige la galanterie françoise, elle a repris son récit de la sorte.

Depuis près de quinze mois je résidois dans la petite maison de Mad. de Furiel; j'y étois entretenue dans l'appareil du luxe le plus propre à satisfaire la vanité; ma passion favorite; d'ailleurs, je nageois dans tous les délices, dans tous les plaisirs : mon éducation étoit fort avancée non-seulement par rapport aux premiers élémens; mais encore dans les arts d'agrément. Je ne parlois plus le langage du village; je lisois, j'écrivois, je chifrois très-bien; je cousois, je brodois, je faisois de la tapisserie, du filet; je dansois avec grace, je chantois proprement; je pinçois de la harpe; ces occupations diversifiées

rem-

remplissoient mes loisirs, & les jours couloient rapidement. Il ne me manquoit rien en apparence, je me croyois la plus heureuse des femmes; lorsqu'une avanture bizarre me fit connoître la félicité suprême & me plongea bientôt après dans un abîme de maux.

La fameuse Bertin, marchande de modes de de Mad. de Furiel, avoit ordre de me fournir tous les ajustemens de son ressort & notre correspondance étoit fréquente. Une demoiselle de boutique affidée alloit & venoit entre nous. Celle-ci profitoit de ses courses pour se rendre à la dérobée chez son amant; c'étoit un coëffeur, nommé Mille, très-joli garçon, tout jeune, d'une taille moyenne & qu'à sa fraîcheur, à son coloris vermeil, on auroit pris volontiers pour une fille. Dans ses visites, il étoit naturel que sa maîtresse l'entretînt de l'objet qui lui procuroit la félicité d'avoir avec lui des entrevues fréquentes; elle lui en parla si souvent & avec tant d'éloges de ma figure & de mes charmes, qu'elle lui alluma l'imagination & qu'il devint amoureux de moi sur sa seule description. Sa passion se fortifia tellement, qu'il n'y put tenir & résolut de juger par lui-même de celle qu'il ne connoissoit encore qu'en idée. Il s'y prend adroitement; il fait porter sa curiosité moins sur moi que sur ma façon d'être, que sur le local que j'habitois: il propose à cette ouvriere, un jour qu'elle aura quelque chose à m'apporter, de le laisser se travestir sous ses habits & de le lui

L 5

confier. Sa maitresse bien fêtoyée jufque-là, ne conçoit aucun foupçon, & dupe de cette tournure, elle y confent. Quelques jours après, Mlle Bertin l'ayant chargée d'un chapeau pour moi; elle va trouver Millie, elle lui arrange fa baigneufe, fon manteau de lit & tous les autres acceffoires féminins néceffaires à fon déguifement, puis il prend à deux mains le carton énorme qui contenoit le chapeau & part, tandis qu'elle fe met dans fon lit pour l'attendre : il arrive, on l'introduit auprès de moi; à fon afpect je témoigne ma furprife de voir un nouveau vifage; la prétendue fille de modes me répond que fa camarade eft malade & qu'elle eft chargée de fon département. Au furplus, elle fe félicite de l'événement; elle a vu bien des Dames, des Demoifelles, elle en voit tous les jours ; mais jamais rien d'auffi charmant; c'eft à jufte titre qu'on appelle le lieu où j'habite un temple, puifque je fuis une divinité. La louange eft le poifon de l'homme, à plus forte raifon de la femme, & le mien par-deffus tout. Cette oraifon prononcée du ton affectueux d'une dévote qui feroit au pied de l'autel, me plut fingulièrement : je prenois du chocolat; j'ordonnai qu'on en apportât une feconde taffe pour fon déjeûner; & je me mis à caufer avec l'ouvriere que je trouvois pleine d'efprit & de fenfibilité.

Dans le courant de la converfation elle me parla en ces termes: ,, Vous me paroiffez, Ma-
,, demoifelle, jouir du fort le plus fortuné, tel

„ que vous le méritez ; cependant je trouve
„ qu'il manque une chose essentielle à votre fé-
„ licité ; je suis fâchée de vous voir sevrée du
„ commerce des hommes." Assurément je n'aime
„ point ce sexe, je n'ai jamais eu la moindre
„ intimité avec aucun être mâle ; je n'en ai
„ nullement le goût & je ne pense pas qu'il me
„ vienne ; mais on peut faire autre chose que
„ de coucher avec eux. Enfin, c'est la moitié
„ du genre-humain pour laquelle nous sommes
„ faites. Pourquoi vous priver de tant d'hom-
„ mages que vous recevriez d'eux ? Votre amour
„ propre ne seroit-il pas satisfait de voir à vos
„ genoux tous ces roués aimables dont abondent
„ & la cour & la ville, de venger par vos dé-
„ dains les autres femmes crédules dont ils abu-
„ sent tous les jours ?" Et sur ce que je lui ré-
pondis en riant qu'elle ne disoit pas vrai, qu'elle
m'avoit l'air d'une grande libertine „. „ Non,
continua t-elle, je vous jure, je vous parle
„ comme si j'étois aux pieds de mon confesseur ;
„ je n'ai point d'amant, je suis conformée même
„ de façon à ne pouvoir guere goûter le com-
„ merce des hommes ; au contraire je suis folle
„ des femmes. Entre nous autres nous n'avons
„ rien de caché : si vous voulez je vous mon-
„ trerai quelque chose de fort extraordinaire ;
„ je souhaiterois bien que vous m'estimassiez
„ digne d'être attachée à vous, ou comme ou-
„ vriere, ou comme coëffeuse, ou comme fem-

L 6

„ me de chambre; comptez que vous n'aurez
„ jamais été si bien servie.„

Cette liberté, cette aisance de la part d'une
subalterne que je voyois pour la premiere fois,
qui m'auroient indignée peut-être contre une
autre, me plurent dans celle-ci, sans doute
par une sympathie secrete dont je ressentois déjà
les effets sans en connoître la cause, surtout
quand s'approchant de moi, me prenant les
mains, les caressant, les baisant, elle m'ajoute :
„ Allons, laissez vous toucher; soyez ma petite
„ maitresse, ma souveraine; recevez-moi sous
„ votre loi,„ je me sentis dévorée d'un feu
bien plus violent que tout ce que j'avois éprouvé
jusqu'alors; mais ne paroissant encore que céder
à la curiosité; je vais à la porte, je ferme le ver-
rouil & lui dis en revenant : „ Voyons donc
„ cette merveille, ce que vous savez faire.„ Elle
joue un moment la timidité; elle rappelle l'intervalle qu'il doit y avoir entre une ouvriere & moi;
elle s'étonne elle-même de son effronterie : il ne
faut l'attribuer qu'à l'excès de la passion que lui
ont tout-à-coup inspiré mes charmes : puis,
bientôt devenue plus hardie, elle couvre ma
gorge de ses baisers, prend ma main & la porte
doucement à..... „ Monstre, m'écriai je,
„ tu es un homme, & je suis perdue.„ Cependant ma main, comme retenue par une force
magnétique, ne lâchoit point prise; même pour
arrêter la sienne qui faisoit des progrès & me

rendoit les titillations ravissantes que je procurois au téméraire, en sorte que nous consommâmes tous deux réciproquement notre sacrifice ensemble; mais avec un tel spasme de ma part que j'en restai en syncope. Ayant bientôt repris sa premiere vigueur, il profite de mon état pour entrer dans la route du vrai bonheur & me livrer un assaut si terrible que la douleur me rappelle à la vie; j'allois crier, lorsque le plaisir fait expirer ma plainte sur mes levres. Quand, après plusieurs extases répétées presque coup sur coup j'eus le loisir de me reconnoître & de parler, je voulus savoir à qui j'avois eu à faire & comment il avoit ourdi cette intrigue. N'osant m'avouer quel il étoit, Mille me fit une histoire: il se dit fils de Mad. de Furiel; m'ayant apperçue plusieurs fois dans le carosse de sa mere aux boulevards & dans sa loge aux spectacles, il s'est senti jaloux d'elle; il est devenu amoureux fol de moi: ne sachant ni comment m'entretenir, ni comment me voir; instruit de l'impossibilité de parvenir à moi sous sa forme ordinaire, il a imaginé de corrompre quelqu'une de mes surveillantes; ayant encore échoué, il s'est retourné du côté des ouvrieres à mon service, & il bénit l'amour de lui avoir suggéré ce stratagême qui lui a réussi complettement. Il estime, toutefois prudent que l'agente de son succès l'ignore: il va lui dire que j'ai été inexorable & qu'il perd tout espoir; je dois de mon côté ne faire aucun reproche à la demoiselle & garder le plus profond silence. Il va se faire faire des habits de femme & il s'introduira désormais de lui-même aux heures & de la maniere que je lui indiquerai : je ne puis qu'approuver ces sages résolutions & je le quitte, non sans lui témoigner mon désir de le revoir bientôt.

Mon premier soin fut de prétexter une incommodité afin de me ménager quelques jours de repos, & par des lotions doucement astringeantes de dérober à la connoissance de Mad. de Furiel les vestiges des ravages que le monstre m'avoit causés. A ce soin dut bientôt en succéder un autre non moins essentiel : j'eus des vomissemens, des malaises, tous les simptômes de la grossesse, des suppressions surtout impossibles à cacher à mes femmes qui en rendirent compte à Mad. de Furiel & l'alarmerent sur mon état ; mais le plus difficile étoit de soutenir deux copulations dont l'une m'étoit devenue également insipide & fatigante par les efforts de l'autre trop attrayante, à laquelle se livroient avec emportement toutes mes facultés. Vous concevez que ces divers incidens ne pouvoient que préparer une femme si clairvoyante à la découverte d'un mistere qui devoit éclater tôt ou tard.

De son côté, Mille, fort embarrassé à son retour de témoigner à sa maitresse sa reconnoissance telle qu'il avoit coutume, & telle qu'elle l'attendoit, fut obligé d'avoir recours à quelque mensonge & de la laisser sortir du lit comme elle y étoit entrée ; elle se consola dans l'espoir que cela iroit mieux une autre fois; même anéantissement, elle ne put plus douter de son refroidissement & que ce refroidissement ne vînt de quelque autre allûre. Il s'agit de la découvrir; ses soupçons ne portoient nullement sur moi, d'après ma réticence absolue, d'après ce que lui avoit dit son amant, d'après la persuasion où elle étoit qu'il n'étoit venu chez moi qu'une fois, & surtout d'après le peu d'analogie qu'il devoit y avoir entre un coëffeur & une demoiselle aussi richement entretenue. Sans le hazard elle auroit dont été longtems à espionner. Un matin qu'elle venoit m'apporter quelques modes, elle observe de loin sortir une fille ressemblant beaucoup à Mille; celui-ci ne pouvoit la distinguer dans sa Thérese; elle veut s'éclaircir: elle suit par derriere la fille déguisée; elle se confirme dans son idée, lorsqu'elle la voit entrer dans la rue, dans la maison, dans la chambre de Mille. Elle frappe, on ne répond point; elle regarde par le trou de la serrure, elle le voit occupé à se déshabiller. Elle frappe plus fort; il répond qu'on attende un moment; enfin il ouvre: quelle surprise lorsqu'il trouve sa maitresse! il rougit; il lui demande excuse; mais il ne savoit qui c'étoit, il sort de son lit; il a été incommodé toute la nuit; il n'a eu que le tems de passer une robe de chambre: elle n'est plus dupe de tous ses mensonges dont elle connoît la fausseté; elle trouve d'abord sur lui même, sur sa chemise des indices de son infidélité; elle furete ensuite & reproduit à ses yeux l'habillement qu'il vient de quitter & déposant trop bien contre lui, elle fait semblant encore d'ignorer d'où il sort; elle veut le savoir; elle ne lui accordera sa grace qu'à ce prix. Toute cette recherche étoit accompagnée d'un torrent d'injures, d'invectives, de menaces qui l'effraient; il avoue tout pour en être quitte. Elle n'a plus rien à apprendre, elle sort redoublant de fureur & lui souhaite pour dernier adieu que Mad. de Furiel instruite de sa perfidie, lui en paye incessamment le salaire, & le fasse assommer dans les bras de sa conquête. Elle ne s'en tient pas à ce pronostic, ayant laissé à l'infidele quelques jours de repentir sans qu'il en profite, elle se rend chez Mad. de Furiel & l'instruit de ce qui se passe. Cette dénonciation jointe à ce qui avoit précédé est un coup de lumiere pour celle-ci qui ne doute plus d'être ma dupe; mais elle en veut acquérir la preuve plus certaine. Elle avoit eu soin de se faire donner le signalement le plus exact de ce garçon travesti en fille; elle s'en informe aux surveillantes dont le rapport est parfaitement semblable: elle donne ordre la premiere fois que cette fille viendra, de la laisser passer sans aucune difficulté, mais de venir l'avertir sur le champ. L'occasion ne tarde pas à se présenter d'obéir à Mad. de Furiel: on court l'instruire; elle arrive. Nous étions enfermés dans mon boudoir; elle en fait enfoncer les portes; nous avions eu le tems de nous remettre en posture décentes

mais trop d'indices nous trahissoient, notre silence, notre stupeur surtout, nous ne pouvions articuler une parole. Elle s'adresse à moi & s'écrie: „ Malheureuse, voilà donc comme tu
„ tiens tes engagemens, tes sermens? Voilà
„ comme tu reconnois mes soins, tu payes mes
„ bienfaits, tu me rends amour pour amour!
„ Ingrate, as-tu pu t'oublier à ce point? Et
„ dans quels lieux? Dans des lieux où tout au-
„ roit dû te rappeler à la reconnoissance & te
„ reprocher ton crime, où tu ne pouvois faire
„ un pas, porter tes regards, étendre ta main,
„ au loin, de près, autour de toi, sur toi, sans
„ rencontrer des marques de ma foiblesse & des
„ preuves de ta perfidie! Comment n'as-tu pas
„ craint que cette ottomane même, théâtre infâme
„ de tes plaisirs, ne s'animât tout-à-coup, ne se
„ soulevât d'indignation pour rejeter de son
„ sein celle qui la souilloit, qui la pressoit par
„ une prostitution abominable dont jusque-là
„ elle n'avoit jamais été le témoin & la compli-
„ ce?.... Au reste, c'est ma faute: que
„ pouvois-je attendre d'une fille née de la boue,
„ dont l'âme aussi basse que son origine devoit
„ nécessairement s'en ressentir." Alors elle se
tut, oppressée par la vivacité de son apostrophe;
elle versa des pleurs, non de tendresse, mais
de désespoir & de rage. Cependant j'étois revenue de ma première frayeur & lui dis: „ Ma-
„ dame, je ne ferai point de mensonge ici. Je
„ ne désavouerai point ma faute, trop prouvée,

„ que vous appelez un crime; si c'en est un,
„ c'est celui de la nature, c'est le vôtre. Vous
„ savez par votre propre expérience qu'on ne
„ peut se soustraire à son penchant, que les
„ promesses ni les sermens ne peuvent rien con-
„ tre elle, que tôt ou tard elle reprend son
„ empire; mais je me défendrai du crime plus
„ réel d'ingratitude. Ce sentiment n'est point
„ dans mon cœur, il est loin de moi; je suis
„ pénétrée de vos bontés; je m'en souviendrai
„ toute ma vie; je voudrois les payer de mon
„ sang; & si mes services vous sont agréables,
„ je consens à vous les rendre jusqu'à mon der-
„ nier soupir, à être votre esclave; mais c'est
„ tout ce que je puis faire & je renonce autre-
„ ment à tous vos bienfaits. Au surplus, vous
„ voyez que je nai point fait un choix indigne
„ & dont vous ayez à rougir: *c'est le sort de mon*
„ *sang de s'enflamer pour vous*: j'ai passé des bras
„ de la mere dans ceux du fils... Mon fils!
„ qu'entends-je?" répond avec fureur Mad. de
Furiel, jetant un regard terrible sur Mille. „ Est-
„ ce que le scélérat auroit eu l'imprudence d'i-
„ maginer une pareille fable? Mon fils, un
„ vil coëffeur....." A ces mots Mille, sen-
tant qu'il n'y avoit plus à reculer, que tout le
mistere étoit dévoilé, sans lui répondre, se précipite à mes genoux, convient de sa supercherie;
m'en demande pardon, la rejette sur la
crainte de me déplaire par un nom obscur & sa
profession d'artisan; cherche son excuse dans

son amour, & se croit pardonné, puisqu'il m'a plu. Frappé de cette autre découverte, je n'avois pas encore ouvert la bouche, mais mon silence ne pouvoit que s'interpréter favorablement. Mad. de Furiel au comble de la rage continue & termine de la sorte. ,, Je pourrois vous faire infli-
,, ger sur le champ la punition que vous méri-
,, tez tous deux; mais vous êtes des créatures
,, trop méprisables à mes yeux pour que je m'a-
,, baisse à la vengeance. Qu'on la dépouille
,, de tout ce qui m'appartient; qu'on lui rende
,, ses habits de paysanne; qu'on la mette à la
,, porte avec son greluchon, & qu'elle aille
,, bientôt obtenir ailleurs la correction réservée
,, à ses pareilles." On exécute les ordres de ma bienfaitrice. Je ne me déconcerte point, & d'un grand sang-froid je prens Mille sous le bras. ,, Allons, mon ami, lui dis-je, je te
,, pardonne ta ruse & la perte de ma fortune,
,, tu as de quoi m'en dédommager; tu vaux
,, mieux que tout ce qu'on m'ôte. Sortons au
,, plutôt de cette moderne Sodôme avant que la
,, foudre du ciel tombe & l'écrase."

Le coëffeur me conduit à son appartement; il m'y recueille, il a grand soin de moi; cela va le mieux du monde pendant quelques jours & peut-être aurions-nous vécu longtems heureux ensemble, sans la fille de mode, sa premiere maitresse. Outrée de perdre le fruit de sa méchanceté, de voir qu'elle a tourné contre ses propres vues, & au lieu de nous séparer, nous a réunis plus étroitement, sa jalousie s'accroît au point de venir souvent nous faire des scenes, des algarades qui alarment les voisins de Mille; ils me prennent pour un catin des rues; ils en portent des plaintes au commissaire, & une belle nuit on vient m'arracher du lit de mon amant pour me conduire à Saint-Martin.

Je ne vous peindrai point en détail, cette prison consacrée aux femmes de mauvaise vie, séjour aussi horrible que dégoûtant. Il suffira de vous la représenter comme la sentine de tous les vices, le théâtre de toutes les impudicités, où se débitent toutes les ordures, toutes les grossieretés, tous les juremens, tous les blasphêmes de la débauche la plus crapuleuse & par fois la plus énergique. Heureusement ce n'est qu'un dépôt, un lieu de passage pour aller à ce que nous appelons *la grande maison*, c'est-à-dire l'hôpital général. Il n'est sans doute aucun de vous, Messieurs, qui n'ait lu le court & magnifique éloge qu'en fait Mad. Gourdan dans le chef-d'œuvre d'éloquence érotique qu'on a jugé digne d'être transmis à la postérité: il faut toutefois beaucoup rabattre de son enthousiasme. Ce lieu de correction, quoi qu'elle en dise, tout aussi abominable que le premier, ne seroit pas moins susceptible de corruption & au physique & au moral, si d'une part, il n'étoit plus vaste & plus aéré, & si de l'autre un ministre patriote n'avoit imaginé d'appliquer au travail tant de mains criminelles, & en préservant de l'oisiveté ces malheureuses captives, de faire tourner à l'avantage commun, leur punition. Le lieutenant général de police actuel, non moins homme d'état, a perfectionné ce plan que M. de Malesherbes n'avoit pu qu'ébaucher, & les salles immenses de l'hôpital, dont l'air pestilentiel eût autrefois corrompu la vertu la plus pure si elle y fût entrée, sont devenues des laboratoires, sinon édifians, au moins utiles. Au reste, comme j'étois grosse, ainsi que j'en fis la déclaration, qu'il fut aisé de vérifier, on me mit dans un quartier séparé; j'y fus traitée fort doucement; j'y accouchai; l'on me soigna très-bien jusqu'à mon parfait rétablissement, & l'on me renvoya; ensorte que je sortis heureusement de cette prison, presque sans la connoître que par ouï-dire; mais je n'avois pas le sol; je n'avois point de hardes, rien à mettre en gages pour faire de l'argent, & je ne savois où donner de la tête, surtout quand après avoir été chez Mi le, j'appris que, tourmenté par sa mégere & pour se soustraire à ses persécutions, il s'étoit engagé avec un seigneur étranger & étoit parti pour la Russie. Il avoit vendu tous ses effets & les miens, il n'avoit pas daigné me donner le moindre secours, s'informer de moi & m'avoit laissée dans le dénûment le plus absolu. Je compris alors, mais trop tard, la vérité ce que m'avoit dit ma bienfaitrice de la légereté, de l'inconstance, de la perfidie, de la scélératesse des hommes; je résolus bien de ne m'attacher à aucun de ma vie : cependant il falloit exister, & je ne vis d'autre ressource que d'aller demander un asile à Mad. Gourdan. Je ne connoissois guère encore Paris ; je ne savois point sa demeure ni la rue de cette femme célebre ; mais je m'imaginois que tout le monde devoit la savoir & j'interrogeois tous les passans. Les uns ne me répondoient point, d'autres me rioient au nez ; les dévotes faisoient des signes de croix : une d'elles, après cette simagrée, m'envisage, me prend la main & me dit : ,, Mon enfant, vous n'êtes pas faite ,, pour aller là ; j'ai pitié de votre ingénuité ; ,, bénissez la providence, & remettez vous en ,, mes mains ; je vous placerai mieux qu'en pa- ,, reil lieu. Venez chez moi d'abord & faites- ,, moi votre confession." Je la suivis non loin d'ici, dans la rue du Bacq, près des missions étrangeres où étoit son domicile. Je suis naturellement franche ; d'ailleurs je n'avois point eu le tems d'arranger une histoire ; j'étois pressée par le besoin. Je pris confiance en cette femme & lui racontai de point en point tout ce qui m'étoit arrivé, dont au fond je n'avois nullement à rougir, puisque j'avois été entraînée dans mes divers déréglemens par une fatalité presque inévitable. De son côté, elle avoit des raisons pour être indulgente, & ne voyoit pas avec peine par tout ce que je lui apprenois, que je n'en étois que plus propre à la destination qu'elle vouloit me donner.

Elle me dit à son tour qu'elle s'appeloit Mad.

Richard, qu'elle étoit veuve & fans enfans, que fon époux avoit été loueur de chaifes à l'églife des miffions étrangeres, d'où elle avoit eu occafion d'aller dans la maifon, de faire connoiffance avec ces Meffieurs ; que pour mieux s'infinuer auprès d'eux, elle avoit pris le parti de jouer le rôle de dévote ; qu'elle s'étoit attachée à l'un de ces gros bonnets & faite fa pénitente ; qu'ayant effayé dans une confeffion d'éprouver ce que la chair pourroit fur lui fous prétexte de lui expofer fes fcrupules de la maniere dont fon mari opéroit l'œuvre avec elle, c'étoit avec une vraie fatisfaction qu'elle avoit reconnu qu'il n'étoit pas infenfible ; ce qui l'encouragea, quoiqu'il l'eût beaucoup grondée cette fois & lui eût enjoint d'être déformais plus réfervée & d'abreger pareils détails, à redoubler la feconde fois de lafciveté dans fa defcription. Celle ci plus adroite rouloit fur une infidélité commife envers fon mari, en cédant enfin aux inftances d'un galant dont les féductions l'avoient fait fuccomber. Elle s'apperçut que ce péché ne déplaifoit point tant au grave perfonnage dans le cœur duquel fe gliffoit déjà, malgré lui, l'efpoir d'être quelque jour auffi heureux ; il la réprimanda pourtant encore, mais avec moins de févérité, l'appelant fa chere pénitente & l'exhortant à venir fouvent au tribunal de la pénitence pour extirper ce malheureux penchant qui l'entraînoit vers l'homme. Après avoir par ces heureufes tentatives ébranlé la vertu du Miniſtre de Jeſus Chriſt, elle réſout de lui porter le dernier coup. Il s'agit d'un ſonge voluptueux. Ce n'eſt plus une fornication, un ſimple adultere, c'eſt un ſacrilege, un inceſte ſpirituel; avec un prêtre, avec un religieux, avec ſon.... elle n'oſe achever, tant elle eſt effrayée de l'énormité de ſon crime, quoiqu'il n'ait point été réaliſé & n'ait eu lieu qu'en rêve. Pour le coup, il oublie ſon rôle, ou plutôt il en uſe dans toute ſon étendue, il veut ſavoir avec qui, il la preſſe, il lui ordonne de la part de Dieu, qu'il repréſente, de n'avoir rien de caché. Enfin elle ſe rend à la volonté du ciel..... C'eſt avec ſon confeſſeur qu'elle croyoit être couchée, c'eſt avec lui.... Cet aveu étoit trop artificieuſement préparé pour ne pas produire ſon effet. Il jette le trouble tout-à-la-fois dans le cœur & l'ame du directeur; il en perd la tête; il balbutie, il ne ſait ni ce qu'il dit, ni ce qu'il fait; la chair ſe révolte avec une impétuoſité qu'il n'avoit pas encore éprouvée, il cherche machinalement à la dompter, il s'agite, il ſe ſecoue, il tombe dans une frénéſie délicieuſe; ſa chair ſe tait, mais il rougit de la victoire; il n'a rien de plus preſſé que de ſe débarraſſer de la pénitente par une prompte abſolution & d'aller enſevelir ſa honte dans ſa cellule.

Celle-ci n'avoit rien perdu de ce qui ſe paſſoit: elle conçoit qu'il ne s'agit plus que de faire naître l'occaſion d'un tête à tête avec lui pour

com-

completter la séduction; qu'il faut profiter du moment où son imagination est exaltée. Elle prétexte une maladie, on étoit dans la quinzaine de pâques: elle envoie son mari prier son confesseur de vouloir bien venir l'entendre: il arrive en diligence; elle étoit au lit dans une grande propreté; il l'interroge avec un vif intérêt sur son état. Elle n'en sait rien elle même, ce sont des vapeurs, c'est une mélancolie profonde, une langueur générale, ou plutôt c'est un feu secret & dévorant; ce n'est plus un songe, c'est une réalité continue, elle est atteinte d'une passion violente qu'elle combat en vain, & cependant passion d'autant plus folle que dans le cas même où la grace l'abandonneroit, où le démon l'emporteroit, ce seroit sans espoir de retour de la part de celui qui en est l'objet, personnage grave, éminent en vertu & qui ne daigneroit pas jeter les yeux sur elle; elle se retourne en même tems; elle offre à ce témoin qui ne perdoit rien une gorge ravissante & qu'elle a en effet assez belle, puis le regardant avec tendresse, elle continue: ,, Oui vous voyez ,, en moi, mon pere, la plus coupable des ,, pécheresses: c'est au tribunal de la péniten-,, ce même, c'est en y déposant mes ini-,, quités, que je me couvrois de nouvelles, que ,, je puisois un amour sacrilege, incestueux. ,, Ah! que ne puis-je quitter les habits de ,, mon sexe, prendre un habit religieux, aller ,, vivre auprès de lui, le servir, ne le point

Tome X. M

„ quitter & repaître au moins sans cesse mes
„ regards du plaisir de contempler sa face véné-
„ rable : car il a l'air majestueux comme vous,
„ le regard benin & doux, la voix onctueuse
„ & touchante; je crois le voir & l'entendre....
„ Malheureuse qu'ai-je dit! Hélas! vous ne lui
„ ressemblez que trop bien sans doute, vous
„ feriez inexorable comme lui... La déclaration
de Phedre n'étoit pas plus directe & plus pres-
sante; celle-ci fut plus heureuse.... „ Tu l'em-
„ portes, ma Richard, s'écrie le saint homme;
„ tu triomphes de cinquante ans d'austérités &
„ de vertu..... Tu me damnes; mais quoi!
„ n'éprouvé-je pas depuis que je te connois
„ des maux au dessus de ceux qu'on ressent en
„ enfer, ne peux-tu pas me faire goûter des
„ plaisirs au dessus des béatitudes du paradis: ou
„ plutôt n'est-ce pas l'être suprême qui mani-
„ feste ici sa volonté? N'est-ce pas lui qui
„ nous a donné cette simpathie mutuelle qui
„ nous est venue sans nous, que nous avons
„ envain combattue, & supérieure à tous nos
„ efforts? Sans doute il ne nous punira pas de
„ son propre ouvrage. C'est lui qui parle; ses
„ voies sont impénétrables; livrons-nous à son
„ inspiration, reçois-moi dans tes bras; que je
„ te rende & la santé & la vie; use de ce re-
„ mede sans remords. Vas, le scandale est le
„ seul mal de ces sortes d'unions; qu'un voile
„ impénétrable dérobe la nôtre aux profanes &
„ aux jaloux." A ces mots il se rue sur elle avec
une fureur indicible. Elle lui rend justice; elle

croit avoir eu son pucelage; il sembloit absolument neuf au commerce des femmes & n'en avoir la théorie que parce qu'il en avoit appris en confession ou dans les casuistes. Elle fut obligée de le mettre dans la route du bonheur; mais aussi quand il y fut, quelle extase, quel ravissement! Il avoit cinquante ans de moins; il réitéra plusieurs fois dans la même journée; le lendemain, le surlendemain il la confessa encore.

Ce commerce duroit depuis près d'un mois & son talent ne décroissoit point, elle ne sait s'il prenoit dans ses alimens de quoi le soutenir; c'est très-vraisemblable. Quoi qu'il en soit, cela ne pouvoit durer: une fievre inflamatoire s'empara de ce vieillard & il succomba en peu de jours. Elle devint en même tems veuve de deux manieres: son mari qui étoit ivrogne, se cassa la tête en revenant de la guinguette, & la débarrassa de lui; mais le saint homme lui manquoit; il avoit de bons bénéfices, & elle en auroit pu tirer parti: elle n'en eut pas le tems. Elle étoit de nouveau intriguée sur quel autre confesseur jeter son plomb pour le remplacer, lorsque la providence vint à son secours.

Un jour elle voit entrer dans sa chambre un confrere du défunt, un grand chapeau, c'est-à-dire un béat dans toute la force du terme, qui étoit chargé des consciences & des aumônes de la plupart des dévotes de haut parage du quartier. Elle le connoissoit de vue; elle lui avoit même parlé quelquefois par occasion; mais il lui avoit toujours déplu par son extérieur, C'étoit un échalas, maigre, sans contenance, d'une figure blême, have, pénitente, qui la repoussoit. Il étoit l'ami du défunt; il avoit reçu ses derniers soupirs & ses remords en confession, ce qui lui avoit avoit donné une connoissance détaillée de son intrigue avec Mad. Richard, & fait naître le désir d'en tirer parti; mais, afin de ne pas se compromettre & de sonder avant le terrein à son aise, il avoit pris une tournure très-honnête. Il lui forge une histoire ainsi qu'il lui a depuis avoué: il suppose que son confrere a fait un testament par lequel il laisse tout son bien à la maison; mais à la charge de quelques legs particuliers, entre autres de vingt-cinq louis en faveur de Mad. Richard pour raccommodage de ses collets, surplis, & en même tems le cafard étale un rouleau d'or sur la table. L'effroi qu'il lui avoit inspiré par sa présence, se calme à cet aspect: bientôt ils entrent en pourparler, ils s'arrangent & le défunt est oublié. Les aumônes des duchesses pleuvent en abondance chez la loueuse de chaises qui s'arrondit à merveille.

La maison des missions étrangeres, dont les chefs répandus chez les grands seigneurs du faubourg Saint Germain, ne laissent pas que d'avoir un certain crédit par les femmes sous leur direction & par leurs entours, est sujette à une circulation continuelle de prédicateurs, d'écrivains ecclésiastiques, de jeunes abbés de condition, de gros bénéficiers, d'évêques. L'hypocrite connoît beaucoup de ces derniers; c'eſt un intriguant adroit qui, dans la ſphere obſcure ne pouvant pas jouer un rôle par lui-même, a l'amour propre de ſe rendre au moins néceſſaire à Meſſieurs: il leur procure au beſoin des ſermons, des mandemens, des grands-vicaires, des bénéfices & même des filles, quand il les connoît à fond & en eſt bien ſûr. C'eſt Mad. Richard qui a ce département; elle me dit qu'elle feroit peut-être bientôt chargée de pourvoir de maitreſſe en regle un prélat; qu'elle avoit jeté les yeux ſur moi, mais qu'auparavant il falloit connoître mon ſavoir-faire, ou me donner des inſtructions; que d'ailleurs elle étoit ſurchargée de fatigue depuis la perte d'une éleve que lui avoit enlevé un jeune égrillard, & qu'elle avoit beſoin que je la ſecondaſſe juſqu'à ce que je fuſſe mieux placée. Entrant alors dans une petite diſſertation ſur notre état dont les principes ſolides & les vués fines ne m'ont point échappé, elle me dit:

„ Ne croyez pas qu'il faille traiter notre mé-
„ tier avec les dévots comme avec les gens du
„ monde. A l'exception des vieillards & des
„ libertins trop uſés, il faut infiniment plus
„ d'art & de talent auprès des premiers qu'au-
„ près de ceux-ci, chez qui la paſſion ou le
„ goût au moins précede pour l'ordinaire la
„ jouiſſance, la rend plus délicieuſe & en fait
„ preſque tous les frais. Il n'en eſt pas de
„ même d'un caffard, paillard honteux à qui
„ chaque perſonne du ſexe offerte ſucceſſive-

,, ment à ses regards, plaît tour-à-tour; parce
,, qu'il n'en est aucune qui n'éveille ses sens:
,, la circonstance seule détermine ses approches;
,, mais ce n'est qu'en couchant avec lui qu'une
,, courtisane experte peut lui faire naître le
,, desir d'y coucher encore, se l'attacher & le
,, fixer. Il faut pendant les courts momens qu'el-
,, le le possede, qu'elle lui enflamme l'imagina-
,, tion pour les longs intervalles de l'absence, &
,, que, toujours présente devant lui par le sou-
,, venir des plaisirs qu'elle lui a fait goûter, il
,, en appette de nouveaux & désespere d'en
,, rencontrer ailleurs de semblables. Au con-
,, traire dans la société une femme qui a rendu
,, un cavalier amoureux d'elle, qui peut ne le
,, pas quitter, le voir sans cesse, a mille moyens
,, de soutenir & perpétuer la séduction, soit en
,, prenant un ascendant impérieux sur son esclave
,, qui lui ôte toute faculté, toute volonté; soit
,, en l'écartant adroitement des lieux ou des
,, objets qui pourroient le faire changer; soit en
,, lui procurant des jouissances étrangeres qui
,, l'occupent & le distraient, jusqu'à ce que
,, l'appétit charnel le rappelle véritablement dans
,, son sein. Observons-en outre que les dé-
,, vots, les prêtres, les cénobites, les princes
,, de l'église, travaillés du démon de la chair,
,, sont plutôt vieillis & épuisés que les gens du
,, monde, ce qu'on attribue à leurs macéra-
,, tions, & ce qui est la suite du fréquent usage
,, de l'onanisme auquel ils sont sujets, faute de

„ femmes, ou crainte de se compromettre. Cet
„ exercice solitaire, par la facilité de s'y livrer,
„ tourne bientôt en habitude; il devient un be-
„ soin, mais au grand détriment de l'individu,
„ puisqu'un seul acte lui cause plus de déperdi-
„ tion de substance que plusieurs jouissances par-
„ tagées. Aussi l'onaniste transporté dans les
„ bras d'une femme, est-il fort difficile à amu-
„ ser: accoutumé à toutes les gradations, tou-
„ tes les nuances du plaisir, qu'il prend, qu'il
„ diversifie, file, suspend ou précipite à son
„ gré, il lui faut une prêtresse, s'oubliant elle-
„ même, se modifiant comme sa victime; il faut
„ qu'elle étudie & devine, pour ainsi dire,
„ chaque perception voluptueuse de son ame,
„ qu'elle suive la lubricité de ses mouvemens,
„ feigne d'en recevoir l'extase qu'elle lui pro-
„ cure & de sacrifier avec lui."

„ Cet art si raffiné chez les anciens, à ce
„ que j'ai appris d'un savant clerc, membre de
„ l'académie des belles-lettres, auquel j'ai eu
„ affaire, & perdu ou du moins dégradé durant
„ les tems d'ignorance & de barbarie, devient
„ en vogue plus que jamais dans ce siecle de
„ lumiere & de philosophie. Non moins de
„ quarante mille impures l'exercent dans la ca-
„ pitale; mais parmi ce nombre il en est peu
„ qui se distinguent: depuis un demi-siecle on
„ n'en compte guere que quatre parvenues à
„ une certaine célébrité, la *Florence* & la *Paris*
„ qui, mortes depuis plusieurs années, vivent

M 4

„ encore par leur renommée, & la *Gourdan* &
„ la *Briffon* qui profeffent aujourd'hui cet art
„ avec beaucoup d'éclat, qui voient paffer fuc-
„ ceffivement chez elles prefque tout Paris, de
„ puis le courtaut de boutique jufqu'au prince
„ du fang, & depuis le frere quêteur des capu
„ cins jufqu'à l'éminence la plus circonfpecte."

„ La manutlifation aidée ou réciproque eft
„ furtout à l'ufage des perfonnages graves que
„ vous verrez ici; obligés d'envelopper leurs
„ foibleffes du plus profond miftere, ils crain-
„ droient qu'un enfant mal-adroitement jeté en
„ moule, ou quelque maladie honteufe dont
„ les fimptômes ne peuvent guere fe cacher ne
„ les décelât. Cette derniere confidération dé-
„ termine à ufer de la même recette beaucoup
„ de féculiers, perfuadés que le mal fyphilitique
„ ne fe gagne que par le contact venéneux des
„ parties, organes de la génération."

„ Le cours de tribaderie que vous avez fait,
„ ma chere Sapho, vous a fans doute rendue
„ très-propre à l'autre exercice, lorfque vous
„ en aurez reçu les documens; car vous ne
„ pouvez en avoir acquis beaucoup avec un
„ jeune amant fougueux, ne recherchant qu'une
„ jouiffance rapide, toujours ardent à la con-
„ clufion, parce qu'il étoit toujours prêt à re-
„ commencer. Vous aurez affaire ici à des
„ hommes d'un âge mur, chez qui le grand feu
„ du tempérament fe trouve amorti, & l'imagi-
„ nation doit fuppléer aux facultés."

„ Il

„ Il faut d'abord vous apprendre la langue du
„ métier dont l'usage nous est indispensable &
„ de la plus grande importance ; le terme pro-
„ pre placé à propos, produit souvent plus
„ d'effet, frappe, émeut, aiguillonne plus vive-
„ ment les sens que l'image galante qu'y substi-
„ tue par une longue circonlocution une belle
„ parleuse. Je vous donnerai ensuite la défini-
„ tion de chaque mot que vous n'entendez pas,
„ & enfin je vous indiquerai l'application de
„ diverses pratiques de notre état."

Ici, Milord, l'historienne nous fit l'énumération d'un dictionnaire de mots absolument nouveaux pour moi ; ils étoient accompagnés de commentaires si obscènes, que je les supprime en entier, de désespoir de pouvoir vous les rendre supportables : tous ces détails peuvent être excellens dans la chaleur de la débauche, mais deviennent insipides & dégoûtans dans le sang froid de la narration. Je passe à la péroraison de la harangue de Mad. Richard.

„ Au reste, une légere pratique vous rendra
„ bientôt plus habile que le plus long catéchisme.
„ Il en est de notre métier comme de certains
„ jeux de cartes dont il faut savoir les regles
„ générales, mais auxquelles on déroge souvent,
„ au *Reversi*, au *Wisk*, au *Tresette*, c'est sur le
„ tapis qu'on apprend ce qu'il faut faire : la ma-
„ niere de jouer des adversaires, détermine
„ celle dont on doit user. Il en est de même
„ du putanisme : (car pourquoi rougir de nom-

M 5

,, mer une profeſſion qu'on ne rougit pas d'exer-
,, cer) c'eſt l'âge, le caractere, le goût d'un
,, amant qui doivent décider de la nature du
,, plaiſir à lui procurer. Il faut être très-com-
,, plaiſante avec certains hommes ; d'autres
,, pour entrer en humeur exigent de l'impétuo-
,, ſité, de l'emportement, de la fureur; il en
,, eſt avec qui l'on doit affecter de la réſerve,
,, de la pruderie : ceux-là veulent du tendre &
,, ſe plaiſent à filer le ſentiment ; ceux-ci aiment
,, qu'une pute ſe montre telle qu'elle eſt, & faſſe
,, ſon métier franchement."

La fin de ce diſcours fut regardé comme un point de repos où M. Clos fit ſervir : on remit la concluſion de l'hiſtoire après ſouper ; mais le repas fut ſi gai, Mlle Sapho ſi agaçante, que pluſieurs convives ſe trouverent plus preſſés d'avoir un tête-à-tête avec elle que d'entendre le reſte : pour ſatisfaire tout le monde, notre amphytrion convint qu'on ſe raſſembleroit une troiſieme fois ; je m'arrachai, non ſans peine, à cette ſociété d'aimables libertins, de crainte des contacts vénéneux dont Mlle Sapho m'avoit réveillé l'idée & j'allai me coucher, duſſai-je n'éprouver que l'illuſion menſongere d'un rêve!

Au reſte, Milord, me voilà embarqué malgré moi dans un roman que je n'imaginois pas devoir être ſi long de la part d'une auſſi jeune perſonne : heureuſement il ne vous déplaît pas; il vous pique par ſa ſingularité, vous amuſe par ſes détails, & votre philoſophie même ſait en tirer parti. Vous y comparez la corruption de la Babylone françoife avec celle de la Babylone angloife, & vous trouvez qu'elle furpaffe la nôtre en raifon de l'hypocrifie religieufe que néceffite ici le célibat chez cette multitude de moines, de prêtres, d'abbés, d'évêques qui ne peuvent, comme notre clergé, dans le foin d'un chafte hymen payer à la nature le tribut que tout homme lui doit. Faites lire à ceux de votre connoiffance ces avantures, & qu'ils béniffent leur fort & le proteftantifme.

Paris, ce 11 janvier 1778.

LETTRE XII.

Sur la paix de l'Allemagne; sur les dispositions des Hollandois & de l'Espagne: sur le comte Olavides & sur son supplice.

Au moment, Milord, où tous les gens qui viennent de Versailles, attestoient qu'on y parloit beaucoup de guerre de terre, qu'il y avoit de grands mouvemens dans les bureaux, qu'on ne doutoit pas que les gardes du corps, les chevaux légers, les gendarmes ne fussent rétablis sur l'ancien pied & les mousquetaires même recréés; qu'il étoit question de dédoubler les compagnies; que la machine des vivres, des fourages étoit déjà montée sourdement; que tous ceux qui devoient y avoir des postes étoient prévenus d'avance & savoient à quoi se tenir, la nouvelle de la paix décidée, quoique non signée encore entre l'empereur & le roi de Prusse est arrivée & vraisemblablement va faire changer toutes ces dispositions. Je ne vois ici aucun politique la révoquer en doute. Un ministre de Hambourg écrivoit, il y plus d'un mois, que cette paix prochaine étoit infaillible. Il se fondoit sur deux raisons puissantes: l'une, la menace de l'impératrice des Russies de se joindre au roi de Prusse, & S. M. impériale persistoit à troubler le repos de l'Allemagne: l'autre plus forte encore, le défaut d'argent dont manquent l'empereur & son augufte mere, qui n'ont pas même affez de crédit pour en trouver chez l'étranger: ils y ont vainement tenté des emprunts; quoique le fifc de Vienne ne foit pas gafpillé comme celui de France, les armées nombreufes que l'empereur a continuellement fur pied, & qu'il a augmentées dans cette circonftance, lui coûtent des fommes énormes & qui ne font pas en proportion avec fes revenus.

On n'a nul détail ultérieur fur les articles qui faifoient la bafe des préliminaires déjà fignés entre les puiffances belligérantes; on dit en général que le roi de Pruffe a ftipulé de la façon la plus avantageufe les intérêts de l'électeur Palatin, ceux du duc des Deux-Ponts, ceux de l'électeur de Saxe, ceux, en un mot, de tout le corps germanique dont il maintient vigoureufement les droits & la liberté; l'on ajoute qu'il a eu la générofité de facrifier abfolument les fiens, ce qu'on admire d'autant plus que jufqu'à préfent ce monarque ne s'eft pas oublié.

Cet évenement eft un furcroît de malheur pour l'Angleterre que tout femble concourir à accabler aujourd'hui. En effet, s'il nous reftoit quelque efpoir, c'étoit dans la diverfion que la guerre d'Allemagne devoit caufer à la France; du moins dans l'état hoftile où elle la néceffitoit de fe mettre & de fe tenir de ce côté-là; dans la multiplication de fes dépenfes qu'elle va déformais tourner toutes entieres du côté de la marine & contre nous. Obligée de se partager entre la terre & la mer, la prépondérance que lui donnoit sa scission de nos colonies jointes à elle s'annulloit en quelque sorte ; nous perdions, il est vrai, celle que nous avions eue constamment jusque-là ; mais il n'en résultoit qu'une sorte d'équilibre entre notre rivale & nous. Je ne crois pas que vous fassiez aucun fond sur les Hollandois ; nous nous en sommes absolument aliéné les négocians, & la résistance qu'oppose la république aux efforts de l'ambassadeur de France, qui voudroit nous en faire une ennemie ouverte, ne provient que de la cour de la Haye, dont les liaisons avec celle de Londres rangent en notre faveur les grands & le militaire. Du reste, M. de la Vauguyon n'insiste pas, sans de fortes raisons, pour que la république maintienne la liberté illimitée qu'il prétend appartenir à son pavillon par une suite de son indépendance & de l'intégrité du commerce que lui assurent le droit des gens & les traités. (1) je sais qu'il y a un marché fait avec ces perfides alliés pour fournir au roi de France des bois de cons-

---

(1) Ce sont les propres termes d'un arrêt du conseil en date du 24 janvier 1779, qui, à commencer du 26 du même mois, révoque, à l'égard des sujets de la république des provinces des Pays-bas, la ville d'Amsterdam exceptée, les avantages énoncés par l'article premier du réglement du 26 juillet 1778, pour la Navigation des neutres &c.

truction (*) nécessaires à sa marine ; marché si avantageux à nos ennemis qu'une compagnie françoise s'est vainement présentée au même effet & a été rejetée, parce que M. de Sartines lui ayant offert la préférence à des prix égaux, cette compagnie s'est trouvée dans l'impossibilité de l'accepter sans perte.] Je prévois que le Stathouder, malgré toute sa bonne volonté, ne pourra que retarder l'exécution de ce traité, un des plus cruels coups qu'on puisse nous porter : jusqu'ici, les guerres maritimes avoient tou-

___

(*) Pour l'intelligence de ce passage, il faut se rappeler que les Etats généraux déterminés à protéger le commerce & la navigation de leurs sujets, avoient résolu d'accorder des convois pour tous les navires dont les cargaisons ne contiendroient aucun objet de contrebande. Cette résolution eut son effet par l'expédition d'un premier convoi parti dans les premiers jours de novembre 1778. Tous les bâtimens chargés de marchandises libres & permises par le traité de 1764 avec l'Angleterre, eurent la faculté d'en profiter & y furent admis sans distinction ; mais le 19 novembre les Etats-généraux prirent une résolution particuliere & secrete par laquelle ils suspendoient provisoirement les convois à l'égard des bois de construction : en conséquence refus formel aux navires portant des bois de construction dans les ports de France de les recevoir sous convoi, ce qui motiva un premier mémoire que M. de la Vauguyon remit le 7 décembre 1778 aux Etats-généraux & fut la matière d'une longue négociation, de rigueurs même exercées envers les commerçans Hollandois & se termina par donner à la cour de Versailles toute la satisfaction & préférence qu'elle desiroit. (*Note des éditeurs*).

jours mal tourné pour la France en ce que par le manque de munitions navales, elle avoit, même après le premier succès, fini par voir ruinée en détail sa marine qui ne pouvoit se réparer à mesure, tandis que nous jouissions de toutes les facilités possibles de nous refaire de nos pertes.

Parmi tant de nouvelles accablantes, la seule qui me donne un peu de consolation, c'est le répit que nous laisse l'Espagne, c'est d'entendre contre cette puissance les clameurs des François prétendant que la guerre seroit déjà finie si elle avoit voulu se joindre à elle. Bien plus, ils se plaignent d'une infraction récente des traités de commerce qui subsistoient entre eux, par la prohibition des farines de ce royaume & de beaucoup d'ouvrages de ses manufactures que les Espagnols en tiroient habituellement pour leur consommation & l'exportation dans les Indes; ils se plaignent que sur les objets même non prohibés on ait fortement augmenté les droits d'entrée & bien au-delà des stipulations de ces traités; enfin, ils trouvent mauvais que le conseil de Madrid, en laissant encore pendant deux ans au commerce, la liberté d'acheter ses navires chez l'étranger, suivant l'usage habituel des négocians, ceux-ci soient tenus au bout de ce tems de les avoir désormais de construction nationale. Cet événement, si ce n'étoit pas une astuce & un jeu joué entre les deux puissances, comme je le crains, devroit sans doute réjouir l'Angleterre. Nous avons encore pour nous les casuistes de S. M. Catholique : on prétend qu'elle a consulté ses théologiens à l'égard du parti qu'elle prendroit dans la querelle des insurgens, & qu'ils ont décidé que ce seroit un péché d'assister ces hérétiques, quoique ce soit contre d'autres hérétiques ; mais quand le roi d'Espagne voudra nous faire sérieusement la guerre, n'a-t-il pas assez d'autres prétextes tirés de l'intérêt de sa couronne & de ses sujets, d'une foule de griefs qu'il nous objectera, de plaintes portées à notre cour sur lesquelles il n'a été donné aucune satisfaction ? quoi qu'il en soit, peut-on beaucoup regretter d'avoir pour ennemi un monarque totalement asservi sous le joug des moines, un gouvernement qui a toléré & encouragé l'exécrable jugement de l'inquisition contre l'illustre Olavidès, digne plutôt qu'on lui dressât des statues, enfin, un peuple témoin avide de ce spectacle, y applaudissant & bénissant le ciel de l'iniquité la plus atroce ? Envisageons donc d'un œil plus philosophique l'insurrection possible de ces nouveaux ennemis ; & en attendant que nous puissions laver dans leur sang leur perfidie, rions aux dépens de leur stupidité.

Empressé de vous satisfaire, Milord, j'ai ramassé les matériaux nécessaires pour vous rendre compte de la personne & du supplice d'Olavidès, de cet homme rare, qui, formé à l'école de *Montesquieu*, de *Voltaire*, de *Rousseau*, de

Buffon, fous l'influence du plus fage miniftre (1) qu'ait eu l'Efpagne, avoit fait briller quelque lueur de philofophie fur ce royaume plongé de nouveau dans la nuit de l'ignorance, des préjugés & de la fuperftition.

Le comte Paul Olavides a de cinquante à cinquante-cinq ans. Il eft né au Pérou, &, par la feule force de fon génie, s'affranchit de bonne heure des préjugés & de la fuperftition fi communs chez fes compatriotes. Il préfenta dans ces climats lointains le rare fpectacle d'un philofophe; mais, cachant prudemment fa façon de penfer, il parvint par fon mérite à la place d'Oydor ou de juge à *Lima*. Sa fermeté, fon intégrité, fes lumieres, fon indépendance le rendirent odieux aux jéfuites; ils lui intenterent un procès confidérable & l'obligerent de venir fe défendre en Europe: il fuccomba. Il étoit magnifique en tout, il avoit fait de grandes dépenfes & fut emprifonné pour dettes ; il couroit rifque de refter longtems en captivité, lorfque la veuve du premier commis qu'il avoit fu charmer, le vint trouver un jour & lui déclara qu'il feroit maître de fortir le lendemain, qu'elle avoit fatisfait tous fes créanciers. Son premier foin fut d'aller voir fa bienfaitrice qui, pour toute récompenfe, lui demanda fa main. Devenu ainfi puis-

---

(1) Le comte d'Aranda, qui avoit aboli, ou fufpendu du moins, les horreurs de l'inquifition.

samment riche, il se livra aux belles-lettres & à la philosophie : pour perfectionner ses connoissances, il demanda permission de voyager à sa femme ; il vint en France, & se plut beaucoup à Paris ; on ne sait si son projet étoit de s'y établir un jour ; mais il s'y fit 60,000 livres de rentes viageres ; il en vit les beaux esprits & les philosophes ; il lut tous les excellens ouvrages modernes & revint dans son pays surtout enthousiasmé des théâtres de cette capitale : il ajusta plusieurs pieces françoises au théâtre espagnol ; il en composa lui-même de régulieres dans sa langue, qu'il fit apprendre aux acteurs, en leur enseignant la vraie déclamation, & Madrid vit en peu de tems la scene y devenir presque aussi excellente qu'à Paris. Il y étoit en général le protecteur des arts & des sciences : il excita les écrivains à composer des feuilles périodiques, genre de littérature absolument inconnu dans ces contrées peu exercées à la critique. Il en résulta du mouvement dans les esprits & un accroissement de goût parmi les auteurs, qui se répandit dans toute la nation.

Le comte Olavides fut sollicité par le gouvernement de dresser un plan d'études pour la jeunesse ; il y fut généralement admiré : il y montroit l'universalité de ses connoissances, sa profonde sagesse, & un tact fin des hommes. Il plut au comte d'Aranda, alors président du conseil de Castille. Ce seigneur reconnut en lui non-seulement un homme de goût ; mais un homme d'état. Dans la circonstance critique de la révolte de Madrid qu'on peut se rappeler, lorsqu'il s'agit de faire des innovations dans le costume espagnol & d'expulser les jésuites, il le chargea de la police de cette capitale. Cet utile citoyen réunit ainsi tous les suffrages de la cour & du peuple; car celui-ci ayant eu pour la premiere fois le droit d'élire une espece de tribun ou de représentant, appelé *Personero*, il eut la gloire d'être le premier élu par toutes les classes.

Le comte d'Aranda lui fit avoir ensuite l'intendance de Séville. Ce fut pendant cette administration qu'il fit présenter à la cour son mémoire pour le défrichement de la Sierra Morena, canton inculte où il ne croissoit que du bois dégradé, & qu'il prouva être susceptible de devenir un des sols les plus fertiles de l'Espagne. Son projet fut accepté: il appela des Allemands & autres étrangers, sans s'embarrasser de quelle religion ils étoient, pourvu qu'ils eussent des bras & de l'industrie; il fonda sa colonie qui réussit à merveille: il établit une ville chef-lieu de sa résidence. Un couvent de moines dont le voisinage lui déplaisoit, gênoit ses opérations; il profita de son crédit pour les transporter ailleurs. Ces moines en conserverent un ressentiment profond. Le comte Olavides s'en reposant sur le ministre éclairé qui gouvernoit le royaume, fut moins circonspect dans ses propos & dans sa conduite. Ses ennemis s'en prévalurent, ils tinrent secrétement registre de tout ce qui lui échappoit contre la religion & attendirent le moment favorable de la difgrace du comte d'Aranda & du rétabliſſement de l'inquifition pour éclater & accufer le comte Olavides comme coupable d'héréfie; machination qui l'a conduit enfin au fort funefte qu'il a éprouvé, & que nous croirions être arrivée aux fiecles de barbarie fi nous n'en étions contemporains & témoins en quelque forte.

Ce fut à la fin de novembre dernier (1) que le tribunal général de l'inquifition tint un acte fecret dans lequel comparut comme accufé le Sieur Paul Olavides affiftant de Séville & fur-intendant des nouvelles colonies de la Sierra Morena.

On procéda au rapport de fon affaire qui dura depuis huit heures du matin jufqu'à midi & demi; les griefs fondés fur fes excès & fon libertinage étoient renfermés dans 170 articles d'une part & 70 d'une autre fur le témoignage de 78 témoins.

Ayant été déclaré hérétique dans toutes les formes, il fe préfenta en cette qualité tenant en main une torche de cire verte, & furchargé de la croix de Saint André, dont néanmoins M. le grand inquifiteur lui fit grace; il fut condamné

---

(1) Le 24 novembre 1778. Cette relation eſt tirée de différentes lettres eſpagnoles que j'ai déchifrées chez M. le comte d'Aranda, comme il eſt aifé de le juger aux expreſſions fanatiques dont elle eſt remplie.

à la confiscation de tous ses biens, à huit années de clôture dans un couvent, pendant la premiere année desquelles il devra jeuner les vendredi, si sa santé le lui permet, ce qui sera remis à la décision d'un directeur éclairé qu'on lui nommera pour le fortifier dans la pratique de ses exercices, & l'instruire de la religion chrétienne: il lui fut enjoint de faire régulierement ses prieres du matin & du soir; de lire *le guide des pécheurs* du révérend Frere Louis de Grenade, de réciter tous les jours à genoux le rosaire, ainsi qu'un *Credo*; il fut déchu de tous ses titres & charges, & déclaré incapable d'en posséder jamais aucuns; défense d'user à l'avenir de vêtemens de soie, de velours, de tissus d'or & d'argent, ni de galons & de pierreries: ordre au contraire de s'habiller en drap jaune du plus commun; défense également de monter à cheval ni de porter des armes: on prononça ensuite son bannissement perpétuel de Séville, de toutes les maisons royales de Madrid, des nouvelles colonies & de Lima, lieu de sa naissance où il prit le grade de docteur.

On lui fit faire en qualité d'hérétique une abjuration solemnelle; il fut absous de l'excommunication & réconcilié suivant toutes les formalités prescrites par les saints canons, à l'effet de quoi se présenterent quatres prêtres en surplis ayant chacun une poignée de verges à la main, dont ils frapperent sur ses épaules suivant la cérémonie d'usage, pendant qu'on réci-

toit le pseaume *Miserere*; il fit sa profession de
foi & fut interrogé sur plus de trente articles
de croyance.

Dès que les deux secrétaires eurent fini de
lire la procédure, au moment où l'on prononça
ces mots: *Nous le déclarons atteint & convaincu
d'hérésie*, le Sieur Olavides tomba en syncope
de dessus la selette; il ne perdit cependant pas
connoissance: on lui donna de l'eau & du vin,
ce qui le rétablit & le mit en état d'écouter sa
sentence, à la suite de laquelle il fit sa profession
de foi, baigné de larmes & poussant des gémis-
semens qui firent bien augurer de sa conversion.
Ses erreurs sont en grand nombre & des plus
extravagantes, provenant toutes de ce qu'il n'a
pas voulu croire au sixieme commandement, ni
ni à l'existence d'un enfer destiné à en punir les
violemens, chose qui lui fit concevoir une haine
implacable contre le clergé séculier & régulier,
ce qui a été en lui le fruit de ses rapports & re-
lations avec *Voltaire* & *Rousseau*. On le dépouilla
de l'ordre de Saint-Jacques dont il avoit été
décoré.

Le comité qui assista à ce jugement étoit composé des ducs de Grenade, d'Hixart, d'Abran-
tes, du comte de Mora, du comte de la Co-
rogne, de trois conseillers de Castille; de deux
des finances, deux du conseil des Indes, deux
des ordres royaux & un du département de la
guerre; de l'abbé de Saint-Martin avec deux de

ses moines ; du prieur de l'Escurial, de l'abbé de Saint-Basile, de deux trinitaires, de deux religieux de la Merci, du pere Cantenas capucin, de plusieurs prêtres décorés, & de plusieurs chevaliers de l'ordre royal & distingué de Charles III.

Le croiriez-vous, Milord ? Il faut cependant en convenir, comme le dit le journaliste judicieux dont j'emprunte les réflexions. Il observe que l'infortuné comte Olavides en est quitte à bon marché ; & qu'autrefois il lui en eût coûté la vie pour s'être avisé d'avoir le sens commun. C'est donc une sorte de satisfaction pour l'honneur de la raison humaine & le bien de l'humanité, que l'inquisition, tribunal autrefois si redoutable par des actes de barbarie & de cruauté, se contente aujourd'hui de ne faire que des actes qui le vouent au mépris & à la dérision ; or, quand un pouvoir quelconque ne prête plus qu'un ridicule, il n'est plus à craindre & il touche à son anéantissement. *Amen, amen, amen.*

P. S. En ouvrant mes lettres, j'en trouve une de l'Orient, qui contient une anecdote venant ici comme de cire : il y a peu de jours qu'un inquisiteur de l'Inde, de l'ordre de Saint François, dînoit dans cette ville chez M. de Mont avec un Suisse parlant bien espagnol & françois, il étoit question de littérature : le Suisse servoit d'interprète aux deux autres convives. Je sais, dit le maître de la maison, un
grand

grand cas de Voltaire. Si jamais vous venez en Espagne, lui répondit le saint homme frémissant de rage, je vous ferai percer la langue & couper la tête trois fagots sous le...

Paris, ce 21 janvier 1779.

LETTRE XIII.

Sur les alarmes de Rochefort, sur le départ de M. Dor es, du marquis de Vaudreuil, du comte de Grasse; sur les dispositions de la campagne prochaine; sur les constructions; sur le comte d'Orvilliers.

Mieux vaut, Milord, *bonne renommée que ceinture dorée.* C'est suivant ce proverbe sans doute, au souvenir de nos anciens exploits qu'il faut attribuer l'alarme répandue en France à la fin de l'année dernière & les premiers jours de celle-ci. On mandoit du pays d'Aunis que, d'après le rapport des espions des trois ministres écrivant séparément & s'accordant tous ensemble, le gouvernement avoit été frappé d'une terreur qu'il avoit communiquée à Rochefort; elle avoit été telle que non-seulement on avoit garni à la hâte les côtes d'hommes & de canons; on avoit suspendu le départ d'un convoi préparé depuis longtems, rassemblé à l'Isle d'Aix, & remonté tout à coup en riviere; mais on avoit cru voir, ce qui n'existoit point, c'est-à-dire une très-belle escadre angloise menaçant toute cette plage & disposée à faire un débarquement (1), & l'on avoit donné ordre au général futur, au comte d'Orvilliers, de se rendre à Brest en diligence (2). Ce qu'il y a de mieux dans tout cela, c'est qu'on

---

(1) De peur que vous ne m'accusiez moi-même d'être un visionnaire; voici une lettre entre cent autres que je pourrois citer... Extrait d'une lettre des Sables d'Olonne du 21 décembre 1778.... le 23 de ce mois M. de la Touche, commandant la marine à Rochefort, a fait part à tous les officiers de son corps rassemblés chez lui, des alarmes du gouvernement pour ce canton. Il a déclaré que les Anglois se disposoient à un débarquement avec 14000 hommes de troupes réparties sur 180 bâtimens de transport, escortés de 17 vaisseaux de ligne, avec tout l'attirail convenable sous les ordres de l'amiral Rodney; il a ajouté que les espions des trois ministres avoient donné cet éveil respectivement à leur chef, & que ne se connoissant pas, leur rapport unanime avoit merveilleusement frappé le conseil d'état, ce qui avoit fait décider à garnir les côtes d'hommes & de canons. On a prétendu avoir vu sur le platin d'Argoulin, très-belle plage entre Rochefort & la Rochelle propre au débarquement, cette escadre de l'amiral Rodney; mais quand le projet des anglois seroit vrai, il seroit trop tard aujourd'hui pour l'exécuter.

(2) Extrait d'une lettre de Brest du 8 janvier 1779... Les terreurs du gouvernement s'étant calmées, M. le comte d'Orvilliers a eu contre-ordre & est resté à la cour; nous ne l'attendions ici que du 10 au 15 avec les pouvoirs les plus amples.

ne peut pas dire, suivant un autre dicton populaire, que les François n'en aient eu d'autre mal que la peur, il en a résulté toujours un mouvement précipité de troupes très-dispendieux & le retard des approvisionemens & secours à fournir à leurs colonies d'Amérique (1). Fasse le ciel que nous en soyons quittes à aussi bon marché! Trois armemens viennent de partir de Brest, & nous menacent de divers côtés : le premier cependant est peu formidable ; c'est un seul vaisseau (2) allant dans l'Inde secrétement sous les ordres d'un capitaine (3) qui va relever M. de Tronjoli dans ces mers. Ce nouveau général est un personnage lourd, indolent, apoplectique, & qui, je crois, ne nous fera pas grand mal. Je craindrois plus un homme qui doit le suivre bientôt (4), parce qu'il est sorti d'un corps plus

---

(1) Extrait d'une lettre de Rochefort du 9 janvier 1779.... La terreur du gouvernement à l'occasion de Rochefort avoit été telle, qu'on avoit ordre de faire remonter en rivière le convoi qui étoit à l'Isle d'Aix, opération longue & dispendieuse ; il a fallu le faire redescendre ensuite ; tout cela fait crier le commerce de plus en plus, qui se consume en frais ; il y a de ces bâtimens qui sont prêts depuis le mois de septembre.

(2) L'Orient de 74, qui a appareillé vers la fin de décembre 1778.

(3) M. Thomas d'Orves.

(4) M. de la Pallière destiné à commander l'*Ajax* de 64, qu'on arme à l'Orient, & qui doit partir pour l'Inde dans quelque tems. C'est un ancien capitaine de la compagnie des Indes, fait capitaine de vaisseau le 25 Octobre dernier.

fécond en habiles gens; mais c'est un intrus & certainement il aura peu de voix dans les conseils & ne sera jamais en chef. Le second armement peut aussi être très-funeste à notre commerce; il est parti avec mistere aussi; mais on ne doute pas aujourd'hui que son objet ne soit d'aller ruiner nos établissemens à la côte de Guinée; il est composé de plusieurs frégates & petits bâtimens soutenus de deux vaisseaux de ligne (1): c'est le marquis de Vaudreuil qui les commande, & très-capable de bien remplir sa mission; il y a grande apparence que les vaisseaux de ligne iront ensuite aux Isles se réunir à l'armée navale du comte d'Estaing.

Le troisieme armement est d'une plus grande conséquence: c'est une escadre de quatre vaisseaux de ligne & quelques frégates, partie depuis peu (2) sous les ordres du comte de Grasse,

---

(1) Le *Fendant* de 74, commandé par le marquis de Vaudreuil capitaine, & le *Sphinx* de 64, par M. de Soulanges capitaine. Les frégates & petits bâtimens sont la *Résolue*, par le vicomte de Pontevès Gien lieutenant; la *Nymphe*, par le chevalier de Saineville, idem; la *Lunette* par M. de Chavagnac lieutenant; l'*Epervier*, M. de Capellis, idem; le *Livell*, M. Eyriez, idem.

(2) Le 14 janvier 1779. Elle est composée ainsi:

Le Robuste.... 74.. Le comte de Grasse, chef d'escadre.
Le Magnifique.. 74.. de Brache, capitaine.
Le Dauphin Royal. 70.. Mithon.. idem.
Le Vengeur...., 64.. de Rays.. idem.
La Sensible, frégate.. Kgariou l'aîné, lieutenant.

chef d'escadre; on n'en dit pas davantage la destination: il a des paquets à ouvrir à la mer; on présume, surtout d'après le convoi qui l'accompagne, que ses ordres sont de se rendre à la Martinique ou à toute autre colonie indiquée par le comte d'Estaing. Voilà un renfort puissant, non d'excellens marins, car tous ces capitaines sont assez médiocres, mais de bons vaisseaux bien équippés, bien armés. Quant au chef; c'est peut-être ce qui pouvoit nous arriver de mieux, parce que c'est un provençal orgueilleux & sournois, jaloux du mérite du comte d'Estaing, de son grade principalement, qui minera sous terre, cabalera sourdement, fera son possible pour le suplanter, & s'embarrassera peu de bien faire les affaires du roi, pourvu qu'il qu'il fasse bien les siennes. Jusque-là, comme le comte de Grasse seul est assez actif & ne manœuvre point mal, lorsqu'il s'agit de faire route, que d'ailleurs il est très-heureux, on a déjà eu nouvelle de son décapement le plus favorable possible (1), sauf cependant la perte d'un bâti-

―――――――――――――――――

L'Alerte, Soop..... prise de M. Capellis, enseigne.
Cette escadre a dix navires sous son escorte.
(1) Extrait d'une lettre de Brest du 29 janvier 1779..
Le 25 la *Fortunée*, une des frégates qui ont accompagné M. de Grasse jusqu'au-delà des caps, est rentrée à Brest; quant à la *Sensible*, elle étoit restée à croiser & s'est emparée du corsaire de la reine d'Angleterre, appelé le *Granby*.

ment de son convoi ; mais repris peu après par une frégate de son escorte.

L'ennemi se renforce beaucoup dans les parages des Isles du vent & sous le vent, & voilà enfin son convoi de l'Isle d'Aix parti (1) : ce convoi malheureux qui, après tous les retards qu'il a essuyés & la facilité que nous avions eu de l'intercepter, va mettre l'abondance dans les

---

(1) Extrait d'une lettre de Rochefort du deux février. Notre convoi parti de l'Isle d'Aix hier & destiné pour nos Isles est au juste de 54 voiles. Voici leur escorte.

L'Actionnaire . . 64 . M. de Proisy, capitaine.
L'Indien . . . . 64 . M. de la Grandiere, idem.
Le Fier . . . . . 50 . M. de Turpin . . . idem.

Frégates.

La Renommée . 36 . M. Verdun de la Grasne, lieutenant.
La Courageuse . 36 . M. de la Rigaudiere, idem.

Le vent est devenu bon ; & le convoi doit être loin s'il n'a pas fait de mauvaise rencontre : nous en aurons bientôt des nouvelles : si, comme on le dit, *l'Actionnaire, l'Indien & la Courageuse* le quittent à 100 lieues des Açores & reviennent, il n'y aura plus guere à craindre que les attérages de l'Amérique.

Extrait d'une lettre de Rochefort du 10 février. . . Il est heureux que, durant son séjour à l'Isle d'Aix, les Anglois n'aient pas tenté un coup de main sur cette flotte qu'ils auroient aisément enlevée dans une rade ouverte, où elle n'avoit pour défense qu'un vaisseau de 50 canons & quelques frégates.

Il seroit à souhaiter qu'elle arrivât promptement saine & sauve dans nos Isles & surtout à Saint-Domingue où les vivres sont bien chers.

colonies françoises, où étoit la difette, & donner au comte d'Eſtaing la facilité d'opérer.

Du reſte, il eſt queſtion encore d'une autre eſcadre de quatre ou cinq vaiſſeaux de ligne dont l'armement eſt ordonné : on dit aſſez publiquement que ſa deſtination eſt pour l'Inde; mais je n'en crois rien : on s'y prend trop tard, & j'imaginerois plutôt que c'eſt un nouveau renfort à envoyer aux Iſles françoiſes, ou pour ſeconder le comte d'Eſtaing, ou pour remplacer partie des ſiens qui doivent revenir en Europe. Quand tout cela ſera plus clair & le commandant mieux connu, je vous en inſtruirai; juſqu'à préſent on nomme M. de Ternay, chef d'eſcadre, aſſez bon officier, mais ennemi trop déclaré du général intrus pour qu'il puiſſe ſympathiſer avec lui.

Tous ces armemens particuliers expédiés, il reſtera pour l'armée navale d'Europe en ramaſſant ceux des trois ports, environ trente vaiſſeaux de ligne, effort incroyable pour la France, qui ſe verra de la ſorte cette année en avoir près de ſoixante d'armés à la fois. Les gazettes qui vous ont annoncé qu'elle en pouſſeroit le nombre juſqu'à 80 ont dit une abſurdité, 1º. parce qu'elle ne les a pas effectifs en ce moment, 2º. parce qu'elle manqueroit de la quantité de matelots néceſſaires à leur manœuvre, 3º. parce que dans la quantité qui eſt dans les ports il y en a un quart en conſtruction, en refonte, à radouber. Vous avez vu que l'an paſſé ſes efforts s'étoient réduits à 52 (1) : je conviens que ses constructions ont été poussées avec une vigueur dont il n'y a pas d'exemple dans la marine françoise, & que neuf vaisseaux de ligne (2) en état d'aller à la mer en moins d'un an sont un vrai phénomene ; mais ils ne peuvent guere que remplacer ceux hors d'état de faire campagne cette année, à réformer ou à réparer. Par exemple: dans le seul port de Brest je compte un vaisseau de 64 (3), vendu à des particuliers, & neuf en refonte (4), dont trois seulement pourront être prêts au tems convenable.

Quant au port de Toulon, il paroît constant que ses vaisseaux neufs, soit qu'on désespere de pouvoir les armer assez à tems, soit qu'on veuille leur confier quelque mission particuliere, ne seront point de la grande escadre d'Europe. Des sept

---

(1) Savoir 32 vaisseaux de ligne à Brest & à Rochefort, 17 à Toulon, un à la Martinique & deux dans l'Inde.

(2) Savoir à Brest trois ; l'*Auguste*, le *Neptune*, l'*Annibal* ; à Toulon trois ; le *Triomphant*, le *Héros* & le *Jason*. Voyez, Milord, votre état de la marine de ces deux ports ; joignez-y trois autres vaisseaux construits à Rochefort, le *Scipion*, l'*Hercule* & le *Pluton*, tous trois de 74 canons.

(3) L'*Union*.

(4) Le *Duc de Bourgogne*, le *Minotaure*, le *Sceptre*, le *Diligent*, les *Six-Corps*, le *Northumberland*, le *Duc de Bourgogne*, l'*Actif*, le *Citoyen*, ces trois derniers sont ceux qui pourront entrer en ligne cette année.

sept autres vieux, ceux qui pourront soutenir l'Océan, passeront le détroit. L'ancienne escadre de M. de Fabry croise actuellement dans la méditerranée sous les ordres de M. d'Albert de Saint-Hypolite, capitaine de vaisseau. On a été mécontent à la cour de la pusillanimité qu'a montré le premier dans sa derniere campagne (1), de sa couardise; mais le ministre toujours foible, craignant les éclats du caractere altier de ce chef insolent, au lieu de le démonter comme il le méritoit, a voulu le ménager jusque dans sa disgrace: il lui a fait insinuer de se trouver malade; voilà l'anecdote véritable.

L'escadre actuelle s'est séparée en deux: la plus petite partie est allée croiser vers les échelles du Levant, & l'autre vers le détroit; si, comme tout le fait craindre, l'Espagne se déclare contre nous pour cette campagne, elle doit se charger de garder la Méditerranée, & donnera plus de facilité à la France de dégarnir le port de Toulon; d'ailleurs, nous serons moins que jamais en état d'y paroître, & nos corsaires de Mahon seuls pourront causer quelque inquiétude à son commerce.

Indépendamment de ces préparatifs immenses dirigés contre les possessions britanniques & contre notre marine royale, la France se propose de nous attaquer dans la partie la plus sensible,

___

(1) Voyez ma lettre du 6 décembre 1778.

dans notre commerce resté jusqu'à présent presque intact durant les dernieres guerres. On encourage des armemens de corsaires dans les différens ports marchands, & les mers vont en être bientôt infestées. On a vaincu même la répugnance du port de Bordeaux fort récalcitrant jusqu'aujourd'hui : ses armateurs avoient de l'humeur contre M. de Sartines, qui, malgré ses représentations, avoit négligé de prendre les précautions que lui avoit indiqué l'un de ses négocians les plus accrédités & les plus lumineux (1) ; mais ils sentent aujourd'hui la nécessité de se dédommager par des captures, des pertes énormes qu'ils ont souffertes (2). Celui de Dunkerque,

―――――――――――――――――――

(1) M. Dutasta.

(2) Extrait d'une lettre de Bordeaux du 2 janvier... On vient de lancer à l'eau dans cette capitale un corsaire de 18 canons ; il y en a d'autres sur les chantiers & vraisemblablement l'objet du voyage du prince de Nassau a été de seconder les vues de M. de Sartines.

M. de Sartines a engagé *Monsieur* à se rendre protecteur de l'armement de trois chebecks-frégates, autorisés par lettre du Ministre du 29 juillet à faire la course contre les ennemis de l'état dans différentes mers : cet armement languissoit. Le prince a permis qu'un des Chebecks porte son nom & se mette au rang des actionnaires, ce qui donne beaucoup de confiance dans l'espédition. La somme totale de la mise dehors sera de 900,000 livres.

Extrait d'une lettre de Bordeaux du 26 janvier... Les freres Feuilherade & compagnie proposent un plan d'armement pour les colonies françoises de l'Amérique, pendant la présente guerre, en marchandises seulement.

qui, par sa position incommode à notre voisinage, nous a déjà été si funeste même avant la guerre, va le devenir davantage : à Nantes, qui se félicite au contraire d'avoir sur tous les ports de la Manche l'avantage par son éloignement, de pouvoir dérober aux Anglois ses desseins & ses préparatifs, il se dispose un armement de corsaires combinés qui nous feroit beaucoup de mal, si le nombre de matelots qu'il exige ne donnoit lieu d'espérer qu'il ne se réalisera jamais dans toute son étendue (1); enfin dans la Mé-

---

Il sera composé de douze petits navires, dont six pour le Cap françois, un pour le Port au Prince, un pour Saint-Louis, deux pour la Martinique, & deux pour la Guadeloupe. Ils doivent être construits en mai.

Ils se nommeront la *Rosière*, le *Bayard*, le *Gaston*, le *Brutus*, le *Sully*, l'*Achille*, le *Gordius*, le *Titus*, l'*Anité*, le *Dédale*, le *Janus*, le *Borée*.

Chaque navire aura cinquante pieds de quille, portera cent tonneaux & ses vivres, sa mise dehors est estimée à 55000 livres; ensorte que le total sera de 660,000 livres qu'on propose par actions.

(1) Extrait d'une lettre de Nantes du 1er février.... Les Sieurs Desgranges & compagnie de cette ville, excités par le gouvernement & pour répondre à ses vues en réparant autant qu'il sera possible les pertes qu'a éprouvé le commerce, & repoussant les efforts continuels de nos ennemis pour le détruire, se proposent d'armer en course six frégates & deux corvettes.

L'armement aura lieu dans ce port, qui par sa position a déjà un avantage sur tous les ports de la Manche trop exposés au voisinage des Anglois, pour que tous les bâtimens qui en sortent ne deviennent aussitôt la proie de

diterranée onze corsaires sortis de Marseille seule balaîront cette mer des nôtres de Minorque hors d'état de leur tenir tête.

Au reste, je conviens que tous ces mouvemens sont peut-être & sans doute fort exagérés; que c'est une astuce bien digne du petit génie du ministre actuel de la marine, qui, par les magnifiques préambules de ces entreprises particulieres, a pour but de faire cesser les plaintes du commerce, de se réconcilier avec lui en lui faisant voir que le gouvernement s'en occupe & cherche à le protéger efficacement. Il espere encore nous effrayer en nous montrant qu'il peut

---

leurs vaisseaux, frégates & corsaires de force, qui croisent en foule sur cette mer & s'aperçoivent aisément de tout ce qui se passe dans les ports.

Chacune des frégates portera 36 canons de 18 & 24 & sera montée par 400 hommes d'équipage; elle aura 140 pieds de quille portant sur terre avec toutes les proportions pour une marche supérieure : chaque corvette aura 14 canons de 6 & de 8, douze pierriers & 120 hommes d'équipage.

Trois de ces frégates marcheront toujours de conserve avec une corvette.

Les fonds de l'armement seront de deux millions cinq cents mille livres, divisés en actions de 1200 livres.

Le vrai est que cet armement aura beaucoup de peine à s'exécuter par la disette de matelots; nous n'en avons pas de quoi fournir à notre cabotage ; mais c'est toujours beau sur le papier, & ce moyen est dans le genre des feintes rusés de M. de Sartines avec lesquelles il croit pouvoir en imposer à l'ennemi.

suffire à tout, faire face partout, nous attaquer en tout & de toutes les manieres.

C'est par une ruse de cette espece qu'il a à ses ordres un journal spécialement destiné aux commerçans & lu par eux (1), où l'on détaille très-exactement les prises actives de la France, sans y parler jamais des prises passives; ensorte qu'un Parisien qui ne liroit que ce journal, verroit tout couleur de rose & nous croiroit écrasés absolument. Dernierement on y avoit inféré des lettres factices venues de Nantes, de Saint-Malo, & où l'on dit qu'il n'y a point de banqueroutes dans ces ports, que tout s'y comporte à merveille, que les pertes essuyées ne sont pas à beaucoup près en raison des bénéfices faits depuis quelques années par le commerce, que les captures se multiplient & qu'avec les efforts qu'on redouble, le commerce des Anglois ne doit pas tarder à s'anéantir. Heureusement, tandis que le rédacteur gagé de cette feuille inféroit ces nouvelles ridicules, je recevois des lettres plus vraies, où ils continuoient à se plaindre de l'insolence des *Guernesiens*, précisément dans les mêmes parages de la Bretagne, où ils en infectoient toujours les côtes; où l'on parloit d'un corsaire de cette espece qui s'est montré tout récemment à l'entrée du Morbian, vers l'isle de

---

(1) *Les petites affiches, annonces & avis divers de Paris*, appelées emphatiquement aujourd'hui *le journal général de la France*, rédigées par l'abbé Aubert.

Ruis, a mis pied à terre dans un endroit sans défense & a tellement effrayé les moines d'une abbaye voisine, que, craignant d'être pillés, ils se sont enfuis & ont emporté avec eux les vases sacrés & leurs effets les plus précieux ; mais ce coup de main ne caractérise que l'audace d'un simple particulier, & les faits de notre marine royale n'ont point répondu jusqu'à présent à notre attente, à l'impression de frayeur qu'en avoit laissé même parmi nos rivaux le souvenir de leurs défaites & de ses exploits ; ainsi, quoiqu'il y ait trop de forfanterie dans cette présomption des François, elle n'est pas dénuée de tout fondement, & jamais ils n'auroient osé écrire pareille chose dans un autre tems.

Jusqu'à présent sans doute la balance des prises actives & passives est pour nous & de beaucoup (1) tant en nombre qu'en qualité : mais il ne faut pas croire que cette déroute du commerce de France continue, après avoir recueilli & ramené les débris du dernier convoi de Saint-Domingue réfugiés & éparpillés dans les divers ports des côtes d'Espagne & de Portugal (2) : les précautions sont

---

(1) Suivant l'état arrêté à la fin de janvier dans les différens ports de la France des prises actives depuis le commencement des hostilités dans les mers d'Europe, il se montoit à 165 bâtimens tant de guerre que marchands, & les prises passives à plus de 530.

(2) Ce sont les frégates la *Terpsichore* & la *Courageuse* qui ont reçu & rempli cette mission.

prises pour escorter désormais aux Isles & en ramener toutes les flottes marchandes avec des forces toujours respectables: en outre, les neutres auront permission d'en aprovisionner les ports qui leur seront désormais tous ouverts, & ils sont invités à venir en faire autant dans ceux de France, surtout par rapport aux munitions navales; c'est ainsi que tout récemment un convoi hollandois, chargé de marchandises maritimes, de bois de construction, d'agrès, & escorté d'un vaisseau de guerre & d'une frégate de la même nation, est entré par portions à Brest, à Rochefort, à Bordeaux.

Ce procédé, Milord, n'est certainement pas d'une nation amie; il est même très-déloyal; il prouve combien nous sommes déchus de notre prépondérance; combien peu l'on nous craint. Sans cela nos voisins auroient-ils osé enfreindre si ouvertement les traités, & s'attirer notre indignation? Mais hélas! nous sommes la fable de l'Europe; s'il nous reste encore quelque nerf, que le chevalier York tonne donc fortement auprès des Etats-Généraux, & rompe, s'il est possible, l'intelligence qui s'établit entre eux & la France; autrement les constructions vont aller leur train: supposé que nous ayons quelque succès, les pertes de nos ennemis seront bientôt réparées, & nos propres victoires en prolongeant la guerre ne serviront qu'à nous la rendre plus accablante.

L'exception affectée de la France en faveur de

deux provinces (1) de la république, & le ménagement qu'elle conserve même pour celles dont elle est mécontente, doivent vous prouver qu'elle n'ose la pousser à bout, qu'elle attend tout du bénéfice du tems & espere gagner par la politique & les insinuations, ce qu'elle n'a pu obtenir par les menaces & les craintes. Il s'ensuit que l'Angleterre n'a qu'à prendre le contre-pied, & tandis qu'elle est sûre encore de la puissance exécutrice, que la confédération qui se forme contre elle dans le second ordre, entre les négocians & le peuple, n'est pas devenue la plus prépondérante, il faut risquer le tout pour le tout, forcer la Hollande à se déclarer, à prendre un parti qui doit être en ce moment en notre faveur, & plus tard ne peut que nous être desavantageux & opposé. En effet, si nous ne faisons pas cette année une campagne plus vigoureuse, ces alliés disposés à la défection, perdront bientôt la haute opinion qu'ils avoient de notre capacité maritime, & en concevront une meilleure de celle de nos rivaux.

Heureusement, car la fortune, malgré nos

---

(1) Celles d'Amsterdam & de Harlem exceptées du nouveau réglement, suivant lequel, à commencer du 8 février, les sujets de leurs Hautes Puissances sont privés non-seulement de la liberté accordée aux nations neutres par le réglement du 26 juillet 1756 concernant la navigation des bâtimens neutres en tems de guerre, mais encore des faveurs essentielles & gratuites dont ils jouissent & qui ne sont fondées sur aucune convention.

sottises, se mêle encore un peu de nos affaires, heureusement le ministre s'obstine à conserver le général de l'année derniere : le comte d'Orvilliers est mieux que jamais en cour ; il est peu riche & d'un caractere naturellement modeste. Durant son séjour à Paris cet hiver, il vouloit se loger obscurément & n'avoir qu'un train médiocre. M. de Sartines lui a déclaré que l'intention de S. M. étoit qu'il se mît dans un hôtel convenable à sa dignité & y vécut avec l'appareil & l'éclat qu'elle exigeoit (1) ; mais il a moins que jamais la confiance de la nation & a perdu beaucoup de partisans, même parmi les siens. La publicité du discours de l'amiral Keppel à ses juges, a fait grand tort ici au comte d'Orvilliers : on dit que s'il étoit mis au conseil de guerre à son tour, il ne s'en tireroit pas aussi bien, parce que cette lettre révele une foule de griefs que l'on articuloit déjà contre lui, & qui se confirment décidément, entre autres, d'avoir laissé échapper pendant quatre jours l'occasion d'attaquer l'amiral anglois, pouvant le faire avec une supériorité marquée de 32 vaisseaux de ligne

---

(1) Extrait d'ue lettre de Brest du 23 janvier 1779.... M. le comte d'Orvilliers est revenu très-satisfait ; il nous a appris qu'en arrivant à Paris il avoit voulu n'y prendre qu'un petit logement modeste, mais que M. de Sartines avoit desiré qu'il choisît un appartement convenable à sa dignité en lui déclarant que S. M. le payeroit.

contre 30, & de canons & d'equipages encore plus confidérables.

D'avoir fouffert que, pour le forcer au combat, l'amiral anglois coupât deux vaiffeaux de fa divifion (1), qui, par cette manœuvre, obligés de s'échapper, n'ont pu fe retrouver à l'action & ont affoibli l'armée d'autant.

D'avoir, par fuite de cette pufillanimité, manqué de perdre un de fes vaiffeaux dont l'amiral Keppel affure qu'il fe feroit emparé, fi le vent n'eût changé.

De n'avoir pas profité, après le combat, de l'avantage qu'il avoit fur le général anglois par le grand nombre de vaiffeaux ennemis défemparés dont il avoit connoiffance, puifqu'il s'en eft glorifié dans fa relation rapportée par la gazette de France & dont fon rival convient lui-même; de n'en avoir pas profité, encore un coup, en recommençant l'attaque, ou l'obligeant de rentrer.

D'avoir manqué ainfi l'occafion d'intercepter les flottes des Indes Orientales & Occidentales angloifes, leurs convois militaires & de ruiner pour longtems le commerce de fes ennemis.

Enfin, d'être rentré le furlendemain dans Breft & d'avoir ainfi laiffé tous les vaiffeaux françois de l'Inde, tous les navires du commerce fortans & rentrans en proie aux corfaires

---

(a) *Le Duc de Bourgogne* de 80, & *l'Alexandre* de 64.

anglois; ensorte que l'amiral assure que dans une période de tems aussi courte, l'histoire de la marine angloise n'offre nulle part l'exemple d'autant de prises. Pour excuser tant de fautes accumulées, les partisans du comte d'Orvilliers autorisent sa conduite sur ses instructions. Ils conviennent qu'en partant de Brest il assembla tous les capitaines à son bord, & leur lut une lettre du roi, qui marquoit en substance que S. M. outrée des insultes faites à son pavillon & au commerce de ses sujets par les anglois, étoit résolue d'en tirer une vengeance éclatante; lui donnoit ordre en conséquence & à tous les commandans de ses vaisseaux & autres d'attaquer, prendre & couler bas ceux de la marine angloise & les escadres, flottes, armées navales ennemies en quelque supériorité & nombre qu'elles fussent, ne doutant pas de la bravoure, du zele & de l'intelligence de ses officiers.

M. d'Orvilliers lut ensuite, disent-ils, une lettre du ministre explicative & confirmative de celle du roi, où il ajoutoit que l'on alloit rencontrer nécessairement l'escadre de Keppel, peut-être plus ou moins forte, ce qui dépendroit de la jonction ou de la séparation de Byron; mais que dans tous les cas, il falloit en venir à une action décisive, S. M. s'en rapportant au surplus au général sur le tems, le lieu & les circonstances.

Peu de tems après, c'est-à-dire à la mer &

avant le combat, M. d'Orvilliers reçut une nouvelle lettre du ministre plus irrésolue, où il lui recommandoit la réserve, la circonspection pour ne pas compromettre l'honneur du pavillon françois.

Suivant les partisans du comte d'Orvilliers, c'est donc au ministre & non à lui qu'il faut imputer la pusillanimité.

Une pareille justification, Milord, rigoureusement discutée, ne seroit peut-être pas trouvée bien bonne; mais ce n'est pas à nous à la critiquer. Nous devons approuver fort un tel ministre & un tel général parfaitement dignes l'un de l'autre: chantons leurs louanges & souhaittons qu'ils restent longtems à la tête de la marine & de l'armée navale de France.

Paris, ce 8 février 1779.

LETTRE XIV.

Suite & fin de la confession d'une jeune fille.

IL faut terminer, Milord, les avantures de Mlle Sapho, dont la longueur m'effrayoit pour vous, & dont au contraire vous defirez la continuation: elle viendra fans doute; car cette jolie perfonne n'eft pas à fon terme; mais à feize ans, c'eft déjà beaucoup d'avoir fourni prefque la matiere d'un volume; fi elle y alloit toujours de même train, les romans de la Calprenede (1) ne feroient rien auprès. Elle entre en fcene, écoutez-là:

Après fon inftruction, Mad. Richard m'ajouta:
„ Ce qui doit vous donner quelque confiance
„ en mes difcours, ou plutôt vous convaincre
„ de l'excellence de mes préceptes, c'eft ce que
„ vous me voyez: affurément je ne fuis rien
„ moins que jeune, mon embonpoint feulement
„ empêche mes rides de paroître & en cache
„ quelques-unes; je n'ai jamais été jolie: j'ai
„ le front gravé de petite vérole, je n'ai nulle
„ nobleffe dans la figure ou dans la taille, j'ai
„ la jambe groffe, le bras & la main mal; je

---

(1) Auteur mort en 1663 & qui avoit mis les longs romans à la mode en France.

„ n'ai pour moi que trois choses, la gorge
„ encore aſſez ferme, une bouche aſſez bien
„ meublée & des yeux très-luxurieux; je ne
„ pourrois entrer d'aucune maniere en parallele
„ avec vous; j'aurois l'air de votre mere; &
„ cependant de la plupart de ceux qui viennent
„ ici, ſurtout des gens mûrs ayant, ce ſemble,
„ plus beſoin que d'autres d'être excités par les
„ graces de la figure & par la fraîcheur de la
„ jeuneſſe, il en eſt peu qui ne me préféraſ-
„ ſent: dès ce ſoir, ſi vous voulez, vous en
„ aurez l'expérience." En effet, ſur la brune on
frappe à la porte: j'y cours; j'ouvre; j'apperçois un vieux caffard: d'abord décontenancé à
ma vue, il baiſſe les yeux & d'un ton bénin me
demande ſi Mad. Richard y eſt: ſur ma ré-
ponſe, il entre, & ſuivant le mot du guet, il
parle de ſes collets, de ſes ſurplis, de ſes aubes;
Mad. Richard l'ayant raſſuré, nous nous aſſeyons
& il cauſe; puis bientôt il lui dit à l'oreille que
je ne lui conviens pas. Elle me fait ſigne & je
ſors, ou plutôt, ſuivant notre convention, je
fais ſemblant de ſortir & me gliſſe dans un petit
cabinet; d'où je pouvois voir tout leur manége,
& prendre une leçon dont les poſtures de l'Aré-
tin ne donnent pas d'idée.

Le béat me croyant partie, j'entends qu'il
confirme à Madame Richard ce que le geſte de
celle-ci m'avoit indiqué; c'eſt que je ne lui
inſpire rien; c'eſt qu'il la préfere à toutes les
beautés les plus raviſſantes, parce qu'elle ſeule

à le talent de le ranimer, de lui faire sentir son existence; de le rendre encore homme. Il s'exprimoit dans d'autres termes que ceux-ci. Imaginez-vous le langage du libertin de corps de garde le plus déterminé ! Quel contraste avec l'air hipocrite sous lequel il s'étoit présenté ! Cependant sa divinité, non moins riche en expressions sonores qu'elle articule d'un ton ferme & véhément, après l'avoir excité par ce préambule auquel elle mêloit les premieres embrassades, les caresses préliminaires, lui ordonne de se déshabiller; elle se met nue en même tems, puis ouvre une armoire d'où elle tire une double cuirasse de crins parsemée en dedans d'une infinité de petites pointes de fer arrondies par le bout: elle le revêt sur la poitrine & sur le dos de cet instrument de pénitence, converti en instrument de luxure. Elle en attache les deux parties de chaque côté par des cordons du même tissu, puis elle adapte à celle qui couvre l'estomac une chaîne de fer qu'elle passe sous les testicules qui se trouvent soutenues par une espece de bourse occupant le milieu de la chaîne. Cette bourse est de crin encore, mais à claire-voie, de maniere à ne point empêcher les attouchemens de la main sur ces sources du plaisir; quant à la chaîne elle vient se ratacher de l'autre part: enfin elle lui met à chaque poignet un brasselet du même genre que la cuirasse. Je ne connoissois point cet appareil, & je n'en aurois jamais soupçonné l'effet. Je n'en pus douter quand je vis ce prêtre paillard ainsi armé entrer en érection, quoique foiblement. Alors Mad. Richard prend des verges & le flagellant d'importance sur les cuisses, sur les fesses & sur les reins, lui fait faire plusieurs fois le tour de la chambre, à chaque pas qu'il fait, son sang agité par les frottemens de sa cuirasse se porte aux parties de la génération & le dispose à l'œuvre de la chair: cependant il n'en a point encore assez, & comme sœur Félicité & sœur Rachel, ces fameuses convulsionnaires, qui, lorsqu'on les assommoit de coups de buche, n'en recevoient jamais trop, il en demande encore davantage & palpe avec transport, dans sa lubricité, tout ce que lui présente la vaste corpulence de Mad. Richard: celle ci par ce puissant exercice après avoir suffisamment aiguillonné la chair chez le ressuscité qui commence du moins à donner signe de vie, se couche sur son lit avec lui, du bout des doigts lui titille légerement les tetons dont les boutons passoient à travers des œilleres pratiquées exprés dans la cuirasse, elle y porte ensuite l'extrémité de la langue avec un prurit infiniment plus voluptueux. Il n'est point d'engourdissement qui tienne à de semblables caresses, & sans toucher aux parties de la génération, ce que l'on évite avec le plus grand soin, elles prennent enfin une telle vigueur, un desir si violent du coït qu'il faut y satisfaire ou y suppléer en provoquant la

na-

nature par les frottemens différens suivant le genre de plaisir que cherche le Miché (1). Celui-ci aimoit la jouissance complette; mais il étoit jaloux de la réciprocité : il vouloit connoître par lui-même s'il avoit le bonheur d'exciter quelque émotion; il falloit que Mad. Richard, accoutumée à cette fantaisie, jouât la comédie, qu'elle poussât des soupirs, l'interpellât par des exclamations amoureuses, en un mot parût appéter aussi ardemment que lui ; c'étoit un corps vivant accouplé à un cadavre; n'importe, elle se contrefaisoit à merveille & parut s'épancher en même tems avec une luxure incroyable & qu'elle étoit bien éloignée d'éprouver; nous en rîmes bien quand nous nous retrouvâmes seules ensemble. Au surplus, *à bon entendeur il ne faut que demi-mot*: cette leçon m'en valut cent. & mon institutrice eut bientôt lieu de connoître mon savoir-faire & d'en être surprise. Parfaitement convaincue que je ne pourrois que lui faire honneur, Mad. Richard n'hésite point à me montrer au prélat auquel elle me destinoit: bien plus,

---

(1) J'ai conservé, Milord, ce terme de Mlle Sapho, comme d'une énergie difficile ou plutôt impossible à rendre autrement. Il exprime de la façon la plus méprisante la vilité du rôle que joue dans les mauvais lieux un homme qui n'y reçoit du plaisir qu'en proportion de l'argent qu'il donne. Les filles appellent *bon Miché* celui qui paye bien, *mauvais miché* celui qui paye mal, *Fox miché*, celui qui n'a pas le ton ou les allures au lieu où il se trouve.

ce qui est fort rare en pareil cas, très-perfuadée que la jouissance ne contribuera qu'à m'attacher davantage sa grandeur, elle lui propose un essai. Il en est si content, si enchanté, qu'il se détermine à m'entretenir : il ne se flattoit pas de trouver dans le même objet tant de jeunesse & de charmes (c'est vous, Messieurs, qui par vos éloges m'autorisez à me louer ainsi moi-même) réunis à des talens ainsi consommés dans l'art des voluptés ; il donne un gros pot de vin à l'entremetteuse, il s'empare de moi & me met sous la clef. Le terme n'est pas trop fort ; il étoit jaloux comme un tigre. Il me logea dans une petite maison du fauxbourg Saint-Marceau qui étoit une miniature, extrêmement bien meublée, mais tout-à-fait écartée, uniquement entourée de jardins & de couvens. Il remplissoit par-là son double objet, & de me soustraire au commerce & aux regards, pour ainsi dire, de tous les humains, & de se ménager la facilité de s'introduire chez moi sans scandale & sans bruit, à telle heure & comme bon lui sembleroit. En outre, il ne vouloit point que j'eusse auprès de ma personne de domestique, mâle surtout : une coëffeuse à mes ordres tous les matins ajustoit mes cheveux & me servoit de femme de chambre. Une vieille venoit faire mon ménage, mettre mon pot au feu & s'en alloit l'après-dînée ; elle ne revenoit que le soir très-tard, à l'heure indiquée, lorsque Monseigneur ne couchoit pas avec moi, parce que je lui avois déclaré que j'aurois trop peur, que je ne pouvois ainsi passer la nuit toute seule dans une maison. Je me trouvois donc dans une captivité infiniment plus gênante que celle ou m'avoit tenu Mad. de Furiel, & je doute que j'eusse pu supporter longtems cette solitude. Un incident très-extraordinaire, car je suis née, ce semble, pour les évenemens bizarres, vint encore renverser ce commencement de nouvelle fortune.

Monseigneur, par son hipocrisie & sa haute naissance, parvenu de bonne heure à l'épiscopat, dès qu'il avoit été sur le siege, s'étoit laissé aller à la fougue de son tempérament. Il avoit choisi des grands-vicaires, jeunes égrillards comme lui, de son goût & moins destinés à le seconder dans la régie de son diocèse que dans son libertinage : s'occupant peu de convertir, ils ne cherchoient, au contraire, qu'à pervertir les personnes du sexe qu'ils en jugeoient dignes ; ils dépuceloient les filles, débauchoient les femmes, ils étoient le fléau des meres & des époux; ils répandoient la terreur dans tout le canton. Ce train de vie dura aussi longtems que Monseigneur resta sur ce siege. Nommé depuis à une autre prélature, blasé sur les plaisirs de l'amour & usé de débauches, il a profité de cette circonstance pour changer de vie. L'ambition s'est éveillée chez lui; il brigue aujourd'hui les plus hautes dignités de son ordre, même la pourpre. En conséquence il s'est réformé; il affiche plus de régularité, & n'a sourdement qu'une simple maitresse, afin de satisfaire aux besoins de la nature quand ils renaissent encore. Je vous rends sa propre confession, & voilà ce qui l'avoit engagé à solliciter l'entremise de Mad. Richard & à m'entretenir.

Quatre de ses grands vicaires qui étoient à Paris, confondus de ce changement, ne pouvoient se le persuader; ils ne le croyoient point véritable & avoient soupçon de quelque mistere. Afin de s'en éclaircir, ils résolurent d'épier Monseigneur séparément, chacun de leur côté, de suivre ses allures & de découvrir ce qui en étoit. Ils convinrent que le premier qui sauroit quelque chose en instruiroit les autres. L'un deux connoissoit un exempt de police: avec de l'argent on fait tout ce qu'on veut; il en eut bientôt les mouches à ses ordres qui éventerent ma retraite & lui conterent mon histoire entiere. Alors il rassembla ses confreres étonnés de son intelligence & de sa finesse: ils furent enchantés de la justesse de leurs conjectures; mais, pour punir Monseigneur de sa dissimulation, ils arrêterent qu'il falloit lui souffler sa maitresse, ou du moins partager sa couche. Quel seroit ce fortuné mortel? On ne peut desirer ce qu'on ne connoît pas; il falloit commencer par s'introduire auprès de la belle, par reconnoître si elle méritoit les éloges qu'on en faisoit, ensuite chacun, suivant que le cœur l'inspireroit, pousseroit sa pointe auprès d'elle.

Ces lévites, souvent déserteurs du service des autels pour celui des femmes, accoutumés à courir les bonnes fortunes, à hanter les mauvais lieux, se respectoient cependant assez pour ne pas compromettre leur robe; ils se déguisoient alors en cavaliers; ils prennent ce travestissement d'autant plus nécessaire en cette occasion, que dans le cas où ils ne réussiroient pas, ils ne craignoient rien de mon indiscrétion auprès de leur évêque, dépaysé par un tel costume. Ils se rendent en carosse à ma porte un jour qu'ils savoient Monseigneur à Versailles & étoient biens sûrs qu'il n'en reviendroit pas de sitôt. Je suis effrayée de leur descente: quatre plumets, dont je ne connoissois aucun, m'intimident; je crains qu'ils ne veulent faire tapage, & je suis forcée de leur faire beaucoup d'honnêteté & d'accueil. Je suis bientôt rassurée; mais ils m'embarrassent bien autrement quand ils m'apprennent toute mon histoire & surtout quel est mon entreteneur; je tombe de mon haut, je suis confondue. Bientôt la conversation prend une tournure gaie & plaisante; ils me proposent de remplacer Monseigneur dont ils connoissent l'insuffisance, & m'offrent le choix entre eux. Je les aurois volontiers pris au mot, & tous quatre sur le champ; mais il falloit me contenir vis-à-vis de pareils étrangers. Je n'en résolus pas moins de satisfaire ma fantaisie; mais de m'y prendre plus adroitement. Tandis que nous rions, que nous folâtrons ensemble, je les tire successivement à l'écart & leur donne à chacun un rendez-vous séparé, je les prie en même tems de me garder le secret, même vis-à-vis de leurs camarades. Je comptois plus sur leur amour-propre que sur ma défense, du moins jusqu'au moment où ils auroient joui & cela me suffisoit. En effet, chacun desirant mettre à fin son avanture avant de s'en vanter, rit intérieurement de la duperie des autres & en s'en allant se récrie sur mon honnêteté à laquelle il ne s'attendoit pas : il me cite comme un dragon de vertu dont il n'est pas possible d'approcher, comme un phénomene unique entre les courtisannes.

Afin de mieux juger des talens rapprochés & comparés de ces galans entre lesquels il s'agissoit d'élire un coadjuteur à Monseigneur, je leur avois assigné rendez-vous pour la même soirée, chacun à une heure de distance, l'un de l'autre. Le premier devoit venir à sept heures, le second à huit heures, le troisieme à neuf & le dernier à dix. Le prélat, qui soupoit régulierement à l'archevêché, ne pouvoit jamais me surprendre avant onze heures; je ne doutois pas qu'au moins pour cette fois, on ne fût exact à l'assignation précise; ainsi je restai parfaitement tranquile.

En effet, sept heures sonnantes arrive le premier. C'étoit un blondin d'une fort jolie figure, d'un ton mielleux, d'une conversation séduisante; il étoit très-caressant & s'arrêtoit longtems aux préliminaires & ne pouvant répéter le plaisir, le filoit de fon mieux. Il avoit à peine fini lorsqu'on fonna: ce cas étoit prévu, je l'avois même préféré pour éviter l'inconvénient plus grand, que ces camarades fe rencontraffent & fe reconnuffent. Je cachai celui qui étoit expédié dans une garde-robe dont une petite porte donnoit dans mon anti-chambre & lui indiquai comment en fe coulant derriere un paravant placé exprés il pouvoit facilement gagner l'efcalier. J'ouvre enfuite & faifant figne à celui que j'introduis de garder le filence, je le mene dans mon appartement; là je lui rends compte à voix baffe de la raifon de ce miftere, que je fonde fur l'appréhenfion qu'il n'ait été apperçu de quelque efpion de Monfeigneur & fuivi dans l'efcalier: je reffors comme pour vérifier ce foupçon; mon objet étoit de favorifer l'évafion du précurfeur, en cas qu'il ne fût pas encore parti dans ce moment: j'entends la porte fe refermer; je ne doute plus de fon départ & je rentre. Point du tout, le curieux impertinent avoit bien pouffé la porte, mais du dedans & étoit revenu dans fa cachette, afin d'obferver les manœuvres du prélat en pofture & de s'en amufer. Sa curiofité redouble en levant le coin du rideau d'une porte vitrée, lorfqu'au lieu d'un évêque, il voit un cavalier: bientôt il reconnoit la voix de fon camarade; & n'a garde de quitter en un auffi bel inftant.

Celui-ci étoit un brun, affez laid, mais bien bâti, vigoureufement corfé, tout mufcles, tout nerfs, dans la force de l'âge, & preffé d'aller au fait, parce qu'il se sentoit en état de recommencer. Il double, il triple, il quadruple ma jouissance, il y seroit encore, si je n'avois eu la prudence de l'arrêter, non sans lui promettre incessamment un autre rendez-vous; c'étoit bien mon projet de lui tenir parole, j'y étois intéressée autant & plus que lui, si les circonstances n'eussent dérangé notre liaison & ne m'eussent privée d'un de ces Hercules rares aujourd'hui & qu'on ne rencontre plus guere que dans l'église. Quoi qu'il en soit, il fallut nous séparer à l'heure indiquée, c'est-à-dire à neuf heures, lorsque le troisieme se présenta : mêmes précautions pour cacher le second galant, le soustraire aux regards du jaloux & lui ménager ainsi qu'au premier le moyen de s'en aller sans éclat ; avec la différence qu'il fut bien surpris de trouver dans le cabinet un rival qui heureusement le rassura sur le champ, se fit connoître, lui apprit comment il se rencontroit là, l'engagea de rester, & de voir le dénouement de tant de passades.

Par le portrait que je vous ai esquissé des deux premiers galans, vous avez pu juger combien ils différoient entre eux. Le troisieme étoit un original d'une espece plus particuliere encore : Il avoit plus d'amour-propre que d'amour ; il se faisoit une grande gloire de grossir la liste de ses conquêtes ; il la portoit toujours avec lui : il me la montra ; j'y lus les noms de femmes de qualité, de financieres, de bourgeoises ; il m'assura qu'il étoit blazé sur ces sottes de bonnes for-
tu-

tunes ; qu'il ne se soucioit plus de femmes prétendues honnêtes ; que la plupart, sans tempérament, n'ayant un amant que par imitation, par mode, par air, étoient des jouissances fort insipides ; qu'il falloit en revenir aux putes.... par cet aveu flatteur il piquoit mon émulation, je déployai à son égard toutes les ressources de l'art que m'avoit appris mon institutrice, & il convint que je savois amuser à merveille, exercice assez maussade pour moi ; mais il étoit généreux, je me fis un devoir de le satisfaire, sauf à ne pas y revenir. Maltraité plusieurs fois de mes semblables pour avoir été trop loyal, ce libertin étoit obligé d'user de toutes sortes de stratagèmes & de s'en tenir à l'image du plaisir de peur que la réalité ne lui en fît recueillir encore les fruits amers & cuisans, d'ailleurs d'un génie caustique & présomptueux, le reste de notre conversation se passa à s'égayer sur le compte de ses camarades qu'il croyoit ses dupes. Il ignoroit que d'eux l'écoutoient & que lorsqu'il rioit à leurs dépens, ils prenoient à plus juste titre leur revanche. Il fut bien sot quand la venue du dernier m'obligea de le congédier de la même maniere qu'eux & qu'il les rencontra nez-à-nez. La curiosité l'emporta sur le ressentiment, & tout trois se tapirent ensemble ne doutant plus ce quatrieme ne fût leur confrere.

En fait de disputes métaphisiques, morales, phisiques même, autant de têtes, autant d'avis ; on en pourroit dire de même en amour, autant d'athletes, autant de caprices divers. Le dernier que j'avois réservé pour la fin, comme celui sur lequel je comptois le plus, étoit un Provençal, qui avoit le goût de cette nation fort désagréable au sexe; il l'avoit contracté dès le college, s'y étoit fortifié au séminaire & ne l'avoit pas perdu au milieu des orgies féminines. Je l'avois fort bien jugé: il avoit tout l'extérieur d'un satire & c'étoit un monstre en réalité. J'en attendois des prodiges, après avoir beaucoup tourné autour de moi, il me fit sa déclaration d'une espece vraiment galante, & dit que depuis la *Venus aux belles fesses* (1) on n'avoit certainement rien vu de si divin. Je compris, & lui reprochai la dépravation de son goût, il se justifia par un axiome reçu généralement dans tous les lieux de débauche: que tout est *le vase légitime* dans une femme (2). A l'appui de ce propos de libertins il me protesta très-sérieusement qu'il pourroit ajouter des décisions de casuistes recommandables (3). Il me parut plaisant qu'un militaire citât de pareilles autorités & à qui? Je me récriai ensuite sur l'énormité de l'introducteur qui me causeroit des douleurs effroyables; il me rassura par un proverbe provençal qu'avec de la salive

---

(1) Fameuse statue que tout le monde connoît.
(2) Cet apophtegme dans sa véritable énergie porte: *tout est c** dans une femme.*
(3) Entre autres du jésuite Sanches *de matrimonio.*

& de la patience on venoit à bout de tout (1). Alors la curiosité me prit: je voulus éprouver si l'agent dans un pareil exercice recueilloit en effet beaucoup de plaisir, s'il refluoit dans le voisinage & si la patiente en pourroit goûter quelqu'un. Il s'y prit en homme intelligent & qui n'étoit pas à son coup d'essai; il nageoit dans les délices, il étoit ravi; il s'extasioit, se pâmoit, & moi je n'éprouvai que des desirs, des irritations vaines; je voulois m'en débarrasser; mes efforts ne servoient qu'à lui donner plus de pied. Ce priape insatiable, collé sur moi, ne désemparant point de sa place, répétoit ses sacrifices presque coup sur coup.... A la fin je saisis un moment de relâche & m'en débarrassai en le qualifiant de l'épithete qui lui convenoit, en maudissant l'abus qu'il faisoit de ses talens, en protestant bien que ma porte lui seroit pour toujours close.... Nos débats duroient encore lorsque Monseigneur vint fermer la marche de cette journée. Je fus obligée de traiter ce vilain avec les mêmes égards que j'aurois eu pour le greluchon le plus favorisé. Je n'avois pas eu le loisir de me rajuster; il me sert de valet de chambre, & quand le désordre où il m'avoit mis est un peu réparé, je lui indique sa marche pour sortir & cours au-devant du prélat.

---

(1) Ce proverbe au naturel est qu'avec de la salive & de la patience un provençal en ******* une mouche.

Un entreteneur n'eſt point fait pour attendre, celui-ci avoit pris de l'humeur ; ſon caractere ombrageux ſe manifeſte par une querelle violente. Les femmes, quand elles ont tort, n'en crient ordinairement que plus haut, c'eſt ce que je fais, & ſi fort que je l'oblige de baiſſer le ton. Il veut me careſſer, je le repouſſe & me plains à mon tour de l'eſclavage où il me tient. Je lui dis qu'il ne connoît point mon ſexe ; qu'il devroit ſavoir que les obſtacles ne ſont propres qu'à l'irriter & qu'il n'eſt grille ni verroux qui réſiſtent aux deſirs d'une femme amoureuſe. J'ajoute : „ quoique vous me teniez en chartre „ privée, ſi je m'étois mis dans la tête de vous „ cocufier, vous le feriez quatre fois pour une „ en un jour.. ?" Cette ſaillie, articulée d'un ton ferme, élevé, & de colere, qui ſe trouvoit ſi juſte en ce moment, entendue du cabinet, leur donna une envie de rire ſi violente, qu'ils ne purent y tenir & éclaterent. Quel fut mon étonnement, & quelle fut la frayeur du prélat ! Il s'imagine que c'eſt un complot formé contre lui ; que ce ſont des couppe-jarrets apoſtés pour le voler ; il perd la tête, & veut s'enfuir. Moi, je reſte immobile un moment, puis une lumiere à la main, vais viſiter le cabinet ; je n'y vois perſonne ; mais la couliſſe qui rendoit dans l'antichambre ouverte, je ſuis la trace des perfides & trouve un ſpectacle formant la carricature la plus groteſque ; Monſeigneur & ſes grands-vicaires ſe rencontrent en même tems à la porte ; il se persuade de plus en plus du mauvais dessein qu'on a, qu'on veut l'arrêter : il se jette à genoux aux pieds des assassins prétendus, offre sa bourse & demande grace pour sa vie. Ceux-ci le relevent en riant de plus belle ; ils lui disent que c'est à eux à prendre cette posture, qu'ils sont ses serviteurs les plus zélés & les plus respectueux ; ils le prient de leur pardonner cette espieglerie dont il leur a donné l'exemple & daigné être quelquefois le complice ; qui devient au surplus très-heureuse, puisqu'elle sert à lui déciller les yeux, à lui faire découvrir la fausseté d'une femme qu'il comble de biens, qui se joue de lui & le trompe aussi vilainement. J'arrive en ce moment au milieu d'eux & d'après leur conversation découvre un mistere dont je ne pouvois me douter : je reconnois tous les masques qui me peignent si bien. Monseigneur, un peu revenu de sa terreur, à l'aide de la bougie, malgré leur travestissement dont il avoit été plusieurs fois le témoin, voit enfin à qui il a affaire ; il me comble, m'accable de reproches, d'invectives, d'horreurs : les autres les répetent en *chorus*. Investie de cette prêtraille, je ne sais que devenir & que répondre : je m'apperçois que la porte étoit dégagée, je m'y précipite & gagne la rue ; je cours devant moi sans savoir où je vais ; je monte dans le premier fiacre que je rencontre & me fais conduire chez Mad. Gourdan, car je la regardois toujours comme mon refuge dans ma détresse. Elle me reconnoît; elle m'accueille & me fait conter mon histoire: elle me dit qu'il ne faut pas ainsi jeter le manche après la coignée; que je dois dès le lendemain matin retourner à ma maison. J'arrive & vois un écriteau qui porte : *maison à louer présentement*; j'entre, je ne trouve que les quatre murailles & ma femme de ménage qui me dit qu'elle a ordre de rester là tout le jour pour montrer les lieux : que dès le grand matin, on avoit payé le propriétaire, & qu'un tapissier étoit venu enlever les meubles comme lui appartenans. Je retourne instruire maman de cette vilainie du prélat; elle me fait lui écrire & me dicte une lettre de bonne ancre, à laquelle, afin de ne pas se compromettre, il ne répond point; mais il m'envoie mon ancienne ménagere, pour me déclarer de sa part que, s'il m'arrive de me porter à l'éclat dont je le menace, il me fera enfermer à la salpêtriere. C'est alors que Mad. Gourdan, par ses protections voulant éviter tout malheur de cette espece, m'a fait inscrire surnumeraire à l'opéra. Depuis elle a mis en jeu les prélats, ses amis, qui ont négocié auprès du mien : les pourparlers ont été longs; il étoit outré; il ne vouloit s'exécuter en rien; mais lorsque ma grossesse a été certaine, on a tellement fait valoir cette circonstance, qu'il m'a envoyé cent louis dont s'est emparée Mad. Gourdan, sous prétexte de mon entretien, de ma pension, de mes couches futures. Du reste, nous sommes les meilleures amies du monde; elle m'appelle son enfant; je lui gagne beaucoup d'argent, dont elle ne me rend qu'une très-petite part; mais elle m'assure que lorsque je serai délivrée de mon fardeau, elle me procurera un bon entreteneur & me remettra une troisieme fois dans le chemin de la fortune, & j'espere bien en mieux profiter. Malheur aux dupes qui tomberont dans mes filets! C'est par cette ingénuité que finit Mlle Sapho.

O Milord! est-il possible, à cet âge, d'être si bonne & si perverse, si naïve & si corrompue, si aimable & si coquine!

Paris, ce 11 février 1779.

LETTRE XV.

Sur l'accouchement de la reine, sur la naissance de Madame, fille du roi : mariages, fêtes, réjouissances & spectacles à ce sujet

Quoique la naissance d'un enfant, Milord, soit un évenement pour une famille & surtout pour une maison royale, puisqu'il la perpétue, intéresse l'état & quelquefois le sort de l'Europe entiere, je ne vous aurois point parlé de celui-ci, s'il n'eût été qu'un fait isolé ; parce que, consigné dans tous les papiers publics, dans tous les almanachs, je n'aurois pu que les répéter, parce que d'ailleurs l'enfant né est une fille, & qu'une fille est à peu près nulle en France, suivant cet axiome métaphorique *Lilia non laborant, neque nent,* c'est-à-dire qu'elle ne peut ni porter la couronne, ni la faire porter à son époux ; mais cette naissance, arrivée au bout de plus de huit ans & demi de mariage, lorsqu'on commençoit à craindre que la reine ne fût stérile, ranime l'espoir des deux époux & de leur fideles sujets ; ils se flattent qu'elle sera suivie de plusieurs autres, parmi lesquelles surviendra enfin un héritier mâle ; mais elle a pensé coûter la vie à l'augufte mere & mettre la France en deuil; mais elle a été accompagnée d'un cérémonial d'étiquete extraordinaire qui ne fe pratique que cette feule fois & n'avoit point eu lieu depuis un demi-fiecle; mais elle a fourni l'occafion de fêtes philofophiques; c'eft-à-dire, dénuées d'un vain luxe, peu difpendieufes, populaires, dans la fimplicité des mœurs de l'âge d'or, ou des tems héroïques, telles qu'on auroit pu ordonner Séfoftris, ou Numa, telles que les ont chanté Homere & Virgile; mais elle a été le fujet d'une ivreffe générale & de quantité d'autres fêtes, réjouiffance, fpectacles, dont les détails précieux ne font recueillis par perfonne & méritent cependant d'être confervés furtout pour les étrangers, fi avides de tout ce qui fe paffe dans ce royaume, & que je vais ramaffer au moins pour vous, Milord, conformément à la fonction que vous m'avez confiée.

Dés que la nouvelle de la groffeffe de la reine a eu pris quelque confiftance, on s'eft occupé du foin de chercher un accoucheur à S. M. & ce choix, comme tous ceux qui fe font à la cour, a été l'objet de beaucoup de menées & d'intrigues. Il paroiffoit naturel de prendre le Sieur Levret, l'homme de la plus grande & de la meilleure réputation en ce genre; le roi le defiroit; mais ce n'étoit point rans l'idée de ceux qui entouroient fon augufte compagne. Ils prétendirent d'abord que le Sieur Levret étant attaché pour cette fonction à Mad. la comtesse d'Artois, ne pouvoit l'être à la reine ; que les deux princesses, susceptibles de devenir grosses, d'accoucher & d'avoir besoin de son secours en même tems, ce chirurgien, dont les soins seroient ainsi partagés, n'y suffiroit pas ; qu'il faudroit le remplacer par un inconnu, ce qui déplairoit à l'une ou à l'autre; ils ajouterent que la politique ne vouloit pas que la même main travaillât aux deux opérations; enfin, ils mirent en jeu la sensibilité de la reine, qui, destinée par sa jeunesse à donner longtems une suite d'héritiers au trône, vu le grand âge du Sieur Levret, seroit obligé de changer & verroit disparoître avec peine cet habile & zélé serviteur. Il fut donc exclus, & pour qui ? Pour un accoucheur brillant, dont on ne pouvoit contester le talent, mais auquel on reprochoit une cupidité barbare, qui lui avoit fait sacrifier plusieurs victimes ; toujours prêt à abandonner la bourgeoise obscure pour la financiere le récompensant magnifiquement, ou pour la duchesse le prônant dans le grand monde & lui faisant une réputation. Plusieurs anecdotes scandaleuses de cette espece lui en avoient procuré une très-mauvaise auprès de ses confreres, & ils n'en faisoient aucun cas, lorsque la fortune l'est venu prendre par la main & le porter au haut de sa roue.

Ce favori de la déesse avoit pour frere un abbé de Vermont, lecteur de la reine, qui, tiré de la poussiere des colleges (1), avoit été envoyé à Vienne en qualité d'instituteur de l'archiduchesse, lors de l'arrangement entre les deux cours pour la faire épouser à M. le dauphin. Il gagna dès lors sa confiance & l'a toujours conservée depuis & méritée sans doute par son zele, son attachement & ses services. Desirant faire parvenir son frere à une place aussi importante dans la circonstance, il ne s'est effrayé ni des difficultés, ni des concurrens; il a pris les biais nécessaires afin d'écarter les obstacles, de faire tomber les objections, & par ces voies détournées, il l'a fait arriver avant les autres; il a été nommé, & les bons François ont frémi. Il y avoit cependant encore d'autres inconvéniens à craindre : le Sieur Vermont est fort laid; il est très-grossier, & n'a rien moins que l'écorce du courtisan ; tout cela pouvoit ne pas plaire à Versailles. On s'est habitué à sa figure, & l'on a ri de ses propos; on les conserve même, on les cite; en voici, pour échantillon, deux que je me rappelle, qui ne sont pas des moins plaisans. Sur la fin de sa grossesse, S. M. se plaignoit d'avoir plus de ventre encore, que le nécessitoit son état; *Madame*, répliqua-t-il, *c'est que vous êtes ventrue*. Elle gémissoit également du volume de sa gorge... *Madame, c'est que*

---

(1) L'abbé de Vermond étoit sous-bibliothécaire du college Mazarin ; ce fut l'archevêque de Toulouse qui le proposa & le fit connoître.

vous êtes *tétonniere*. Au reste, cette groſſeſſe a provoqué d'autres ſaillies plus fines, plus piquantes, & vraiment dignes du lieu & des perſonnages dont elles partoient. La maniere, dont la reine apprit au roi qu'elle commençoit à ſentir remuer l'enfant, époque où il eſt d'étiquette que la gazette de France annonce à l'Europe cette grande nouvelle (1), eſt tout-à-fait gaie & ingénieuſe. „Sire, a-t-elle dit, je viens „vous demander juſtice contre un de vos ſujets „qui m'a violemment inſultée..." Le Roi, ému d'un ton ſérieux de S. M. s'eſt empreſſé de la faire expliquer: „oui, ſire, a-t-elle continué, „il s'en eſt trouvé un aſſez audacieux, le dirai„je! pour me donner des coups de pieds dans „le ventre." Alors ſon auguſte époux a compris le calembour & en a ri de bon cœur. On prétend que M. le comte d'Artois préſent, entrant dans la plaiſanterie, ajouta: *& à moi, ſire, des coups de pied dans le cul.* Quoi qu'il en ſoit, ce n'a pas été pour cette fois, puiſque cet enfant s'eſt trouvé n'être qu'une fille (2).

M. le gouverneur de Paris (3) a, ſuivant l'uſage, dépêché un de ſes pages à la ville pour lui annoncer les premieres douleurs de la reine; ſur quoi elle s'eſt aſſemblée à l'hôtel-de-ville

---

(1) Ce qui ſe pratique à peu près à quatre mois & demi.

(2) Née le 19 décembre 1778.

(3) M. le duc de Coſſé.

pour y attendre l'évenement non fans une grande impatience ; il a enfuite envoyé fon capitaine des gardes lui apprendre que la reine étoit accouchée d'une fille. Le roi rentré dans fon appartetement, a chargé un des officiers de fes gardes du corps du même meſſage. Quoique ce ne foit pas un dauphin, le même cérémonial a été obfervé, & les préfens ont eu lieu pour ce qu'on appelle l'ouverture du ventre (1), ce qui ne fe réitéreroit pas une feconde fois.

La reine, comme vous le jugez bien, Milord, étoit très-empreſſée d'apprendre le fexe du nouveau-né; elle avoit même cherché à prématurer cette connoiſſance par la prédiction d'un de ces charlatans toujours prêts à flatter les grands pour leur argent; car, quoique S. M. en le confultant y eût fait apporter le miſtere qu'exigeoit fa démarche, & le dirai-je, fa foibleſſe, il avoit conçu tout au moins qu'il feroit payé en proportion du pronoftic agréable qu'il tireroit 2). Il n'avoit pas manqué d'annoncer qu'il découvroit un garçon. On efpere facilement ce qu'on defire, & fi l'efprit de S. M. trop éclairé ne fut pas déçu, fon cœur fe laiſſa volontiers fé-

---

(1) C'eſt une expreſſion groſſiere, digne du Sieur Vermont; mais d'étiquette & confacrée par fon ancienneté.

(2) Ce charlatan étoit un nommé *Printems*, foldat qui s'eſt conſtitué médecin, & d'abord l'oracle du peuple, eſt devenu bientôt celui des gens de la plus haute confidération. Il prétend découvrir par les urines d'une femme groſſe de quel enfant elle accouchera.

duire par une aussi douce illusion. Ce fut donc un coup bien sensible pour l'accouchée d'apprendre qu'elle avoit été trompée : on n'avoit pu lui cacher la fatale nouvelle ; il s'ensuivit une révolution qui la mit aussi-tôt dans un danger imminent. Il falloit prendre promptement un parti décisif, & la faculté déconcertée ne savoit que prononcer. Le Sieur Vermont ne perdit pas la tête en cette circonstance & tandis que les docteurs délibéroient, il prit sur lui de faire une saignée du pied qui eut le plus heureux succès. On ne peut s'empêcher de lui rendre justice ; même ses rivaux malgré leur jalousie, & de convenir que la reine lui devoit la vie. Le roi lui en témoigna sa joie, & lui dit qu'il n'oublieroit jamais ce service, ensorte que dès le jour même, le public rassuré, il y eut illumination de décence chez les princes, & de bonne volonté & de zele chez beaucoup de particuliers. Cependant la calomnie, depuis longtems acharnée contre S. M., enhardie de l'impunité, à cet évenement qui auroit dû la confondre, a redoublé de rage & d'activité ; elle distribuoit sourdement & dans les ténebres une caricature infernale que des gens dignes de foi attestent avoir vue, mais que repoussoient avec horreur tous les bons François & qu'à défaut d'autre flétrissure, il faut condamner au moins au mépris & à l'oubli.

Dès le lendemain des couches de la reine 231 dames vinrent faire la révérence au roi pour le féliciter, & plus de 50 encore s'étant présentées trop tard, ne purent avoir cet honneur. Ce spectacle unique par le cortege & le tumulte qu'il occasionnoit dans le château ne peut se peindre; j'en ai été témoin, & j'avois avec moi un courtisan bien instruit, très-caustique, qui me les nommoit successivement, me faisoit remarquer celles que je ne connoissois pas & me les désignoit d'un trait. Je suis bien fâché de n'avoir pas pris mon crayon pour les étiqueter. Voici quelques-unes de ses caricatures, à travers lesquelles, comme il étoit juste en même tems, il mêloit aussi des éloges très-adroits & très-fins. La minutieuse princesse de *Chimay*, d'ame d'honneur de la reine; la comtesse de *Grammont*, dame du palais, toute glorieuse d'avoir, sous le feu roi, attaché le grelot contre la comtesse du Barri & d'avoir mérité l'exil. La princesse de *Luxembourg*, dévote, qui, pour éviter les tentations, se séringue d'eau bénite; la merveilleuse princesse d'*Hénin*, si jolie & si catin, pour la rime sans doute; la marquise de *Rosen*, dame de compagnie de Madame, qu'on prétend avoir reçu le fouet sous le regne précedent pour avoir déplu à la favorite; la comtesse de *Fougieres*, attachée à Madame la comtesse d'Artois; à qui l'on reproche des galanteries ameres & cuisantes; la marquise de *Simiane*, dame de compagnie de Madame victoire, remarquable par sa taille élégante & svelte, la plus charmante femme de la cour; la duchesse de *Grammont*, malgré son air commun & sa laideur, toujours impérieuse & dominante, visant toujours à remonter au rang suprême dont elle est descendus ; la superbe comtesse de *Brienne*, levant fierement sa belle tête, & fâchée de n'avoir pas mieux mis le tems & ses appas à profit, la princesse de *Beauveau*, séduisante par son esprit, la comtesse de *Montesson*, par tous les charmes que l'art peut donner ; la comtesse de *Blot* ayant le jargon du sentiment & le modele des amantes par son long attachement au marquis de Castries ; la bonne, la douce marquise de la *Fryette*, déjà resplendissante des rayons de gloire dont son mari la couvre ; la vicomtesse de *Noailles*, si bourgeoisement attachée à son mari ; la matérielle comtesse de *Montmorin* ; la rustre & grossiere marquise d'*Ossun* ; son insolente & dévergondée bru ; enfin la vive & piquante marquise de *Coigny*. Cette galerie de portraits pourra vous servir, Milord, si vous venez quelque jour en France ; vous saurez à quoi vous en tenir sur toutes ces femmes de la cour, pourvu toutefois que vous ne tardiez pas ; car vous savez combien dans ce pays-ci la scene est mobile & les personnages varient.

Je reviens à l'augufte accouchée, toujours frappée de n'avoir fait qu'une fille, elle se le reprochoit sans cesse ; elle demandoit ce qu'on en pensoit à Paris ; elle disoit qu'elle seroit honteuse la premiere fois qu'elle paroîtroit en public. Cependant il a fallu régler le sort & le rang de la nouvelle princesse. Elle auroit dû naturellement faire perdre à *Madame* son titre : il a été

con-

convenu que la belle-sœur de S. M. le conserveroit, & que la jeune princesse pour la distinguer s'appelleroit, *Madame, fille du roi*; que même l'autre auroit le pas sur elle, comme femme de l'héritier présomptif, tant que la reine resteroit sans enfant mâle; qu'un dauphin venu, la nouvelle *Madame* la précéderoit.

Pendant que cette étiquette se traitoit à Versailles, Paris étoit dans l'ivresse. Dès que le bureau de la ville avoit été informé de l'heureuse délivrance de la reine, une décharge du canon de la Greve en avoit porté la nouvelle aux extrémités de la capitale, & deux échevins (1) avoient été dans les prisons la manifester d'une façon plus consolante en délivrant des peres & meres infortunés, victimes de l'amour conjugal & forcés de maudire leur fécondité (2): le lendemain trois décharges de canon, & l'accompagnement ordinaire de ces fêtes triviales (3), puis le *Te Deum* dans toute sa pompe (4).

Un spectacle vraiment singulier, qu'ont présenté les trois théâtres successivement, un spec-

___

(1) MM. Duval & Guyot.
(2) Détenus faute de payement de mois de nourriture de leurs enfans.
(3) Comme feu d'artifice, illumination, distribution de pain, de vin, de viande.
(4) Le jeudi 24 décembre, M. de Watronville, aide de cérémonie, étoit allé inviter de la part du roi, toutes les cours souveraines & le bureau de la ville d'assister au *Te Deum* qui devoit être chanté à Notre-Dame le 26 décembre.

tacle digne de la curiosité du philosophe avide d'étudier l'homme dans son état de pure nature en quelque sorte, a été celui qu'ils ont donné *gratis* en réjouissance de l'heureux accouchement de la reine. C'est surtout à la comédie françoise où l'on a vu deux corporations de l'espece la plus infime, les charbonniers & les poissardes, disputer sur l'étiquette (1) comme auroient pu faire les compagnies les plus pointilleuses, exiger qu'on leur rendît strictement les honneurs qui leur étoient dûs, en jouir avec tout l'appareil de l'orgueil. C'est-là où l'on a vu une populace grossiere s'arrêter tout-à-coup au milieu de sa joie éffrenée, entrer dans le plus grand silence dès qu'on a commencé *Zaïre*, goûter parfaitement les beautés de cette tragédie, s'en pénétrer le cœur & verser des larmes délicieuses; puis

___

(1) Ces deux premieres communautés de la populace étant arrivées trop tard le mardi 22 décembre, jour du *gratis* de la comédie françoise, ont été arrêtées par la garde, qui leur a déclaré qu'il n'y avoit plus de place. Elles ont trouvé ce propos très-mauvais, & ont demandé pourquoi l'on avoit laissé occuper les loges du roi & de la reine, qui en pareille cérémonie leur appartenoient de droit? Grande rumeur! Il a fallu appeler le semainier, & la troupe des comédiens s'étant assemblée pour délibérer, on a reconnu par la compulsation des registres, la légitimité de leur réclamation. Pour y suppléer, on a mis des banquettes sur le théâtre, de chaque côté, où les charbonniers ont pris place du côté du roi & les poissardes du côté de la reine.

reprendre au *Florentin* (1) leur alégresse bruyante, se répandre en saillies grivoises, en quolibets orduriers, fruits d'une vivacité d'imagination hardie, que n'ont jamais poussé à un plus haut point dans leur genre, *Voisenon*, *Voltaire* & *Piron*.

Tout cela n'étoit que le prélude d'un acte de bienfaisance, qui, parfaitement bien vu du côté de la politique, de la morale, & même de la finance, puisque c'étoit semer pour recueillir (2), n'étoit pas moins bien entendu du côté du spectacle & de l'amusement : aux fêtes brillantes que la ville se proposoit de leur donner, leurs Majestés ont préféré de doter cent filles & ont consacré une somme à cet effet (3) ; en faisant part aux curés de Paris des ordres du roi à cet égard, on leur a insinué de tâcher de réunir dans leur choix la gentillesse à la vertu, parce que ce seroit un coup-d'œil plus agréable pour le roi & la reine qui se proposoient d'en jouir. L'au-

_____

(1) Comédie de la Fontaine assez plaisante.

(2) On sait que la population est la première richesse de l'état & le principe de toutes les autres.

(3) 50,000 livres faisant 500 de dot pour chaque fille 200 livres pour le trousseau & 12 livres pour la noce : il y a aussi des gratifications proportionnées pour les premiers enfans qui naîtront. L'argent de la dot doit être déposé entre les mains de chaque curé & employé seulement à l'achat d'un métier, d'une maîtrise, ou de tout autre moyen de subsistance.

guste accouchée s'en faisoit une idée charmante, elle s'en amusoit d'avance, se refusant aux objets de luxe & de futilité pour lesquels on cherchoit à irriter son goût (1), afin de la distraire & de l'amuser pendant qu'elle étoit obligée de garder le lit & la chambre; elle s'entretenoit de son voyage de Paris; elle invitoit avec une naïveté aimable & rare tous ceux qui venoient lui faire leur cour de ne pas manquer d'y assister & de la voir passer.

Il avoit fallu du tems pour les préparatifs: M. le grand-maître des cérémonies, le marquis de Dreux, étoit venu en personne faire mesurer sous ses yeux le chœur & la nef de l'église de Paris afin d'estimer le terrein nécessaire aux acteurs de la scene, à tous leurs accessoires (2) & à la suite de Leurs Majestés. L'archevêque, emporté par son zele, d'ailleurs fort jaloux de toutes ses prérogatives, avoit d'abord voulu célébrer successivement les cent mariages & contestoit même aux curés le droit inhérent à leur qualité d'assister en étole à la cérémonie; on lui

---

(1) Tels que des bijoux & des diamans; mais Sa Majesté s'est refusée, dit on, à les acheter disant que le roi avoit déjà payé deux fois ses dettes & qu'elle ne vouloit pas en contracter d'autres.

(2) Outre les cent filles & cent garçons, il devoit y avoir 400 témoins à raison de deux de chaque côté, les peres & meres &c.

en avoit démontré phisiquement l'impossibilité & il s'étoit rendu; chaque curé devoit réunir ses ouailles dans sa paroisse & les amener à Notre-Dame pour les y marier & y recevoir ensuite en commun la bénédiction de Monseigneur. On avoit arrêté cet arrangement, parce qu'il sauvoit à Leurs Majestés l'ennui d'une célébration trop longue. Seulement tous les couples des nouveaux époux, dont les filles habillées en toile d'orange jaune & les garçons en drap puce, devoient être rangés en haie, chaque pasteur à la tête de son troupeau, & faire lire dans leurs regards au roi & à la reine lorsqu'ils passeroient les témoignages de leur reconnoissance & de leur alégresse.

Afin que le spectacle fût plus imposant, on étoit convenu que toute la famille royale seroit du cortege. On avoit proposé de se servir des carosses du sacre, ce qui auroit ajouté à la magnificence; mais M. le premier écuyer (1) représenta que l'étiquette de ces sortes d'entrées étant que le roi & la reine fussent à deux chevaux seulement, il seroit impossible de faire tirer ces énormes machines avec la quantité de pages & autre suite dont elles seroient surchargées, au moyen de quoi la reine jouant le principal rôle dans cette cérémonie où le roi n'étoit plus censé

_____

(1) M. le duc de Coigny.

qu'assister comme simple curieux, c'est elle qui l'a mené.

Au jour indiqué (1) Leurs Majestés, accompagnées de *Monsieur*, de *Madame*, de Monseigneur le comte & Madame la comtesse d'Artois, de Madame Elizabeth, Madame Adelaïde, Mesdames Victoire & Sophie, furent reçues à leur entrée par le gouverneur, le corps de ville & tous les officiers dans l'usage d'assister à ces sortes de cérémonie. Le cortege étoit composé de vingt-huit carosses, de détachemens des gardes du corps, gendarmes & chevaux légers & officiers de la fauconnerie (2) : rien de plus beau que le coup-d'œil du peuple immense qui bordoit les chemins, les quais, les rues. M. le comte d'Artois, quoiqu'accoutumé aux spectacles magnifiques, en arrivant à la Muette (3), se plaignit d'avoir le torticolis à force de regarder.

Le plus ennuyeux pour Leurs Majestés fut d'être obligées d'écouter successivement une foule de harangues que leur adresserent le gouverneur & le corps de ville, le recteur de l'université, le lieutenant civil, l'abbé de Sainte-Genevieve, & jusqu'aux marchandes d'oranges. Celle-ci

---

(1) Le 8 février 1779.
(2) C'est-à-dire des faucons & autres oiseaux de proie pour la chasse.
(3) Château où toute la famille royale se rendit ensuite pour dîner.

placées sur le Pont-neuf, au pied de la statue d'Henri quatre, leur présenterent une corbeille de leurs fruits & une de fleurs; & la singularité du spectacle leur sauva l'insipidité du discours. La scene muette de cette double haie d'époux à travers laquelle passerent le roi & la reine fut plus expressive & plus éloquente pour eux que toutes les harangues; ce qui ajoutoit à l'intérêt du coup-d'œil, c'étoit le contraste de deux vieillards unis depuis 50 ans, à qui M. l'archevêque venoit de donner une seconde bénédiction nuptiale & obtenant les mêmes faveurs que les jeunes époux: ils étoient entourés de leurs enfans, petits enfans & arriere-petits enfans. C'étoit en même tems offrir aux autres une leçon & un exemple à suivre. Au milieu de toute cette joie, la reine avoit ressenti de l'amertume; il manquoit quelque chose à son bonheur, elle n'avoit pas été applaudie autant qu'elle le desiroit, qu'elle l'avoit espéré & qu'elle le méritoit déjà par le seul prix qu'elle mettoit à l'attachement des Parisiens. Elle en a été bien dédommagée il y a quelques jours à l'opéra, & son triomphe a été complet.

Les réjouissances occasionnées par l'heureux évenement qui mettoit tout le royaume en joie, ont été prolongées au-delà du grand jour dont je viens de vous offrir, Milord, une foible image : outre la représentation qu'ont donné gratis au peuple l'opéra & les deux comédies, les spectacles forains se sont signalés par des pièces composées & exécutées *ad hoc*: le Sieur Nicolet à joué *l'heureux jour* & *la fête des Lys*; le Sieur *Audinot*, la *Gaîté Parisienne*; enfin les petits comédiens du bois de Boulogne, *Le cri du cœur, opéra comique*: mais la fête qui faisoit le plus de bruit, qui mettoit en l'air toute la jeunesse effrénée de cette capitale & promettoit une orgie véritable à raison des auteurs, des acteurs & de la nature des spectateurs qu'elle devoit avoir spécialement, c'est celle qu'annonçoient les coriphées du chant & de la danse du théâtre lyrique. Elle devoit se passer au Wauxhall d'hiver: deux époux qu'ils ont unis & dotés en étoient le prétexte. On leur a laissé la liberté d'accomplir la bonne action, & on leur a refusé la permission de l'accompagner du scandale public qui auroit résulté vraisemblablement d'une fête dirigée par des ordonnateurs aussi licentieux: d'ailleurs le gouvernement a craint de donner de l'éclat à cette espèce de parodie de ce que la cour avoit fait.

Mlle Guimard (1), pour éluder les défenses de la police, a transporté la scene chez elle (2). Cette courtisanne est logée dans un petit palais, ou plutôt dans un petit temple dédié à la déesse de

―――――――――――
(1) Voyez ma *lettre sur l'opera* du 29 mai 1776, où il est question de cette danseuse.
(2) La fête a eu lieu le mercredi dix de ce mois.

la danse, à laquelle ses adulateurs la comparent. C'est une curiosité que l'empereur a voulu voir: on en vante le luxe & l'élégance; on y trouve un jardin d'hiver, un théâtre, & vous concevez que c'est un local très-propre à donner des fêtes. Cependant quelques incidens ont troublé celle-ci: l'orcheftre de l'opéra, scandalisé qu'on ne l'eût pas compris dans le nombre des sujets participans à la bonne œuvre, a regardé cette exception comme injurieuse & a refusé de contribuer aux plaisirs de la Terpsichore moderne, ensorte qu'il a fallu avoir recours à des ménestriers étrangers, ce qui a rendu le spectacle mesquin & triste. Ensuite on est venu pendant le repas y signifier une lettre de cachet aux Sieurs d'Auberval & Vestris pour se rendre en prison au Fort-l'Evêque; cette punition est la suite de leur révolte contre le directeur de Vismes (1) & de leur refus de danser le mardi précédent.

Je pourrai peut-être, Milord, vous entretenir de cette guerre intestine; si elle entraîne les suites sérieuses qu'on doit craindre. Quoi qu'il en soit, elle a, comme vous voyez, déjà produit un très-grand mal, puisqu'elle a porté

---

(1) Il y a une ligue des principaux sujets du chant & de la danse contre le Sieur de Vismes qui a succédé aux administrateurs de l'opera dont je vous ai parlé dans le tems, qui les contient & les morigine mieux qu'ils n'ont encore été; & qui leur déplaît fort & les aigrit.

le désordre dans la fête de Mlle Guimard, d'autant plus respectable qu'elle terminoit le cours de celles données à Paris au sujet de l'heureuse délivrance de la reine.

Une mauvaise nouvelle du comte d'Estaing est venu porter le deuil & la tristesse dans cette capitale. Puisse ma lettre porter la consolation & la joie dans le cœur de nos bons patriotes; mais hélas! il en faudra bien de cette espece: je cours en ramasser les détails.

Paris, ce 22 février 1778.

F I N du dixieme Volume.

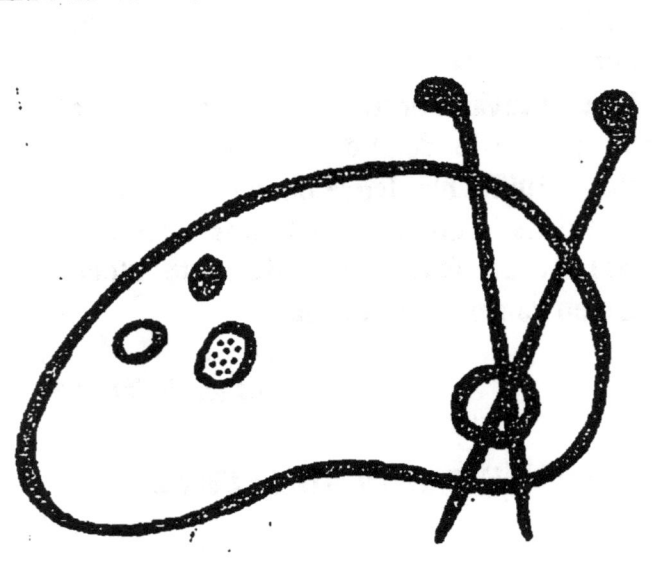

Original en couleur

NF Z 43-120-8

www.ingramcontent.com/pod-product-compliance
Lightning Source LLC
Chambersburg PA
CBHW060320170426
43202CB00014B/2612